论国学

彭富春 / 著

人民出版社

责任编辑：洪　琼

版式设计：汪　莹

图书在版编目（CIP）数据

论国学 / 彭富春　著 . – 北京：人民出版社，2015.3（2016.12 重印）

ISBN 978 - 7 - 01 - 014325 - 5

I. ①论…　II. ①彭…　III. ①国学 – 研究　IV. ① Z126

中国版本图书馆 CIP 数据核字（2014）第 304269 号

论 国 学

LUN GUOXUE

彭富春　著

人民出版社 出版发行

（100706　北京市东城区隆福寺街 99 号）

北京中科印刷有限公司印刷　新华书店经销

2015 年 3 月第 1 版　2016 年 12 月北京第 2 次印刷

开本：710 毫米 × 1000 毫米 1/16　印张：20.5

字数：300 千字　印数：5,001 – 7,000 册

ISBN 978 - 7 - 01 - 014325 - 5　定价：69.80 元

邮购地址 100706　北京市东城区隆福寺街 99 号

人民东方图书销售中心　电话（010）65250042　65289539

目　录

导论　国学与智慧之学

1. 目前的国学成为了显学，亦即热门的学科。比起一般的自然科学和社会科学专门化的命运，国学似乎特别幸运。不仅大学和其他学校注重了国学的研究和教学，而且社会也热心推崇和推广它。国学的建设和发展甚至被提高到国家的文化战略。这也许在于它能够强化国家的软实力。

尽管如此，国学还必须接受思想的检验。人们一般认为，至少国学的语意过于模糊。这已经引起了很多争论。如果国学成为"汉学"或者"中国学"的话，那么它就会无所不包了。它研究中国千年历史上曾经发生的一切事情，从天文到地理，从自然科学到人文科学。但这使国学变成了一种关于中国的广义的历史学的研究。对于海外的汉学研究者而言，中国的历史也许还具有异国情调。但对于中国人来说，中国的历史实在是过于笼统和庞杂。这与现代学术发展的专门化走向背道而驰。鉴于这种情形，人们甚至认为国学作为一种学科的建设缺少其合法性。

对此姑且不论。我们试图将国学模糊的语义变得更加明晰。仅就国学语词自身的意义而言，它指一个国家之学。在此，它不是指关于世界上一切民族国家的学问，而只是指关于中国的学问，以区分于外国的学问，特别是西方的学问。但国学显然不是指中国现当代新建的学问，而是指中国传统已有的学问。它非新学，而乃旧学。不过，国学并非指一切中国古代之学，它不包括传统的自然科学，而主要指传统的人文科学，也就是广义

论国学

的文史哲。因此，国学的主体实际上是中国古代文学、史学和哲学。按传统的分类，它就是经史子集等。

但为什么人们不谈论中国文学、史学和哲学，而只是谈论国学？国学并非如人们想象的只是一个随意的命名，而是包括了深意。这意在彰显中国传统文史哲所构成的整体所具有的中国思想的特性。作为一门学科的命名，国学不仅只是因为中国传统的学问除了具备一般人类知识的普遍性之外，还具有西学无法包容的独特性，而且也是因为"中国意识的觉醒"。

所谓的中国意识是指关于中国自身本性的意识，也就是自身与他者的差异性和自身的同一性。但千年以来中国就没有对于自身的意识吗？当然有。中国这一古老语词的命名就包括了对于自身的意识。中国是中央之国或中心之国。这不仅仅是在地理意义上的，即不是天下的周边，而是天下的中心和四海的中央，而且也是文化意义上的，即不同于野蛮的尚未开化的民族的文明。与周边的野蛮之国相比，中国是文明之国。因此，中国就是中华。儒家的礼乐文明成为了中国文化的主干，同时道家的自然超逸的思想使之更加丰富。当然，中国文化也遇到了印度的佛教文化进入的冲击。历史上虽然有倡佛和反佛之争，但是佛教的引入并没有导致中国文化的危机；相反，它使中国文化变得更加博大精深。对于唐宋以来的知识分子来说，儒、道、佛就是中国精神结构最主要的三个部分。于是，中国文化具体化为儒、道、佛的文化。如果说千年的中国中心意识是关于中国文化中心的意识的话，那么它也就是关于儒、道、佛文化中心的意识。

中国中心意识危机的出现只在近代才开始真正地发生。这是一个特别的时代。随着国门的打开，中国只是成为了世界整体的一个部分，而且是边缘。在此，中国传统的思想已经面临全面的危机。人们试图走出传统，而寻找新的出路。正是在这样的时候，中国思想和一个特别的他者也就是西方思想相遇。与西方的强大相比，中国处于相对的劣势。我们一方面打量它们的新异和别样，另一方面思考自身的独特性。虽然保守主义者主张固守传统，但自由主义者则提倡全面西化。与保守主义相较而言，自由主义占据了优势。在自由主义看来，中国文化是不自由的，并因此是无生命力的，甚至是扼杀生命的。于是，向西方学习成为了中国近代以来的主导势力。中国向西方的学习的步骤是不断深入的。首先是其技术，其次是其制度，最后是其文化和精神。必须承认，在这样一个西化过程中，中国传统的文化在不断地被淡化和遗忘，而西方文化却逐渐渗透到中国人的生活、思想和语言之中。在这样的意义上，近代以来所产生的中国意识是中国危机的意识：一方面是亡国亡种；另一方面则是救亡和振兴。

　　这种中国危机的意识在"文化大革命"中却以另外的理由被强化。"文化大革命"虽然是一场政治、经济的运动，但也是思想和文化的运动。"文化大革命"就是大革传统文化的命。人们对于中国传统文化进行了史无前例的批判。传统文化的弊病是显而易见的，它是封建的、反动的和落后的。不过，对于传统文化批判的武器发生了根本的变化：不再是自由主义的思想，而是马克思主义的无产阶级学说。在马克思主义看来，自由主义和封建主义不过是一丘之貉而已。因此，对于传统封建文化的批判，不是走向自由主义，而是走向马克思主义。它在形态上就是社会主义和共产主义的新型文化。"文化大革命"如同改天换地一般，它破坏了一个旧世界，而创造了一个新世界。经过"文化大革命"而形成的革命文化力图清理自己身上任何传统文化的痕迹，却只是贴上革命的标签。

　　"文化大革命"的梦幻破裂之后，关于中国文化的危机意识更强化了。在新时期，问题的关键不再是无产阶级文化和封建主义文化之争，而是中国文化和西方文化之争。人们甚至将中西文化的差异具体化，如所谓的黄色文明和蓝色文明、大陆文明和海洋文明、农业文明和工业文明等。但一个现实的差异就是前现代社会和现代社会乃至后现代社会的差异。西方早已经进入到现代社会，乃至后现代社会，而中国还停留在前现代社会阶段。在这种种比较中，人们更多地发现了西方的强势和中国的弱势。这导

论国学

元·钱选《王羲之观鹅图》

致中国人形成了一个现代性焦虑的情结。

显然，中国既不能固守自身的传统，也不能模拟西方的道路。复古主义旧梦的终止和自由主义新梦的破灭是新时期中国人最重要的精神收获。中国人必须走一条自己独特的道路。它一方面保持了中国自身的同一性，而没有完全西化；另一方面又是现代的创新，而不是传统的延续。但所谓中国式的道路并非从虚无开始，而是从已有的出发。这就意味着，我们既要借鉴西方的经验，也要发扬自身的传统，使它们共同成为当代中国式道路发展的精神资源。这就形成了中国的文化复兴的动因。毫无疑问，"中国意识的觉醒"可以被称为 21 世纪最伟大的人类事件之一。它不仅会改变中国自身的历史，而且也会改变整个世界的历史。

正是在这样的进程中，中国意识发生了一个根本性的转变。它主要的不再是中国危机的意识，而是中国复兴的意识。当代中国要恢复汉唐雄风，重振华夏气势。在这样的时代背景和精神氛围中，国学热、中国文化热的发生就是极其自然的事情了。此时，对于国学的声音主要不是否定，而是肯定。人们期待它不仅为中国，而且为世界的发展提供思想启示。

如果在中国意识的觉醒的关联中来考察的话，那么所谓的国学绝对不能理解为一种包罗万象的中国学，而是要把握为对于中国精神的研究。这是因为中国意识的觉醒就是中国灵魂的觉醒、中国精神的觉醒。尽管人们对于国学有许多解释，它可以包括各种范围和层面的研究，如中国文学、史学和哲学，又如道与术等，但其根本核心是中国之作为中国的精神。依此之故，国学必须理解为国魂之学。

然而，中国的灵魂是什么？中国的灵魂是规定者，它指引了中国人的存在、思想和言说，影响了中国千年历史的命运。这个规定者不是其他什么东西，而就是中国的智慧，亦即儒家、道家和佛家的智慧。在这样的意义上，国学的根本就是中国的智慧之学。

2. 智慧是一个在日常生活中惯用的语词。人们都称颂智慧，并希望做一个有智慧的人，如一般所说的智慧之子和智慧之女。但什么是智慧自身的本性？对此，人们也许还需要更进一步的思考。

在一般语言的运用中，智慧是愚蠢的对立面。智慧不是愚蠢，愚蠢不是智慧。愚蠢就是不知道。它不知道事情是什么。这就是说，它不知道什么是存在的，什么是不存在的；什么是真实的，什么是虚幻的。它甚至不知道自己不知道，也就是不知道自己的愚蠢。愚蠢在自己和世界两方面都处于无知状态。

但智慧往往被等同于聪明。聪明指人有特别的听和看的能力，也就是人能听和看到事物。但一般意义的聪明是有疑问的。它虽然有听和看的能力，但都有一个无法逾越的限度。故聪明大多不是大聪明，而是小聪明。这意味着它只知道小，而不知道大；只知道近，而不知道远。于是，聪明也容易变为愚蠢。

与愚蠢和聪明不同，智慧是真正的知道。知道表现为一种特别的心灵的能力，它能洞晓万事万物的奥秘。它知道什么是存在的，什么是不存在的；什么是真实的，什么是虚幻的。它知道自己知道。它不仅知道世界，而且知道自己。

虽然智慧是一种知识，但它并不能等同于一般的知识，如人们所说的自然科学和社会科学的知识。自然科学和社会科学等研究的只是存在者的某一领域，给人们提供这一领域的专门化的知识。与之不同，智慧是一种特别的知识，是关于人的存在和命运的知识。在这样的意义上，智慧高于一般的知识。这就导致人们认为，智慧比知识更重要。智慧告诉人们，人是什么和不是什么。由此，智慧给予人一个最基本的规定。同时，智慧表明，事情是什么和不是什么。这可以进一步演变为：什么是存在的，什么是虚无的。

规定是对于一个事物本性的确定。智慧作为人的规定就是确定人的本性。但人的规定正是通过人的区分来实现的。一般而言，人借助于在存在者整体中与其他存在者相区分来获得自身的规定。存在者整体包括了许多存在者，如矿物、植物、动物、人和神等。当人和其他存在者相区分的时候，这些存在者不是那离人较远的，而是那较近的。矿物、植物与人之间相距甚远，而动物和神与人之间相距较近。他们是邻者。人与那些非人的动物都属于广义的动物家族，是生命的存在。但动物是非理性的，人则是有理性的。人与神都是有理性的，但神是有理性的存在，人则是有理性的动物。人既不是纯粹的动物，也不是纯粹的神，而是一个有理性的动物。在这样的一个规定中，人首先是一个动物，然后是一个特别的动物。

但将人与动物相区分是一个非常初步的区分，并没有涉及最根本的区分。这在于任何一个人，不论他是善人或者是恶人，都与动物有着根本的差别。一个善人当然不是一个动物，但一个恶人也不是一个一般意义上的动物。虽然人们将恶人也说成是一个动物，但这只是一种比喻的说法。人们认为他丧失了人的人性，只保存了动物性。因此，对于人的规定而言，最根本的区分不是人与动物的区分，而是人与自身的区分。所谓人与自身相区分，就是人与自身已有的现实性相区分。唯有如此，人才能远离兽性，区分善恶，而达到人的人性自身。于是，智慧给予人的规定就不是做一个一般的有理性的动物，而是做一个具有人性的人。在这样的关联中，人不仅超出动物，而且超出自身。

作为人的规定，智慧贯穿于人的生活世界的一切领域。其显现出多种形态：现实的、思想的和语言的。在对于智慧的所有研究中，与其他思想形态相比，佛教最为突出和系统。佛教用智慧统摄一切法门，并将它分为了三种类型：实相般若、观照般若和文字般若。般若是佛教对于其独特智慧的专称，它是诸佛菩萨所亲证的诸法实相。实相般若是关于实相的智慧。诸法如实之相超出有无之分。观照般若是观照、沉思智慧等。文字般若是诸佛菩萨用文字宣讲其亲证的诸法实相。但事实上，一切智慧最终都表现为文字，亦即语言的言说。没有语言的智慧，现实和思想的智慧是幽暗的，不是光明的；是遮蔽的，不是显示的。语言的智慧让智慧显明和显示。即使是佛教所说的不可言说也是聚集并隐藏在言说之中。在这样的意义上，智慧不是其他什么东西，而就是智慧的语言，是其言说，是其话语。

虽然语言在人的生活世界中是一个惯常的和普遍的事实，但其本性不是自明的，而是晦暗的。语言并非是一单一的现象，而是一复杂的集合。对于语言，人们有各种各样的区分。依照其存在形态，它可分为日常语言、逻辑语言和诗意语言。日常语言是人在日常生活中所使用的语言，它可能是独白，也可能是交谈。其话语是自然的、混杂的。与此不同，逻辑语言是人们科学研究所使用的语言，它是理论的陈述和系统的构建。其话语是理性的、推理的。而诗意语言主要是文学艺术作品的语言。它是诗人的吟唱。其话语是非日常的、非逻辑的，是关于生活世界的真实本性的言说。依照语言的表述方式，它可分为陈述事实、表达意愿和抒发情感。陈述事实的句子是描述现实世界发生的事情。表达意愿的句子是显示人要或

论国学

者不要的意志。抒发情感的句子是表露人们对于事物的爱与恨。但依照语言的本性，它可分为欲望的语言、工具的语言和智慧的语言。语言首先是欲望性的。它自身就是人的欲望，并且表露人的欲望。它往往是关于身体或者是非身体的欲望的言说。语言其次是工具的。它表达人的思想，并使之传播和交流。它自身会成为媒介和信息。语言最后是智慧性的。智慧的语言不同于欲望和工具的语言，它既不是描述和表现语言之外的某种事物，也不是包裹某种事物的载体，而只是语言自身的道理的揭示。在这样的意义上，智慧的语言就是语言的本性自身。因此，智慧的语言不是非纯粹的语言，而是纯粹的语言。作为如此这般的语言，智慧的语言就不是一般的语言，而是特别的语言，也就是道。它说出了生活世界的道理，并开辟了人生的道路，而指导人的存在。正因为如此，所以智慧的语言是指引性的语言。

3. 如果说智慧最基本的表现为语言言说的话，那么我们必须揭示语言言说自身的本性。首先是谁在言说？毫无疑问，石头沉默，动物嚎叫，唯有人类言说。语言是人类独有的现象。只有人类的语言，没有非人类的语言。既然如此，一切智慧的语言都是人言说的。但这并不意味着智慧的语言是人的工具，也许正好相反，人类成为了智慧语言的工具。这也就是说，智慧的语言借人类之口将自身表达出来，并且让人获得智慧而成为一个有智慧的人，也就是一个真正意义上的人。但智慧的语言表达具有多种言说者。

第一，人言的智慧，亦即日常的智慧。在生活世界中，人们可以遇到各种日常的生活智慧，如许多谚语、格言、箴言、传说、故事和民谣等。它们大多述说为人处世的道理，让人明白人生和世界中的真相和假象，从而走在一条正确的大道上。日常智慧的言说者一般为没有姓名的古人和老人，或者是人们，甚至是无人称的。古人和老人的言说意味着，这些话语经历了历史和时间的检验，而显示自身是正确的。人们的言说意味

8

着，这些话语并非是某个具体人物关于自己的个别化的体验的陈述，而是对于人类集体经验的总结。至于无人称的言说，则凸显了语言自身的独立性。一种话语的关键在于它是否言说出了真理，而谁是它的言说者则无足轻重。在人言的智慧形态中，话语的原创者往往是隐而不现的。这种种人言智慧以不同的方式规定了人的言说、思想和生活。但人言的智慧有其限度。它有时和愚蠢混合在一起：它看起来是智慧的言说，但事实上是愚蠢的见解。

第二，天言的智慧，亦即自然的智慧。这种智慧当然也是通过人之口言说出来的，甚至是通过圣人之口言说出来的。但是这些圣人们只是替天言说，代天立道。中国古代的圣人是一种特别的人，他位于天地自然与大众百姓之间，并将天地之道传达给大众。天地自然本身存在一种既显露又遮蔽的智慧。它之所以显露，是因为天地的智慧就是天地的真相，如日月经天，江河行地。它之所以遮蔽，是因为人们没有发现它，认清它。圣人在体悟天地之道时，将天地的遮蔽的智慧变得完全显明。天地自然之道无非要求人们完全遵自然而行。但天言的智慧因为是建立在对于天地之文的体悟上，所以有时是蒙眬不清的。它仿佛是晨光暮影，既有光明，又有幽暗，是光明和黑暗的交织。

第三，神言的智慧，亦即神启的智慧。神有多种形态。它有自然神，有人格神，有半人半神。神或者为一位，或者为多元。神的智慧会通过神迹显示出来，它往往是暗示、是象征。如天上的闪电和地上的烈火，还有人白天的幻觉和夜晚的梦境。但如同自然的智慧一样，神言的智慧也是通过人特别是圣人说出来的。但此圣人不是彼圣人。如果说言说自然智慧的圣人是天地和民众之间的传达者的话，那么言说神启智慧的圣人则是神灵和民众之间的媒介。神灵或者上帝自身就是智慧本身，这在于他知道一切。但神的智慧是无言的，他必须借助圣人之口而使之形成语言。神的言说一般都是赋予圣人灵感，让他们不是说出人的话，而是说出神的话。当

9

论国学

神灵附体的时候，圣人们也就成为了神的当前化或者化身了。除了圣人代神立言外，神还会自身将自身启示出来。如基督教的上帝耶稣就是道成肉身或者是言成肉身。基督是一个真人，也是一个真神。他通过自己的宣道而把真理显明出来。与基督的道成肉身不同，佛陀可说是肉身成道。虽然佛陀不是一个神，而是一个人，但他却具有准神和类神的特性：一方面，他与神不同，不是创造主，而只是洞晓世界生灭的因缘；另一方面，他与神相同，是世界的拯救者，以智慧普度众生。在佛教中，佛法僧被称为三宝。所谓法就是佛言的智慧。法一方面显明了佛陀作为佛陀；另一方面也让僧侣成为僧侣。佛言不是一般的人言，而是一个觉悟了诸法实相的存在者的言说。佛言的智慧可以看成是一种准神启或者类神启的智慧形态。一切神启的智慧强调，人要听神的话，而不要听人的话。这也就是要求人们听从真理，放弃谎言。但神言的智慧有致命的危险，它会走向神秘，而成为迷信。一旦它不恪守自身的边界，就会由智慧变成愚蠢。

4. 智慧的语言作为一种独特的语言，它的言说方式也是不同一般的。

人们一般将语言的文体分为叙述、抒情和议论等。叙述是描写某一时间、地点的人和事，抒情是抒发人对于人和物的爱恨情感，议论是陈述一个事物的道理。与其他语言形态不同，智慧的语言主要不是叙述和抒情，而是通过议论而说理，也就是人和事物存在的道理。当然，智慧语言除了议论说理外，也会借助叙述和抒情来表达自身。如寓言在故事的叙述中表明某一道理，如圣歌在歌唱中赞颂神圣的伟大。但这种叙事和抒情都只是帮助言说道理的不同法门而已。不可否认，这也会有其消极的作用，即它遮蔽了智慧语言的纯正本性。如中西历史上，无论是儒道禅，还是基督教，都借助了神话传说和历史事件来说明道理。这会导致人们将智慧的话语简单地等同神话和历史。因此，为了保证智慧话语的纯正本性，人们应该去神话化和去历史化。通过如此，去掉智慧话语中的神话和历史因素，而让其真理直接显露出来。如果这样去理解的话，那么我们就不能要求智慧的语言的言说吻合某一已经、正在或者将要发生的历史事件，并且以这一历史事件来衡量智慧语言的真伪。智慧语言的真实性不是历史事实的真实，而是人的存在道理的真实。在这样的意义上，智慧语言的真实高于任何一种关于历史事件描述的语言的真实。

除了在文体上具有独特性之外，智慧的语言在语法句型上也具有其特色。根据一般的语言学对于句子形态的分类，句子可以分为陈述句、疑问句和祈使句等。显然，智慧的语言就不属于一般的陈述句和疑问句，而是属于祈使句。它的基本本性是请求、命令、告诫、指引和规劝等。虽然智慧的语言也会以陈述句和疑问句的形态出现，但它在这种已言说中包含了尚未言说的，亦即祈使的意义。它在陈述和疑问中表明：人要做什么或者不要做什么。这显示了智慧的语言有一种否定或者肯定、毁灭或者创造的力量。但智慧的语言只是言说，而不是行动。它看起来不是大能，而是无能。但智慧的言说能够指引行动，并且最后变成行动。于是，它的无能也就是大能。

与肯定性的表达相比，智慧的语言更多地采用否定性的表达式。不和无成为其关键词。为何如此？这是因为在已给予的语言形态中，欲望的语言和工具的语言是原初的和主要的。它们是蒙眬的、混沌的，甚至是黑暗的。面对这样的语言形态，智慧的语言首先就是否定，如同光明对于黑暗的否定，而达到对于自身的肯定。因此，智慧一般就具有光明的喻象，它是太阳、星星、烈火、明灯等。如儒家和道家将智慧说成是天地之间的日月之光；佛教认为佛光普照，胜过日月；基督教强调上帝之光照亮了人的真正的生命。

凭借自身的光明，智慧的语言展开了它的划界工作。它划清了什么是必然存在的和什么是必然不存在的，其弱形式亦即所谓的存在和虚无，是与非。与此相关，它还区分什么是显现的，什么是遮蔽的；什么是真实的，什么是虚伪的。在区分的同时，智慧的语言还进行比较，也就是分辨

11

论国学

出什么是好的，什么是坏的，而且什么是较好的和什么是最好的。在这样的基础上，智慧的语言就要作出选择，人们既要放弃黑暗之路，也要告别似是而非的人之路，而要踏上光明之路，亦即真理之途。这便形成了开端性的决定。一般所谓的存在的勇气，去存在或者不存在的选择，最后都相关于是否听从智慧的语言的指引。

智慧的语言作为否定性的语言经历了一个历史的发展过程。

现代人类学的研究已经表明，人类最早的语言是否定性的语言。它正是禁忌，也就是关于食物和性的禁忌：不能食用图腾，不能血亲乱伦等。这是人类原始的智慧，是原始语言给人的存在确定的最原初的边界。一方面，它给人自身的欲望划界。什么物可食用，什么物不可食用；什么样的异性可以交媾，什么样的异性不可以交媾。另一方面，它也给人使用的工具划界。什么样的工具可以使用，什么样的工具不可以使用。虽然禁忌确定了原初的人与自然、人与人之间的界限，并维系了他们的关系，但这种否定性语言却是神秘的。它将死亡确定为禁忌的边界。这就是说，当人触犯禁忌的时候，人就会面临来自神灵惩罚的死亡的危险。但禁忌作为否定性的语言并没有将自身真实的根据揭示出来，即说明为什么禁忌的事情会导致死亡。

在后来的人类历史的发展中，否定性的语言构成了宗教戒律的基本内涵。首先是人不能做什么，然后才是人能做什么。最典型的语言如犹太教的"摩西十诫"中的不可杀人，中国传统文化中儒家的礼仪、道教和佛教中的戒律等。否定性的语言在此不再是禁忌，而是禁令。触犯禁忌会导致神灵实施的神秘的死亡的威胁，与此不同，触犯禁令则会招致人类实施的包括死亡在内的种种处罚。虽然在禁令这里发生了从神灵到人的转变，但它还不是思想本身。思想并没有将禁令的意义充分揭示出来。

否定性的语言告别了禁忌和禁令的形态，从而回到纯粹语言自身，并成为一种否定性的思想，这正是智慧的根本之所在。否定性的语言作为否定性的思想就不是凭借外在的力量，而是凭借自身的光芒而否定黑暗的。它否定谎言，而肯定真理。同时，它自身说明为何否定，为何肯定。这就是说，否定性的思想自身为自身建立和说明根据。基督教的核心问题是人的谎言和神的真理的区分。它说明了为何是谎言，为何是真理。它还召唤人们放弃谎言，听从真理。但这种听从不是无思考的服从，而是已思考的理解。同样，中国先秦思想的孔孟和老庄也将关于无、不和否定性的思想形成为其主题。无、不和否定之所以重要，是因为它们能去掉非道的遮蔽，而显现道自身，甚至成为道自身。当然，道作为真理在儒道那里具有不同的意义。儒家是礼乐仁义之道，道家是自然本性之道。

到了现代，否定性的语言主要表现为各种法律。现代性社会的根本特征之一是法治社会。既不是神权，也不是王权，而是以人权为基础的现代法律制度制定了整个社会的游戏规则，并规定了人的现实生活。其中特别是作为各个民族国家的根本法——宪法以及联合国的人权宣言具有决定性的意义。法律作为游戏规则是人基于现实世界通过思考而约定的，但它却具有超出人之上的权威和力量。因此，法律作为智慧的语言是典型的权力话语。宪法规定了人的权利和义务。所谓权利，就是人能够不做什么和能够做什么；所谓义务，就是人必须不做什么和必须做什么。其他的法律如民法和刑法的核心语言也首先是否定性的，然后才是肯定性的。正是因为法律主要表现为否定性的语言，所以凡是法律所不反对的，便是不违法的，是可行的。当然，现代的游戏规则除了宪法和法律的语言形态之外，还有其他各种语言形态。但这些语言都是为生活世界的人们确定边界。它指明了什么是不能走的道路，同时，什么是能走的道路。

5. 在智慧的语言结构中，我们探讨了其言说者和言说行为的方式，还要指明其言说的内容。如前所述，智慧的语言说出的是人的规定。但这种规定还要具体化。

在人言的智慧中，人的规定是要做好人，而不要做坏人。这里善恶的

论国学

标准亦即价值尺度不是由个人确定的，而是由人们确定的。它表现为一定的社会风尚、习俗和公众舆论。善恶的关键不仅在于人自身的言行，而且在于人对于他人的关系。好人是维护人们利益的人，相反，坏人是破坏人们利益的人。一个好人拥有非凡的品质，如大公无私、善良、友爱、乐于助人等。

在天言的智慧中，人的规定是顺天而行的人，而不是逆天而为的人。天道是自然已经给予的，它是人道的基础。人行走在天地的大道上，按照天地的要求而生活、思想和言说。这样的人便可能成为天子或圣人。否则，那些违背天道的人只会导致天人共怒。天子和圣人是民众的管理者和指引者。他们具有天地的大德，如光明正大、崇高、宽厚、威严等。

在神言的智慧中，人的规定是要做神灵的儿女，而不要做魔鬼的儿女。神灵以各种形态向人显示自身。作为神灵的儿女，他们将神灵的各种启示作为自己存在的根据。与此不同，魔鬼的儿女则按魔鬼的意志行事。神灵的儿女是得到神灵宠爱的人，他们怀有信念、虔诚、奉献、牺牲等。

6. 在人类所有的智慧形态中，中国的智慧是一种特别的智慧。它既不是一般的人言的智慧，也不是某种神言的智慧，而是属于天言的智慧。

人们一般将中国的思想分为儒、道、禅三家。儒家的圣人追求仁义道德；道家的理想是参悟天地之道；而禅宗认为，最高的智慧在于自我觉悟，亦即发现自性。这三者虽然也有较大的差别，但具有共同的特点，即：它们既不是人生的经验，也不是神性的启示，而是自然给予的真理。儒家的智慧主要是关于人生在世的智慧，但它在世界结构的等级序列的安排中，始终将天地放在基础性的位置。这就是说天道是人道的根据。道家的智慧的核心是人与自然关系的智慧，它主张人要如同自然界那样自然无为。禅宗的智慧的根本是关于心灵的智慧，它意在回到心灵自身，回到它光明的自性。这三者实际上都肯定了人的自身给予性，也就是自然性。

因此，在中国的智慧里，是天在言说，亦即自然在言说。天道无言，但它却显示出来。它在天上是日月星辰，成为天文；在地上，是山川河流，成为地理；在天地间，是矿物、植物和动物，成为物象。它在人身上，就是人的天性和本性。圣人的伟大之处是代天立言、替天行道，将天道言说出来，并构成人道的基础。孔子、孟子说出了儒家的仁义道德；老子、庄子说出了道家的天地道德；慧能说出了禅宗的自性自心。如此等等。

中国的智慧在其言说的时候特别凸显了一个否定的语言。不仅道家和禅宗，而且儒家，都以自身独特的方式将无形成了其思想主题。无拥有一个语言家族，如非、不、莫、勿、空、否定等。无当然意味着否定，即对于某一事情进行否定。如儒家的非礼勿视，道家的可道非常道，禅宗的无念。但无还意味着最高的存在或者是存在最高的意义。于是，存在就是虚无，虚无就是存在。如此这般理解的无就是道自身的本性。与西方相比，中国的智慧将无提升到至高无上的显赫地位。

但中国的智慧在其种种言说中最终在于给予人一个基本的规定，也就是给人指明一条道路，让人能够知道并完成自身的命运。中国的智慧对于人进行了区分，有好人和坏人、君子和小人、有智慧的人和无智慧的人。但圣人作为人的理想是人的最高的规定。圣人处于天地之间，他体察天道、并指明人道。但儒道禅的圣人有不同的意义。儒家的圣人是一个仁者。他是一个有爱的人，关爱世上的民众。道家的圣人是一个真人。他是一个有道的人，与天地万物为一体。禅宗的圣人是一个佛子。他是一个觉悟的人，悲智双运，惠及天人。

中国的智慧是丰富的和悠久的。我们既要揭示其建筑结构，如存在、思想和语言等层面，也要分析其历史形态，如儒道禅等。在此基础上，要区分中国智慧中死去的东西和活着的东西，并提出一种新的中国的智慧的可能。这才是真正的中国意识的觉醒。唯有如此，才能国魂永存。

第一章　存在或者世界

一、世界

当我们探索中国智慧的本性的时候，首先必须讨论它的开端。智慧作为思想，有其开端。它既是思想的出发点，也是其回归点。通过如此，开端规定了思想的整体和过程。作为人类智慧的一种独特形态，中国的智慧是从哪里开始思考的？

在人类智慧的不同形态中，有的智慧是从上帝或者神灵出发的，有的智慧则是从现实与虚幻世界的共存或者轮回出发的。与其他的智慧不同，中国的智慧的出发点是世界，并具体化为生活世界。这就是说，中国的智慧是从世界开始自身思考的。在汉语中，世界意味着时间和空间。世为古往今来，指时间。界为东西南北，指空间。世界与宇宙是同义的。宇宙也意味着时间和空间。上下四方为宇，古往今来为宙。在这样的意义上，所谓世界就是时间和空间的结合。一方面，它是空间，但具有时间性；另一方面，它是时间，但具有空间性。世界是空间的时间化和时间的空间化。

虽然世界被规定为时间和空间的存在，但它一般也可以理解为领域，并能分为很多种类，如物理世界和心理世界等。不过，一般而言，世界指人类生存于其中的生活世界。这个世界是一个现实的世界。世界的时间性和空间性在此被具体化了。时间已经不再是自然时间，而是历史发生

的时间。世界作为人生在世就是
人在生死间。人的一生行走在从
生到死的路上。同时，空间也不
再是自然空间，而是人类生存空
间。世界作为人生在世就是人在
天地间。人生存在苍天之下，大
地之上。在这样的世界里，人生
活、劳作、死亡、繁殖。生生死
死，死死生生，循环不已。世界
被充实为人与物的世界。

战国《楚帛书》

　　如果说世界是时间和空间的存在的话，那么世界自身有其开端吗？世
界当然有其开端。其实，世界的建立就是时间和空间的开端。甚至世界自
身就意味这个开端。世界是与前世界和非世界相区分而形成自身的。那
么，一个前世界的存在是什么？它是混沌。混沌是黑暗的，无序的。这正
如人们所说的：天地玄黄，宇宙洪荒。实际上，混沌中没有天地，没有宇
宙。与之相反，世界是光明的，有序的。世界的建立意味着天地的开创，
日月之光的照明。这个光芒既不是上帝之光，也不是佛性之光，而是自然
之光。但在此基础上产生了人文之光。这使人的生活世界充满了光明。于
是，人告别了动物，文明超越了野蛮。

　　中国的智慧不仅以世界作为思想的开端，而且还探讨了世界自身开端
的意义。这里的开端就是人们所说的本体、原始、太初、本根、根据、基
础、统一等。关于世界的开端，中国思想建立了种种不同的理论。主要有
道论、气论、理论和心论等。

　　第一，道论。这主要以老子和庄子的思想为代表。他们认为道是世界
的开端。作为开端之开端，道甚至是先于天地而产生的。道自身没有外在
的根据，而只有以自身为根据的内在根据。道只遵守自身的法则。但道是

论国学

天地万物的产生者。没有道，万物便没有自身存在的根据；有了道，万物便有了自身存在的根据。基于如此重要的理由，万物都遵循道自身的命令。

第二，气论。中国儒家和道家的许多思想家都认可这种观点。通天下一气也。气虽然是看不见，摸不着的，但它存在着。可以说，气是一种神秘但又显明的存在者。一方面，气是神秘的。它不能等同于天地之间的任何物，更不能狭义地理解为某种气体。另一方面，气是显明的。它充满天地之间，贯注于万事万物之中。如此理解的气是天地构成的最基本元素。万事万物没有不是由气形成的，无论是有形的存在者，还是无形的存在者。气也是同类事物联系的中介。如所谓同气相求、同声相应。气还是推动万物运化的动力。气聚之成物，散之毁物。气促进了万事万物的生生灭灭。在这样的意义上，气甚至可以被理解为无极而太极。所谓无极就是没有物的特性，超出有而成为无；所谓太极就是最高的开端，也就是最本原的开端。

第三，理论。这主要以程朱理学为代表。他们认为理就是天理，是万事万物的法则。它是自在且是自明的，但充满天地，支配万物。理先于天地。有此理便有此天地，无此理便无此天地。天地只有一理。但理一分殊。人人有一理，物物有一理。理学的理和道家的道有某种共同点，即天地自然性。但道家主要是探讨道和万物的关系，而理学则主要是以天理论为其心性论奠定基础。另外，比起道的不可言说，理则获得了更丰富更具体的规定。

第四，心论。这主要以陆王心学为代表。他们认为心就是人心，且是已有的，先天的。但心并非是一般的妄心，而是纯洁无杂的本心。陆九渊认为，天地万物之理皆存在于人的心灵，同时人的心灵包括了万事万物之理。故陆九渊说，宇宙便是吾心，吾心即是宇宙。王阳明则发展了陆九渊思想，不仅心外无理，而且心外无物。人的心灵是天地万物存在的本原。没有人心，天地万物是幽暗的、遮蔽的。有了人心，天地万物才能显明和敞开。物的死寂和明白相关于人的感知与否。可以说，正是人心让天地万物存在的意义生发出来。

世界的开端作为本体和世界的万物形成了一种差异但又同一的关系。一方面，本体和万物是不同的。本体是形而上的，万物是形而下的。另一方面，本体和万物是统一的。本体生成万物，万物显现本体。这种关系的形成让世界成为了世界。

中国的世界具有其独特的本性。它是一个已给予的世界，而不是一个被创造的世界。按照一般神学的说法，世界并不是预先存在的，而是被上帝创造的。上帝是创造者，世界是创造物。与此类似，中国的古老神话也有一种独特的创世说。神人具有上帝的特性，他开天辟地，从而在混沌中建立了世界。但中国儒道禅的智慧认为，世界既不是上帝创造的，也不是神人开辟的，而是已经自身存在的。世界是一个自然形成的世界。

作为已给予的世界，这个世界是人在其中的世界，而不是人的对象世界。如果将人与世界的关系理解主体和客体的关系的话，那么世界成为了对象，同时人成为了主体。对象世界是一个自然和历史结合的存在者的整体，人则超出它们，存在于它们之外而成为了主人。人和世界的主客体关系将是人设立世界、改造世界和创造世界。但在中国的生活世界中，人和世界不是主客体的关系。人不能逾越世界，而是已经生活于其中。人与世界的关系是一种交融的关系。人是世界中的人，世界是属人的世界。人生活在世界之中不是选择的，而是被规定的。这样，世界成为了人的规定性。

更重要的是，这个世界不是虚幻的世界，而是真实的世界。中国人并没有设定两重世界，把世界分成此岸和彼岸，一个是现实世界，另一个是理想世界；更没有认为此岸是虚幻的，彼岸是真实的，而要抛弃此岸，达到彼岸，实现超越。相反，中国人只承认这一个现实世界，而否定各种现实世界之外的可能的世界，如一个与人不同的神的世界，一个与生命不同的死亡的世界。既没有在这一个世界之上的天堂，也没有在这一个世界之

论国学

下的地狱。其他的可能世界是不存在的，不可思考的，也是不可言说的。孔子思考的就是生的问题，而不是死的问题。庄子将他思想的中心也是确定在天地之内，而非天地之外。同时，这一个现实世界是真实的，而不是虚幻的。根据这种对于世界的态度，人要珍视他的现实世界和人生。

中国的现实世界是一个欢乐的世界。它既不是如同印度原始佛教所理解的人生的苦难，也不是如同原始犹太教所理解的人性的罪恶，而是欢乐。此欢乐既是现实人生的各种享受，如食欲和性欲，也是与天地合一的经验。儒家强调要敬天爱人，享受人伦之乐；道家主张自然无为，至乐无乐；禅宗追求得大自在，得大欢乐。

但现实的生活世界是由何构成的？所谓人在生死间就是人在天地间。世界是天地人三者合一，而不是天地人神四元合一。显然，中国的世界里既没有一个创造天地人的上帝，也没有一个与天地人并列的神灵。即使人们也会谈到神，但这个神往往只是天地人的神秘形态，是天神、地神和鬼神。鬼神甚至被理解为气的功能显现。神是气的伸张，鬼是气的屈服。作为如此存在的神灵，它并不是天地的规定者，而是被天地所规定。不如说，神鬼是天地之间或隐或现的一个特别的存在者。它在生活世界中的地位是完全可以忽略不计的。人们甚至应该敬鬼神而远之。一个没有上帝规定的天地人的世界是中国历史上独特的生活世界。

二、天与地

天地人三者构成了中国人生活世界的三个基本要素。但天地人三者不是并列的，而是有先后顺序的。与人相较，天地具有其优先性。天地的优先性在于自然的自身给予性。

天在人之上。它有日月星辰，蓝天白云。太阳升起又落下，落下又升起。月亮圆了又缺，缺了又圆。天不仅有昼夜的变化，而且还有四季的更替和年度的轮回。一年去了，一年又来了。地在人之下。它有大地山川，植物动物。地作为人居住的地方，是人的所来之处和所归之处。人来于尘土，也归于尘土。人生存在天地之间。这在于天地给人提供了空间，可以居住、行走和安息。但天地不仅是空间性的，而且也是时间性的。它将人的一切空间行为都刻上了时间的烙印。在天地间，万物和人存在着。

对于中国思想而言，虽然天地同属一起，但它们仍有根本的区分。但天地的差异并非相关于神与人的区

战国《人物御龙帛画》

分。对于一些神学来说，苍天是神居住的地方，大地是人居住的地方。但中国思想认为天地之别不过是阴阳之分。何为阴阳？阳源于太阳，阴来源于月亮。由此而来，阴阳是事物存在的两种本性。它几乎不可以明确地规定，但常常被解释为肯定和否定、积极和消极、主动和被动等。《周易》认为阴阳是宇宙中两种不同的元素和力量。但阳的代表就是乾元，即天；阴的代表就是坤元，即地。乾元的特性是崇高伟大，坤元的特性是宽广厚重。天地作为阴阳的存在者，具有多重的相互关系。它们的不同甚至会是对立的，正如人们所说的天上与地下的差异和矛盾。但天地是互补的，天离不开地，地离不开天。天地的分离只会导致天崩地裂。天地也是会转化的。天成为地，地成为天。不过，天地的同属性在根本上表现为天地共生并生成万物。天地之大德曰生。天地不仅自身生成，由旧天地而成为新天地，而且还生成万物和人类。

对天地及其万物，中国思想进行了独特的分类。在阴阳学说之外，最

论国学

典型的就是五行学说和八卦学说。

五行学说是一种与阴阳学说不同的解释世界的模式。五是五种事物。行既意味着行列、秩序，也意味着运动变化。五行说将天地万物分为金、木、水、火、土。为何只是这五种事物？而不是四种或者六种？这大概和人们在生活世界中最切近打交道的事物有关。但五行不只是指具体实在的五种存在者，而也是指五种存在者的本性。于是，五行的观念便获得了普遍的意义。一切事物可以根据其本性而归属到五行之中。不仅如此，空间和时间也能纳入到五行的范围。空间可分为东、南、中、西、北，时间可以分为春、夏、长夏、秋、冬。至于人本身，也可依照五行的特性进行分类。人体的五脏分别是：肝、心、脾、肺、肾，人的心志分别是：怒、喜、思、悲、恐。这种种归类采取了类比思维的原则；有的是直接归类。凡是具有金木水火土之中某种特性的事物，就可以分别归属于它自身所属的类中。但有的是间接推衍。如果一个事物不是自身而是其相关者具有金木水火土的特性的话，那么这个事物自身也可以分别归属金木水火土之中。五行之间具有非常复杂的相互关系，但主要是相生相克。相生是指五行中的某一事物对于另一事物具有生化和生成作用。相反，相克则是指五行中的某一事物对于另一事物具有克制和压抑作用。当然，相生相克也会并存，生中有克，克中有生。

与五行学说不同，八卦学说则是阴阳学说的具体化和扩大化。它将天地间的万物分为天地山泽风雷水火八种卦象。显然，八卦比五行说所指的事物更加丰富和具体。但事实上，它们不仅指八种自然事物，而且指八种存在的特性。虽然人们依照一般的逻辑，很难标明八种事物和特性之间的关系，但根据阴阳数量和次序的安排，却很容易解释其错综复杂的关联。八卦是阴阳关系组合的各种变化形态。其中，天地是最根本的。天是乾，是纯阳；坤是地，是纯阴。阴阳构成八卦，八卦演化成六十四卦。这六十四卦不仅描述了天地万物的生成过程，而且也刻画了人类发展的历史。八卦学说的意义在于，它不仅区分了天地间的万物，而且揭示了它们之间的内在关系。更主要的是，八卦阐明了阴阳变化之道。万事万物的存在无非是各种阴阳关系以不同比例和不同形态的展开。

无论是阴阳论，还是五行说、八卦说，都是对于天地万物一般本性的探讨。但在天地万物的存在者整体中，天具有超出其他存在者的至高无上的地位。虽然天地共生，但与地相比，天具有规定性的力量。天支配地，并能统属地。因此，天地往往简称天。

在中国历史上，天具有多重意义。但就其大端，无非两种：一种认为天是自然的，另一种认为天是人格的。

作为自然的天是一种自然而然的存在。它是苍苍之天，生成一切且统治万物。但它给予自身，没有原因和目的，由此也没有任何人格和意志。老子认为天法道。这里的天就是自然的天，它顺任自身的道路而行。

作为人格的天却具有拟人的特性。它有类人的行为、思想和语言。它不仅如此，而且能观照并反应人的所作所为。更重要的是，人格的天是超人的，是上帝般的存在。它看守着人类的一切。墨子所理解的天就是上帝的天。他认为，顺天意者必得赏；反天意者必得罚。天有它的意志，如同人的意志一样。这种天具有宗教和道德的意义。

虽然天可以分为自然和人格两种，但在中国历史上，自然之天的意义是主导性的，人格之天是次要的。一般而言，这两种意义常常会结合在一起。基于这种理由，中国古代思想中的天、天地和自然不能完全等同于现代被技术化和物质化理解的自然界。中国的天还有人格的残余，具有蒙眬的宗教和伦理的意义，而现代的天只是一种自然现象。

三、人的规定

人生活在天地之间，是与天地并列的第三者。

论国学

《花山岩画》(广西宁明)

人虽然是天地间的一个存在者,不同于天地、阴阳、五行、八卦等,但天地、阴阳、五行和八卦等的特性聚集在人的身上。人自身也包容了天地、阴阳、五行和八卦等。

和一般思想一样,中国的智慧也把人分为身体和心灵两个方面。当然,传统思想对于人有更细致的区分,如将人分成精、气、神等。但这依然没有脱离身体和心灵的二元模式。精属于身体,甚至是身体中更精微的要素;神属于心灵,或者是心灵中高的部分;气则处于身体和心灵的中间。气既具有身体的特性,也具有心灵的特性,是身体和心灵的连接点。生命在于呼吸,甚至精神也在于呼吸。

那么,人的身体和心灵是从那里来的?中国思想认为人的身体和心灵都来自于天地。具体地说,人的身体源于地,人的心灵源于天。地赋予了人的肉体,天赋予了人的神灵。

不过就人自身的身心关系而言,中国人否定无身体的心灵或者是无心灵的身体。一种无身体的心灵不过是鬼怪或空想而已,而一种无心灵的身体也只是行尸走肉。因此,中国思想既不肯定一个不死的灵魂,也不推崇一种片面的身体主张。在身体和心灵的关系上,中国人虽然认为心灵依赖于身体,形灭而神灭,但更强调心灵对于人的指导作用。对于一个完美的人来说,不是身心分离、身心矛盾,而是身心合一。

作为一个具有身心的存在者,人如何获得其规定呢?一种规定就是一种区分。人的规定是通过人与在存在者整体中其他存在者的区分而实现的。

中国人认为所谓世界或者存在者整体就是天地人三者。当然,在天地之间,除了人这个特别的存在者之外,还有其他类型的存在者。它们是矿物、植物和动物等。矿物的特性是气,草本植物的特性是生命,禽兽动物的特性是感知。人是一个特别的动物,其特性是心灵。可以说,气不仅是矿物,而且也是植物、动物乃至人的一般规定;生命是植物、动物乃至人的共同属性;感觉是动物和人一致之处。只有心灵才是人的独特的本性。这就是说,人是有气的、生命的、感知的和心灵的存在者,是气、生命、感知和心灵的聚集地。但在这所有的特性中,唯有心灵才是人唯一所具有的特性。于是,心灵让人区分了世界中的其他存在者,而让人自身成为了人。

但心灵不仅是认识,而且也是道德。心在根本上是仁义道德,或者简化为义。义是什么?它是应该、应当和当然。义与不义实际上意味着应该与不应该、道德与不道德、善与不善。人不仅能感知,知道世界本来是什么,而且也能明义,知道世界应该是什么。应该的世界不是一个自然的世界,而是一个道德的世界。于是,所谓道德不是指人的一般的德行,而是指人类存在的独特本性。这使人彻底地与动物相区分。人不仅生活在天地的自然世界中,而且也生活在人类独有的道德世界中。

这样一种关于人的区分和规定的思想主要在于人性和人心。关于人的本性学说在中国历史上发展成为了一种人性论。因为性与情相伴相生,所以中国传统思想建立了性情说。同时,因为人性和人心密不可分,所以历史又将性与心的问题形成了一个主题,即心性论。

所谓人性是人之成为人的本性,是人区别于动物的关键点,是人在世

论国学

存在的根据。关于人的本性，历史上有非常多的争论。首先，人性自身的规定是什么？一种认为性就是天生，人性是生而自然的人的本性。它是天之成就，与生俱来。另一种认为性就是生成。人性是日生而成的人的本性。它不是自然本有，而是随习而变。人性虽有天生的基础，但也需后天的培养。此外，人性还有本然之性和应然之性的差异。

其次，人性是否能够给予一个规定？由此有性可以言善恶论和不可以言善恶论。在中国历史上，道家和禅宗认为人的本性是不可以言善恶的。这在于，人的纯粹本性自身是超出善恶的。道家将它表述为无，禅宗将它表述为空。如果人们设定人的本性是善的话，那么就会产生作为其对立面的恶。为了避免这一困境的出现，就必须超出善恶的对立之外。当然，这种非善非恶的纯粹本性自身也可以理解为一种最高的善。这在于它自身与恶没有任何直接和间接的关联，同时它也能导致与恶不同的善的产生。与道家和禅宗不同，儒家主张人性是可以言善恶的。其中最典型的是孟子的性善说和荀子的性恶说。此外，还有人性可善可恶说。其中性善说是中国人性论中的主导思想。

再次，如果人性是可以规定的话，那么人的人性是同一的还是差异的？由此有人性同一说和差异说，亦即一元论和多元论。一元论主张一种普遍的人性论。它认为所有的人虽然有种种不同的内在和外在的差异，但都具有共同的同一的人性。人或者是性善的，或者是性恶的。与此相反，多元论认为人有性善者，同时也有性不善者。人们还对于人性作了三品的区分，形成了所谓的性三品说。上品是绝对的性善，下品是绝对的性恶，而中品则是可导而上下，或者为善，或者为恶。

最后，如果人有一个规定性的本性的话，那么它自身是一，还是多？所谓人性一般被理解为人唯一的本性。但有种理论认为，人实际上可以具有两种人性。一种是本然之性，另一种是气质之性。本然之性也可以称为天地之性或者义理之性。它寂然不动，无善无恶。同时，它也可以说是纯

26

善和至善。本然之性一方面将人的人性建立在天道的基础上，另一方面让自身成为了一切道德的本源。而气质之性则不同，它是万事万物自身的本性，是每一个体的独特的个性。它是本然状态的消失，而有善有恶。

在中国历史上，人们认为人性是有善恶的。其中，占主导地位的人性说是一元论。它所主张的人性是人的本然之性。

与性相关的是情的问题。一般而言，性是人的本性，而情则是人与物交接所发生的状态。性是静的，情是动的。在这样的意义上，情就不是事情之情，而是感情之情。关于性与情的意义以及相互关系，中国思想对此有不同的观点。

儒家有丰富的性情理论。一般认为，喜怒哀乐未发是性，已发为情。于是，性与情是有分别的。有的将情理解为性的一个要素，有的则将它理解为与性不同的另外一个部分。人们甚至认为性情的差别之处在于性善情恶。在董仲舒那里，性被规定是善的，情被规定是恶的。情之所以如此，是因为它违背了性。但有种观点与之对立，主张性就是情。戴震认为性不是理，而是人本于阴阳五行而成的血气心知，并可以具体地分为三个部分：欲、情、知。这种作为性的情在根本上是善的。

不过，道家对于情进行了区分。庄子一方面反对仁义，另一方面反对情欲，而主张任性命之情。这里的性命是人获得了自然道德规定的人之本性，这里的情是事情，是事物自身的真实情形。庄子认为人不能伤害，更不能丧失人的性命之情，而是要顺从它。庄子主张无情。但无情不是指人没有自然的感情流露，而是指不以好恶伤害其自身。在新道家那里，人们甚至主张圣人有情。圣人与人的相同之处在于有情，不同之处在于不为情所累。人要遵从自然，触情而行。

性和情都和人的心灵发生关联。心是能思之官。它不仅是人身的主宰，而且也是天地的灵明。虽然人们认为心与性、情的关系多种多样，但最主要的看法认为心统性情。性是心之体，情是心之用。

论国学

在性情心的三者的关系中，心性的关系尤其成为了一个思想的主题。不仅儒家而且道家和禅宗都发展了自身的心性学说。儒家的孔子虽然没有凸显心性的问题，但孟子则使之变成了一个中心话题。他明确提出了尽心知性且知天的学说。到了宋明儒学，程朱理学和陆王心学的关键点和差异之处都在于对于心性意义及其关系的不同解释。理学认为理（性）在心，但心与性相分。心学认为理（性）即心，而心与性合一。与此不同，道家的老庄则以另外的形态讨论了心性问题。他们主张让心灵保持虚静，从而体悟天道，让自己顺任性命之情。至于禅宗更是强调明心见性，由此觉悟成佛。

这种种关于人本性的学说构成了人的一般的规定。它也确定了人在天地间的位置以及人与其他存在者的边界。

中国思想认为，就身体而言，人是渺小的。天地就是宇宙。它既有空间性，也有时间性。但空间是无限性的。从近到远，它没有边界。时间也是无限性的。从过去到现在到未来，它无开始也无终结。天地间的任何有限性的空间和时间都会被克服，而成为无限的。

宇宙是无限的，而人是有限的。与天地万物相比，人的有限性非常明显。

人在空间上具有有限性。庄子认为，人在天地之间，犹小石小木之在大山。人的有限性与天地的形体上的无限性的差异巨大，几乎无法比较。人不仅不如天地，而且也不如天地间的万物。实际上，人的体形和体力根本不及一些猛兽的体形和体力，人的感官的专门化也无法媲美某些动物的感官的专门化。可以说，人是一个非常脆弱和弱小的动物。

人不仅在空间性上，而且在时间上具有有限性。庄子认为人生的岁月如白驹过隙，倏然而已。人生在世，诞生、劳作、死亡，不过百年。其间，光阴似箭，日月如梭，韶华易逝。但天地长存，日月永照，山河犹在。人生有限的时间只不过是宇宙无限的时间之中的瞬间罢了。

但就心灵而言，人是伟大的。中国思想一直认为人是天地之心。心就是心灵。天地虽大，但如果没有人类的话，那么它就没有心灵，也就不能意识到自身的存在。人的心灵不仅能观照自己，而且还能观照天地，并知道自身与天地万物的关系。在心灵的觉悟中，天地才显示出自身的意义。

但心不仅指心灵，而且指中心。作为天地之心，人就是天地的中心。天地无论是空间上，还是时间上都是无限的，因此，天地的任何一点都不是中心，也不是非中心。但一旦人成为天地的心灵之后，他就成为了天地的中心，成为了天地万物的焦点。中国思想所理解的人作为天地之心并非人类中心主义。它不主张人统治万物，征服万物，而是看守天地，顺任天地。

四、天人之际

人作为天地之心已经包括了人与天地的关系。但在中国古老的智慧里，人们对于天人之际提出了多种不同主张。最主要的有天人相分说和天人合一说等。

天人相分论认为，虽然天地人同属一体，人与自然具有共同的本性，但人作为天地之心，不同于天地万物。于是，人具有他自身独特的本性。由此而来，一方面，人被天地自然的普遍规律所规定；另一方面，人又有其超出天地自然的特殊法则。在这样的意义上，天地自然不能完全等同于人，人也不能完全等同于天地自然。根据这样的理由，自然事件的发生的原因不能全部归结到人，同时人类历史的展开也不能都回溯到自然那里。

天人相分论的主要代表是荀子。他认为天地自然有自身固定的道路，并不依据人类的存亡而变化。这就是说，人类并不是自然的目的。与此同时，人类生活的吉凶主要在于自身是否合理的治理，而不在于天地自然好或者坏的变化影响。人不要迷茫于天人感应，而要明白于天人之分。让天

论国学

地走天地的道路，让人走人的道路。这才是真正适宜的人与自然的关系。

如果说天人相分的话，那么是天胜人还是人是胜天呢？根据人在天地间的地位，人既是渺小的又是伟大的，于是天可能胜人，人也可能胜天。刘禹锡认为有的地方天胜人，有的地方人胜天。这在于天道和人道各有不同。天道是生万物，人道是治万物。在自然的世界里，力量是根本。这是天理。在人类的世界里，道德是根本。这是人理。因此，在不同的世界里，天和人各具优势。

与天人相分相比，中国历史上占主导地位的还是天人合一的思想。天是天地自然，人是天地间的人。天人合一就是人与自然的合一。但天人是否合一？同时天人如何合一？这在中国历史上也是一个富有争议的问题。

天人合一学说的一种形态是汉代儒学的天人相类说。董仲舒认为天具有神的品性，它按照自己的形象生育了人。人是天的副本，人类的一切现象都是天的复制品。人副天数不仅直接表现为人在形体上与天类似，而且还表现为人在心灵上与天类似。

在人副天数的基础上，董仲舒还主张天人感应。他认为天不但按自己的模式制造了人，而且还能感应人的活动，并对人的活动的正义和非正义性作出相应的反应。如果人违背了天的意志的话，那么天便会降下灾异警告，这就是所谓"谴告"说。反之，如果人遵循了天的意志的话，那么天就会出现符瑞。天通过阴阳、五行之气的变化来主宰天地和人。

董仲舒的天人相类说是值得怀疑的。一方面，人副天数是一种穿凿附会的说法。人无论是在身体的维度上，还是在心灵的维度上都不是对于天地的模拟。这在于人在天地间是一个特别的存在者，他有自身唯一的不可取代的存在形态。另一方面，天人感应不过是一种杜撰和猜想。人与天地之间当然存在一种作用和反作用的关系。当人适应或者违背了天地的自然规律的时候，天地就会根据自然的规律作出一种相应的反应。董仲舒虽然也看到人与天地的差异，但他不仅将人类天地化，而且也将天地拟人化。

于是，人与天地的根本差异被抹平了。这样便出现了所谓的人副天数和天人感应。

关于天人合一的思想，在中国思想历史上最根本的学说的是天人相通的主张。它包括了如下内容：首先，天人原本一体。一般的天人合一说是以设定天人相分为前提的。既然天人本来未分，那么也不必言合。这就是说，作为一个已经给予的事实，既没有无天的人，也没有无人的天。天人本身就处于无法分离的同一性的存在中。其次，人天应该一体。虽然天人有别，天是天，人是人，但天人应该合一。这在于人是生存在天地之间的。在

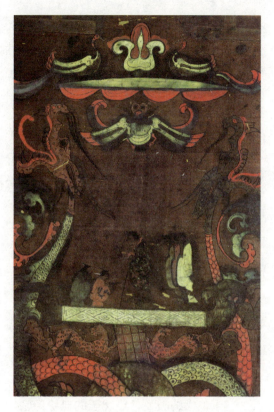

西汉《马王堆一号墓帛画》（局部）

这样的意义上，天人合一不是已然的状态，而是应然的状态。它是对于天人相分的克服，是存在的理想境界。最后，人为万物之灵，天地之心。人以此能够与天合一。人的心灵能够知道人自身的本性，同时也能知道天的本性。人性与天性是合一的。人不仅知道人与天的本性，而且还遵循这种本性去存在。这就是天人合一之道。当然，儒道对于天人合一有各自不同的表述。

儒家认为，天人本一，天人相通。于是天即人，同时人即天。自然是道德的基础，道德是自然的显现。

先秦儒家孟子认为天道即人道，天性即心性。他主张尽心知性，知性知天。孟子的心性论设定天道不是外在的，而是内在的。天道不只是在自

论国学

然之中，而且也在人道之中。同时，人性就在人心之内。因此，当人明白了其心灵的时候，也就理解了其本性。这同样也意味着，人理解了天的本性。这表明，天道实现于人道，而人道不过是理解了的天道而已。

先秦儒学的天人合一的思想在宋明儒学中得到了更进一步的发展。无论是张载的气学，还是程朱理学和陆王心学，其思想核心都贯穿了天人合一的原则。张载认为，如果天人相异的话，那么就不会有真正的诚明。只有当天人无别时，诚明才会实现。程明道甚至认为，天人本无二，不必言合。天人原本一体。故所谓天人合一不是先相分而后合一，而是显示其原本的已经存在的合一。程伊川也坚持相同的观点。他认为，道本身是一，并没有天人之别。但在天则为天道，在地则为地道，在人则为人道。天地人同属一个道，其差别只是在于它们是道的不同的显现领域。陆九渊则把天人合一的思想完全心灵化了。他说，宇宙便是吾心，吾心即是宇宙。在陆九渊看来，天人一体，且其一体处就是人的心灵。宋明儒学还把天人合一的思想来丰富和发展了孔子的仁爱学说。在孔子那里，仁爱主要是人对于他人的关爱，是父子的血缘亲情向人间普遍情感的转化。但在宋明儒学那里，仁不仅只是人与人之间感情，而且也是人与天地万物的关系。仁是天人合一，仁者就是一个与天地万物为一体的人。

如果说儒家的天人合一主要是心性和天地的合一，并具有道德化的特性的话，那么道家的天人合一则主要是人性与天性合一，并具有自然化的色彩。老子认为天地人三者都是被道所规定的。作为道本身，它遵从自然，而且它自身就是自然。道作为自然是天地人三者自身的本性。庄子继承了这种自然而然的思想。他把人的存在的根本都还原到自然那里去。因此，人的思想和行为都应以自然作为自身的准则。庄子所达到的天人合一的境界就是：天地与我并生，万物与我齐一。魏晋玄学则发展了老庄的道论，而成为新道家。王弼和郭象等讨论的不再是一般意义的道，而是自然。当人越名教而任自然的时候，人就到达了天人合一。

五、欲望

在我们讨论了天地人三者构成的世界及其关系之后，现在集中探讨人自身存在的问题。这就是说，我们要分析中国思想是如何揭示人在其生活世界中展开自己的生活的。

人生天地间，其存在首先表现为其欲望的追求及其实现。中国思想认为，人生天地间就是人在生死间，是从摇篮走向坟墓的时间过程。生死既构成了人的生命的起点和终点，也成为了人的生存的主要内容。但生死根本，欲为第一。生为欲生，死为欲死。中国思想不仅承认人的欲望的存在，而且认为欲望是人的生存中最原初和最普遍的事实。人在天地间必须依赖天地和同类，而欲望就是人与天地和同类的关系最直接的显现。如食欲就聚集了人与天地自然万物的关系，它是人的身体对于可食的矿物、植物和动物的消耗；而性欲则结合了人与他人的关系，它是男女身体的交媾。

欲望现象包括了欲望者和所欲者两个方面。所欲者当然是人，而且是一个具有血肉身体性的人。欲望直接来自于人的身体性的存在及其在世界中的展开。欲望者的欲望始终朝向一个所欲者。所欲者可以是一般的物，如自然物和人工物，也可以是一个特别物，如男人和女人。欲望当然不能在欲望者自身实现，而是要在所欲者身上实现。欲望是为欲望者对于所欲者的意向性行为。这种意向性表现为获得、占有、消费，乃至消灭。总之，所欲物在欲望的实现过程将被利用和消费，而欲望者则在同一过程中获得了自身欲望的满足。

不过，欲望在中国思想中具有多重意义。欲的本意是欠缺。由欠缺而产生了渴求和需要。在这样的意义上，甚至一切存在者都有它的存在之欲。特别是有生命的存在者更凸显了它的生存之欲，如动物对于食物和繁殖的欲望。但人的存在之欲表现为无意识或者有意识的意愿。在这样的关

论国学

唐·佚名《宫乐图》

联中，欲望实际上指人的一切的意志、希望和盼望。人的欲望就是想得到某种东西或达到某种目的的要求。这种广义的欲望在中国思想中得到了普遍的运用。如孔子说，己欲立而立人，己欲达而达人。又孟子说，生亦我所欲也，义亦我所欲也。与儒家一样，道家也使用广义的欲望。如老子《道德经》中的很多地方的欲就是如此。在这些不同的文本中，欲主要是指人的意愿和物的趋向。

但作为中国思想的基本主题的欲望并非指人的一切意愿，而是指人的身体的基本本能中的欲求。本能是人本来就有的能力，是人与生俱来的。本能中的欲望是人最基本的欲望，它是人类行为中最内在与最基本的生命的力量。

人有很多种欲望。但在人的基本欲望中，食欲和性欲无疑是最重要的。所谓"食色，性也"，就是说食欲和性欲是人的本性和天性。

饮食是人为了维持自身身体的生命必需的活动。中国人认为，民以食为天。这一方面是说饮食是人的天性，另一方面则意味着它是人的生活的大事，如天一样大的事情。为何如此？这在于饮食关系到人的生死。有吃的，人就能生；没吃的，人就会死。因此，比起人的其他方面的欲望，饮食无疑占有绝对的优先性。人们只有首先满足了吃喝，然后才能从事其他的事情。吃喝不仅是一个优先性的欲望，而且也是一个持续性的欲望。一日三餐，天天如此，年年如此。鉴于吃喝的这种独特本性，它被赋予了非常普遍的意义，甚至超出了自身的范围，而覆盖了广泛的领域。吃成为了一个非凡的动词，它可以描述人的许多与吃无直接关联的活动。

与饮食不同，男女之间的性活动是人为了维持种族的繁衍的必要的活动。不管如何吃喝，人都是要死的。一个要死的个体如何保证种族的长期存在？这就必须依靠男女交媾所形成的繁衍。如果说饮食主要是人与物的关系的话，那么性欲则是人与人的关系，是男人对于女人的欲望，或是女人对于男人的欲望。成人必须结婚，而一个结婚的人才是真正的成人。同时，只有有了后代尤其是男性后代，一个人才算完成了传宗接代的任务。中国人基本上把男女关系限定在繁衍的范围内。

关于欲望，中国思想中还有一个比食欲和性欲更广泛的说法，即六欲。《吕氏春秋》提出了六欲的概念。它认为，一个健全的生命必须满足六个方面的欲望。六欲指的是生、死、耳、目、口、鼻。它是人的基本的生理需求和感官欲望。人要生存，不要死亡。求生畏死，是人的最根本的欲望。作为身体性的存在者，人耳要听，眼要观，嘴要吃，鼻要闻。总之，人的感官要追求其相应的感觉物。但对于六欲的种类，人们后来有不同的阐释。最主要的是根据人的感官对于六欲进行了区分。人的感官一般可以分为眼、耳、鼻、舌、身，再加上意念，共六种。于是，欲望也相应

论国学

地有六种：见欲、听欲、香欲、味欲、触欲、意欲。与这种对于六欲的解释不同，人们还认为六欲是指色欲、形貌欲、威仪姿态欲、言语音声欲、细滑欲、人想欲。这基本上把六欲区分为人对异性天生的六种欲望。这实际上将六欲专门理解为人的性欲，并将它更加具体化和细致化了。不管人们对于六欲作何种规定，但它都是人的身体的感官欲求，而其核心又是男女性欲。

在人的身体性的欲望的基础上，人们又产生了许多非身体性的欲望。这些主要表现为人对于财产、名望和权力等的欲望。庄子认为，小人为利，士为名，大夫为家，圣人为天下。这些人虽然身份不同，在社会阶层中所处的位置不同，但具有相同的基本欲望。不过，在这些基本欲望之外，他们又有与其身份相适应的特殊的欲望。不同的人所追求不同的目的就是欲望的不同，但它们也无非是财产、名望和权力等。

所谓财产的欲望虽然不直接和身体相关，但也和它间接地相连。财产是人的占有物或者是所有物，最主要的是生活和生产资料。生产资料直接和间接地生产生活资料，而生活资料又无非是满足人的衣食住行。这些就关联人的身体性的存在，甚至影响人的生命或者死亡。因此，谚语说，人为财死，鸟为食亡。人对于财产的占有不仅是为了维系自身的生存，而且也是为了显示自己的存在意义。这是因为物的价值同时也是人的价值的证明。

与财产的欲望不同，名誉的欲望基本上脱离了人的身体，是非身体性的。所谓名誉就是一个人的名字在社会中的信誉度。人当然有他的名字。一个人的名字甚至就是一个人的存在。故一些人把名誉看得比生命更重要。但每个人的名字的意义是不一样的。有人是无名小子，有人是著名大人物。对于那些追求名誉的人来说，问题不在于有名，而在于有好名。名誉是通过人在社会中的言行而获得的。这些言行并非一般的言行，而是善的言行。人能够借此得到社会的美誉。不过，名誉可能和一个人的真实存在脱节，而成为一种虚假的名誉。但不管何种名誉，它都会带来一些非名誉的东西，如食、色和财产等。

权力的欲望实际上是贯穿了人的整个生活的一种欲望。一种政治场所固然有权力欲望的斗争，但一种非政治的场所也充满了权力欲望的角逐。在中国传统社会里，家庭、家族和国家一样，都是权力的天下。男权、族权和皇权是最主要的三种权力样式。权力在根本上表现为支配，也就是人对于他人的控制和安排。但这样一种支配权显示为话语权。但权力不仅是说话的权利，而且是说话的效用。有权的人说话管用，没权的人说话不管用。人通过话语能够命令他人去做什么或者不做什么。通过对于权力欲望的实现，人也可以实现人的身体性和非身体性的欲望。

除了上述人的身体性和非身体性欲望之外，中国思想对于一种特别的欲望形成了主题。这种欲望就是贪欲。它也表现为人的一般的欲望，是身体性的、财产的、名誉的和权力的。但它却将这种欲望极端化了，超出了欲望自身的边界。所谓贪欲就是过分的欲望。贪欲也被称为淫欲。但它不是指一般的性欲，而是指过分的欲望。贪欲或者淫欲就不再是一般的欲望，而是关于欲望的欲望。贪欲之所以如此，是因为这种欲望已经超出了人的基本的存在的需要，而只是追求这种欲望本身。如果欲望只是以自身为目的的话，那么它的追求将是无限的。这也就是一般人所说的贪婪者欲壑难填。

除了上述种种欲望的形态之外，中国思想还常常将欲与情相连，而有所谓的情欲之说。一般称之为七情六欲。七情指喜、怒、哀、乐、爱、恶、欲。其中，六欲只是作为一种情绪和其他六种情绪并列。情绪和欲望都指人的心灵的态度。它们都具有情态性，同时也具有意向性。但欲望和一般的情绪仍然具有差别。比较而言，欲望更多意向性，情绪则更多情态性；欲望偏重身体，而情绪偏重心理。俗语就说，欲切伤身，情切伤心。这其实也揭示了欲望和情绪的不同与关联。欲望是情绪的动力。正是在欲望的过程中，人才会产生喜、怒、哀、乐、爱、恶。当然，情绪也会影响人的欲望，喜、怒、哀、乐、爱、恶支配了人是否和如何实现自身的各种欲望。

六、工具

人的欲望本性始终是指向人之外的所欲之物，这决定了它的实现不可能是在人之内，而必须是在人之外。所欲之物不是物，就是人，总之是天地人世界中的存在者。但人并不能直接地将天地间的万物直接变成自身的所欲之物，而是要通过中介，亦即手段和工具。它就是广义的技术。可以说，没有技术，人的欲望就不可能实现。技术是人的欲望实现的帮助者。

工具或者技术不是自然天成的，相反，它是人为的，是被人制造出来的。无论儒家还是道家对于工具技术的态度如何，但对于工具作为人类制造的本性是没有任何怀疑的。《周易》甚至认为，从伏羲经神农到黄帝乃至尧舜的中国古代文明史就是一个发明和制造器具的历史。可以说，没有器具的发明和制造，就没有中华文明的产生和发展，也没有诸多圣人伟大的历史地位。这些发明和制造的器具不仅包括了生产劳动方面的，还包括了衣食住行方面的。此外，文字和礼法也是广义的工具中极其主要的部分。

如果说《周易》关于制器的过程还只是关于中国历史的一种独特的叙述的话，那么王夫之则把器的意义上升到了本体论的高度。他认为天下既非理，也非心，而是器。他主张天下唯器。由此出发，在道与器的关系上，他强调道不在器外，而就在器中。王夫之的器是指天地间一切具体的个别的存在者，它既包括了自然的器物，也包括了人类的器物。所谓人类的器物当然就是工具和技术了。王夫之特别重视人类制器的意义。圣人者，善治器之人也。圣人的生活、思考和言说无非相关于制器这一唯一的

唐·张萱《捣练图》（摹本）

事情，他的各种行为也只不过是和器打交道的各种形态。

在传统中国人的思维中，工具具有极为重要和宽广的意义。一种工具是对于自然的工具。它是各种简单的生产和生活的用具，甚至还包括了一些原始的机械。人们借助于这些用具，扩大和强化了自身手脚和身体其他部位的功能，用以改变或者重构自然，以期达到自身设定的目的。这些自然性的工具的领域极其广泛，如采集、狩猎、种植、衣食住行等。按照工具制作材料的不同，人们可以对于中国的历史乃至一般人类的历史作出划分。如石器时代、青铜器时代和铁器时代就是用各种工具的材料所标明的时代。除了对于自然的工具之外，还有一种对于人类的工具。这主要是关于人类生活各种规则的建立以及相应的服从的训练活动。在中国传统社会里，这种人类性的工具活动就是礼乐文明。这甚至形成了儒家的重要的思想主题之一。孔子将这类工具活动分为六种，亦即"六艺"。它们是礼乐

论国学

魏晋《邮驿图画像砖》（甘肃嘉峪关）

射御书数。六艺是人的教育过程最基本的技艺训练活动，它们直接或者间接地相关于器具的使用。但它们主要的目的并非针对自然物，而是针对人自身。这也就是说，它们不是为了改造自然，而是为了塑造人性。除了先秦的六艺外，后世的文人还特别强调对于琴棋书画的学习。它们都是对于人自身的技艺的训练。它既包括了身体的改造，如手的灵活运用，眼睛关于色彩、线条和构图的视觉，耳朵关于音色、节奏和旋律的听觉等，它还包括了心灵的提升，如专注、用心、超凡脱俗等。

作为器物存在的工具只是事情的一个方面，而作为对于工具的运用则是事情的另一个方面。对此，人们一般称为技术和技艺。

与自然打交道的工具活动是技术。技在汉语中本身就指人手的运用，因此，技术中的技也常常被称为手段或者是手法。一种手的运动当然也是身体的运动。在这样的意义上，中国古代的技术始终相关于身体的直接性和体验性。当然，技术也不只是纯粹身体性的，而且也是心灵性的。技术中的术被理解为方法，也就是工具运用的方法。这种方法不仅要求人能把握工具，而且也要求处理人、工具与自然物三者之间的关系。这需要智力的算计，更需要经验的积累。故任何一种技术的掌握都需要心灵手巧。

和上述不同的是，与艺术打交道的工具活动是技艺。技艺虽然也属于广义的技术，是身体和心灵合一的活动。但相较而言，技术更多身体性的层面，而技艺更多心灵性的层面。技艺的本性在于，它借助于身体对于工具的运用，将心灵灌注到物质上去。于是一个毫无生气的自然物具有了生命的意义。它不是一般的器具，只是成为一种服务于目的的手段，而是艺术品，变为了以自身为目的的存在者。

七、智慧或者大道

如果人只是用工具满足自身的欲望的话，那么他还不足以建立一个真正的人的世界。他还只是与动物为邻，离动物不远。这是因为动物不仅是一个欲望性的存在，而且也会使用一些简单的自然的工具。人与动物的真正的分界线是人的智慧。人的现实生活除了欲望和工具之外，还需要智慧的指引。中国传统思想的智慧主要聚集在关于大道的思考。这在于，依道而行是智慧的，背道而行是愚蠢的。在这样的意义上，什么是智慧的问题就转化为什么是大道的问题。那么，什么是中国传统思想中的大道呢？

汉语的道的本意是道路，为人所行走。就道路自身而言，它具有多重形态。有的道路是自然给予的，人无须劳作就可以行走于其间；有的道路是人类开辟的，人在没有道路的地方走出了道路。当然，这并不意味着人可以随心所欲地建设金光大道或者架设独木小桥，而是相反，人必须根据道路的规定而开辟道路。在这样的意义上，道路只不过是借助人把自身展示出来。因此，人行走在道路上的时候，必须遵守道路的方向和站点。人只要活在天地间，就是行走在路上，从一条道路奔赴到另一条道路。其实，人在生死间，也无非是行走在从摇篮到坟墓的路途上。于是，道路和行走对于人的生活具有非凡的意义。

但汉语的道在其使用的历史演变中已经不再只是指人行走的道路了，而是具有多重语义。道首先是存在性的。它指万事万物存在的道路、规律和规则等。它是存在者自身内在的、固有的、不可改变的。道其次是思想性的。人尤其是圣人体察道本身，经过对它的思考并将它言说出来。于是

论国学

道就成为了一种道理，是一种学说和主张。如在中国历史上最重要的孔孟之道和老庄之道。实际上，这种思想形态的道就是思想的道路。道最后是语言性的。道就是道说和说道。它是人们的言说行为。当然，关于一般事物的言说和关于道本身的言说在根本上是两种不同的言说形态。它们在语言上有着明显的区分。前者可称为语词，后者才可以称为道。

虽然中国的道的语意可以大致分类为存在的、思想的和语言的，但是它们之间的关系并非完全同一的，而是差异的，甚至是相互矛盾的。中国思想一方面论道和说道，另一方面却认为道不可思，道不可言。在这样的关联中，人不过是说那不可说的道而已。但在事实上，儒道禅已把那不可言说的道说了出来。这就是说，它们的思想形态聚集了道的言说、思考和存在。在这样的意义上，儒道禅之道就是道自身的显示。它们不是小路，而是大道。它们是伟大的智慧。正是它们照亮了中国的历史进程。人们认为，儒家之道形成了中国文明的真正的开端。如果没有孔子诞生于世的话，那么中国的历史也许还处于漫漫的黑夜之中。人们也认为，老子给人类文明指出了一条真正的道路。他不仅给古老的中国带来了启示，而且也给当代的世界文明提供了希望。人们还认为，禅宗的佛光将驱散人心中的黑暗，而敞开其本性的光明。一个光明的心的开端也意味着一个光明的世界的建立。

就中国思想所说的道自身而言，它只有一个，并无分别。但它的形态却是多样的。在天为天道，在地为地道，在人为人道。天地之道为自然之道，人之道则为社会之道。天地之道为人之道提供了一个基础，而人之道则在天地之道之上而建立。但天地之道和人之道还有一定的差别。天道远，人道迩。这正表明了天道与人道相对于人自身存在有着不同的距离。因此，在中国传统思想中，人除了要遵循天地之道外，更要遵守人之道。毫不奇怪，中国思想的核心问题实际上就是关于人道的理论。只是这个人道以天道作为其根源。

所谓人之道就是人如何成为一个真正的人的道理。它无非指明人的规定，亦即人是什么，同时人不是什么。由此，它确定人的人性，也就是人之为人的本性。这种人的规定的确立是通过人与天地之间的其他存在者尤其是动物的区分而获得的。但是这种人的规定还是不充分的，人还必须通过于自身的区分而表明自身。这种区分事实上就是一个理想的人与一个已给予的现实的人的区分。通过理想与现实的分离，来获得人的最高规定。于是，它就不是一般的人道，而是最高的人道，也就是人生至道。它既不同于天地之道，是自然的，也不同于一般的人道，是已然的，而是当然的。人生至道之所以是当然的，是因为它是人之作为一个人应当实现的。此外，它不仅是当然的，而且是必然的。作为一个真正的人，它必然如此。它是人的规范、理想和目标。成为一个真正的人，就是行走在人生至道上。人道其实划分了人的存在的两重边界。一条是人与动物的区分，另一条是人与自身的区分，亦即理想的人与现实的人的区分。但凡是边界处，便是争议和斗争之处。在这些地方，聚集了许多人的矛盾与问题。如自然与人为、天理与人欲、义与利、兼与独等。面对这些问题，中国传统的大道亦即智慧指明了什么是真正的大道。

中国传统的大道基本分为儒、道、禅三家。

儒家的道是社会之道。儒家思想的核心是道德、伦理和政治问题。虽然儒家的学说看起来是简单的和平常的，甚至是僵化的和教条的，但无疑是中国智慧中最主要的部分。这在于，儒家把握了人在天地间的一个原初事实，人与他人共同生活在这个世界中。人是一个社会的人。社会以家庭、国家等形态出现。因此，人生在世，就必须解决道德、伦理和政治等问题。根据儒家的学说，作为一个在世界之中生活的人，应该与小人相区分，成为君子。但作为理想的人格，一个儒者更应该成为一个圣人。他是仁者和智者的统一。仁者不仅爱自己的亲人，而且爱天下的人。智者既知道天命，也知道时命。

论国学

与儒家不同，道家的道是自然之道。道家认为文明，尤其是儒家的礼乐文化阻碍了人的天性的发展。它们是外在的、虚伪的、有害的。人要从人世回归天地，按照自然的尺度去生存。所谓自然就是自然而然的本性，也就是道本身。一个真正的人应该与无道的人相区分，成为有道的人。一个依道而行的人便是顺任自然的人，保持了自身本性的人。他超出了儒家的仁者和智者。他看起来无仁、无智，但在事实上却是大仁、大智。他比一切仁者更有仁爱，比一切智者更有智慧。

虽然禅宗继承了中国的儒道思想，但它仍然有别于儒道两家。禅宗的道是心灵之道。它史无前例地开辟了中国人心灵的天地。禅宗认为万法唯心，人自身的心灵才是天地人的根本。人必须回到自身，明心见性。一个禅者要与迷误的人相区分，成为觉悟者。所谓觉悟就是人的心灵意识到心灵自身并意识到人与世界的本性。觉悟既高深也简单。这在于，即心即佛。只要人觉悟到自己的心灵，他便能成佛或菩萨。一个觉悟者不仅保持小乘的戒定慧，而且还坚行大乘的六度，亦即布施、持戒、忍辱、精进、禅定、般若。禅者悲智双运充分显示了一个觉悟者的大爱大智。

儒、道、禅三家之道构成了中国智慧的整体。

八、道与欲

在人的生活世界里，道与欲建立了一种特别的关系。道指明：哪些欲望是可以实现的，哪些欲望是不可以实现的。

中国的智慧一般认为，欲与道不仅是分别的，而且也是对立的。但由于对于欲望、大道的各自的本性及其关系理解的不同，中国思想从大道出发对于欲望有各种不同的态度。

在各种态度中，纵欲说只是一个特例，而且并没有长久的影响。鼓吹纵欲是《列子》中杨朱的思想。杨朱主张及时行乐，任欲而行，亦即任耳欲听，任目欲视，任鼻欲闻，任口欲言，任体欲安，任意欲行。杨朱反对礼义对于人的欲望的限制。纵欲说在根本上放任欲望的无限需要和满足，否定了大道对于欲望的限制，由此让欲望失去了自身的边界。但一个没有边界的欲望必定会在人自身的追求和满足中彻底地消灭人自身。

在中国思想史上，占主导的不是纵欲说，而是节欲说和无欲说。

先秦儒家一般都主张节欲。孔子虽然承认人的欲望的合理性，但他要求以礼来制约人的欲望。礼在孔子那里不仅具有技艺的意义，而且具有大道的意义。礼是人的存在的规范。凡是合于礼的欲望是可以实现的，凡是不合于礼的欲望是不可以实现的。由此出发，他说"非礼勿视，非礼勿听"。这就是限制人的感官及其欲求。孟子则明确表明要去掉多欲，而保持寡欲。寡欲是人养心的根本，因此也是人存在的根本。是否寡欲决定了人是否能存在。荀子显然不注重人的寡欲和多欲，也不刻意去欲，而是强调以道制欲。它分析了从欲到礼的发展过程。人生而有欲，由此人产生了得、求、争、乱、穷。先王制礼义以分之，以养人之欲。所谓礼的意义正是为了保证人的欲望能够顺利地实现。欲望既不可以完全去掉，也不可以全部满足。但欲望可以节制并近似满足。这样一个尺度正是礼提供的。如果人力图纵欲的话，那么他必然灭亡。只有当人遵守礼义的时候，他才能安生。荀子这里所说的欲和礼的关系实际上就是欲与道的关系。他认为，以道制欲，则乐而不乱；以欲忘道，则惑而不乐。因此，人必须根据道的指引去满足自身的欲望。

比先秦儒家更极端，先秦道家不是倡导寡欲，而是主张无欲说。老子认为，问题不是或多或少地满足人的欲望，而是在根本上消除人的欲望。无欲不是在人产生了欲望之后去禁止它，而是在人产生欲望之前就消灭它。一方面让人知道欲望自身的危害性而知足无欲，如老子说祸莫大于不知足；另一方面让人努力避免任何激发欲望的可能性，如老子主张无欲则使心不乱。与老子类似，庄子认为欲望戕害了人的本性，相反，无欲才

论国学

西汉《赵氏孤儿图壁画》局部（洛阳烧沟墓室）

能让人的本性展示出来。对于一个得道的真人来说，他不知悦生，不知厌死。一个超出了生死利害的人，他根本就不会有所谓欲望的问题。事实上，在老庄道家那里，无欲亦即欲望自身的否定经历了如下几个过程。第一，无欲。在此虽然否认欲望，但还存在一种否定的意愿。第二，无无欲。这里消除了否定欲望的意愿。第三，无自身。它超出了欲望及其否定，而达到了绝对的无，也就是作为无的道自身。

禅宗继承了佛教对于欲望的一般性的看法。无论是戒定慧三学，还是六度，其中的戒学或者持戒就是智慧对于欲望及其衍生物的否定。佛家的戒律所面对的主要是贪嗔痴三毒。贪是贪欲。它不是一般的欲望，而是一种过分的欲望。嗔是愤怒。它是由于欲望不能得到满足而对他人生起的仇恨意向。痴是痴迷。它是无明，是无知或者是误知。正是出于无明，人才产生了贪欲和嗔恨。佛家的戒学就是防止人由贪嗔痴三毒而产生的各种恶行。当然，戒学既有否定的一面，也有肯定的一面。所谓"诸恶莫作，众善奉行"就是其最简明的解释。

关于智慧对于欲望的规定的学说，在中国历史上还存在一些其他形态。但它们基本上是节欲说的变式。宋明理学的"存天理，灭人欲"是中国历史上最为著名的欲道之分。天理是天然之理和天下之理，它是自然的且普遍的。而人欲与之相对，是非天然和非天下的，是过分的和私人的欲望。宋明理学一般都强调存理去欲。其中，朱熹将此形成了自己思想的主题。他认为，有一个天理，便有一个人欲。人欲实际上由天理而来。天理是本来就有，而人欲则是其非本然表现。朱熹将天理具体化：它就是儒家之道，亦即仁义礼智。而人欲无非是各种私心和杂念。他认为，天理存则人欲亡；人欲胜则天理灭。唯有灭掉人欲，方能存住天理。

针对存理灭欲说，宋明以来还出现了一些对立的主张：理欲合一。它认为天理人欲不可分离，如同天人不可分开一样。既然天人合一，那么理欲也是合一的。天理人欲，同体而异用。其差别只是在于，天理好恶以道，而人欲好恶以己。当然，理欲合一具有两方面的意义。一方面，欲源于理。欲望来自天，是必然的，且当然的。另一方面，理源于欲。正如不可离人而有天一样，也不可离欲而有理。天理就是人欲的天理，是关于欲望中节的天理。

九、道与技

在人的生活世界中，大道一方面和欲望建立关联，另一方面和工具建立关联。大道指明，哪些工具是可以使用的，哪些工具是不可以使用的。

在中国历史上，大道和工具的关系，或者大道和技术、技艺的关系是一个非常重要的主题，并成为了天人之争的一个具体化的题目。一般而论，凡是肯定工具在人的生活世界中意义的，就成为了人为论；凡是否定它的，就成为了自然论。大体而言，儒家思想主张人为，支持工具的合理使用。他们认为工具不仅能满足人的欲望，而且能推动大道的实行。与此不同，道家思想主张自然，反对对工具的过度运用。他们认为工具助长了人的欲望，并且伤害了的大道的生长。于是，儒家和道家的矛盾变成了所谓人为论与自然论的矛盾。

儒家有为。他们认为，人虽然要尊重自然，但也要积极作为。只有当建立一个与自然不同的人为世界，人才能成为真正的人。孔子非常注重与

论国学

自然不同的礼乐文化与仁义道德的世界的建立，同时也强调礼、乐、射、御、书、数六艺对于人的人性的陶冶和塑造的重要性。孟子也肯定了事天的活动。所谓事天不仅是尽心知性，而且也是种植和养殖。事天是人合于天道的活动，其中，就包括了人使用工具与天地打交道。

在儒家思想中，荀子最凸显了人为的意义。他反对听命自然，而要求以人治天。荀子的理想是人定胜天，官天地而役万物。正是在对于万物的使用过程中，物才能尽其美，致其用。而这种对于物的使用无非也是人借助于工具作用于天地万物的过程。

但道家无为。他们主张顺任自然，反对人为。人为只是对于自然的破坏，也是对于人的本性的伤害。因此，正确的道路是放弃人为，返璞归真。

老子明确强调人要遵循自然，师法天地，也就是顺其本性而行。他反对技术。认为各种器具的使用伤害了人的身心。这在于，器具制造了许多可欲望之物，而他们正好刺激了人的欲望，使人的身体和心灵不得安宁。同时，器具的使用也导致奇物的兴起，并引发人们的纷争，从而使天下不再太平。因此，人们应该绝巧弃利，见素抱朴。唯有如此，人们才能少私寡欲，与道合一。当然，老子也强调以道引技。他认为善言善行是一种不借助于任何工具的技艺活动。于是，技艺的活动成为了大道的活动。技道合一表现为：为无为，事无事。圣人就是以道引技的实践者，他常善救人，故无弃人，常善救物，故无弃物。

与老子一样，庄子区分了天道和人道。所谓天道就是无为而尊者，所谓人道就是有为而累者。他要求不以心捐道，不以人助天。他还警告，无以人灭天，无以故灭命。否则，任何违反自然的事情不仅伤害自然，而且也伤害人类。庄子认为工具危害大道。因此，他反对工具的运用。机械导致机事，又必导致机心。如果人怀有机心的话，那么他就失去了一颗纯粹的心灵，而没有安定的精神。这样，他不可能接受和承载道的来临。既然工具或者技术会危害大道，那么就不是技术规定大道，而是大道规定技术。庄子认为道是本，技是末。一方面，道高于技，道进乎技；另一方面，技达到道，技进乎道。于是，一种最高的技艺也可以成为道的一种表现形态。庄子曾赞美了许多匠人的鬼斧神工的活动，他们的技艺完全是通达大道的。

十、欲望、技术和大道的游戏

在中国人构想的天地人世界中，欲望、技术和大道三者共同存在，一起游戏。欲望的实现需要各种技术的帮助，同时欲望和技术也需要大道给它们划定边界。但欲望、技术和大道各自都是不断发展的。正如一种新的欲望会取代旧的欲望一样，一种新的技术也会取代旧的技术。当然，大道和智慧也会自身更新。旧的大道会死亡，新的大道会新生。总之，世界的历史就是永恒的新旧之争。

首先是关于欲望的解放。在中国历史上占主导的是节欲说、无欲说和灭欲存理说。在这种种学说中，人的欲望得到了高度的限制和禁止。但到了明清以后，人的欲望开始逐渐解放。人欲的放纵不仅实现于现实生活中，还表达于文学艺术作品中，如《肉蒲团》和《金瓶梅》等。与此相应，在明清的思潮中，虽然传统的儒道禅仍是主流，但新型的人文主义和个人的主义的思想开始生长，甚至自然人性论的思想也成为一种时尚。这种种思潮最根本的特点就是肯定人的自然的情欲，尤其是性欲。它们认为，人欲就是天理。因此，不是制欲，而是扩欲。

其次是关于技术的进步。虽然中国思想一直很重视器物或者工具和技术在生活世界中的作用，但器与道相比，毕竟是不是主要的，而是次要的。但在宋明理学的时代里，人们就已经开始在心性之学外注重功利之学。他们认为宇宙是一个物的宇宙，人的伟大在于其对于物的把握。所谓

论国学

事功和德业就是如此。到了中国传统社会即将终结的时候，人们更明确地意识到了工具的革新和技术的进步对于中国社会改造的意义。与此不同，康有为要求中国社会实行全变。第一，变器，学习西方的先进技术；第二，变事，发展近代的工商业；第三，变政，推行资本主义的政治体制；第四，变法，将封建制度改变为资本主义制度。其中，工具和技术的变更占据基础性的意义。

最后是关于大道的变更。一般认为，道自身是永恒的。一方面，天地之道是一直常存的。如董仲舒所说，天不变道亦不变。另一方面，人之道是依天地之道而成，圣人们也是法天而立道。尽管如此，但这个不易的大道却是变易的。这在于道自身生生不息，唯变所适。那么，中国历史上的大道是如何变化的呢？一般而言，人们将世道区分为有道和无道。在有道的世道里，天行其道，人也行其道。在无道的世道里，天不行其道，人也不行其道。但在有道和无道的二元区分之外，人们对历史上大道的形态还有各种各样的描述。

邵雍认为，历史大道的演化经历了皇帝王伯（霸）四种形态。皇是以道化民，故尚自然；帝是以德教民，故尚让；王是以功劝民，故尚政；伯是以力率民，故尚争。邵雍对于历史的区分主要是从治理天下来谈的。治理天下在根本上表现为统治者和被统治者的关系。而这种关系却决定于治理天下的方式。邵雍将它区分为道、德、功、力。与此方式相应，统治者的本性也发生了变化。他们相应地成为了皇、帝、王、伯。虽然民众的身份没变，但他们的生活却是发生了有道和无道的变化。邵雍所描述历史是一个大道隐退的历史。

与此不同，康有为将历史时代划分为据乱世、升平世和太平世。这三个历史时代在历史上是前后相随的。人类历史就是沿此道路不断前行的。这三个历史时代有完全不同的本性。据乱世是文教未明，升平世是渐有文教，太平世才是文教全备。与此相应，据乱世是君主统治，升平世是君主立宪，而太平世是民主共和。康有为认为，据乱世当然是一个黑暗的社会，但升平世也只是小康社会，而太平世才是大同社会。它是人类历史发展的理想境界。虽然康有为认为历史是大道前进的历史，但他所描绘的大同社会却非常的幼稚和空洞。

东汉《画像石》（山东）

此外，关于历史上大道的演变还有其他的说法。在这种种说法中，历史无非呈现三种形态。第一，它是倒退的，今不如昔，因此，人们回到过去。第二，它是进化的，昔不如今，因此，人们要走向未来。第三，它是循环的，大道按照一定的周期运行。因此，人们要服从命运的安排。但不管历史是如何变化的，中国古典思想认为，一个有道的世界才是最美好的世界。大道的变更是大道自身的更新和完善。

第二章　思想

　　中国的智慧不仅直接揭示了天地人之道本身，而且还指明了如何思考它们，也就是如何思道、知道。知道不是知晓其他什么东西，而是知晓道自身，亦即知天、知地、知人。在这样的意义上，知道从属于道，是道向人敞开的样式。但知道不仅具有道的维度，而且还有术的维度。它是道与术的统一。道是知道的主题和内容，术是知道的步骤和方法。但知道的道与术却不能等同于一般的认识论和方法论。这是因为它始终与天地人之道相连。

一、知的本源

　　当我们探讨知道的本性的时候，首先要标明知的本源。中国传统关于思想的思想建立在人的规定，亦即心性论的基础之上。人是万物之灵。人自身虽然是一个身体性的存在，但同时也是一个心灵性的存在，是身心的合一。但心灵的本性就是思想，凭借如此，心灵成为了人的身体的主导者。

　　在儒家思想中，虽然孔子谈了一些心的具体活动的形态，但他很少涉及心自身的本性。与此不同，孟子却将心灵主题化了。他认为心是天赋予人的，心的使命就是思考。当心思考的时候，它自身是存在的；当心不思考的时候，它自身就不存在了。心还包含了人性的本原，性在心中。恻隐之心、羞恶之心、恭敬之心和是非之心就是仁义礼智的开端。比起孟子，荀子更具体地讨论了心的问题。他强调心灵是身体的主宰，统治五官的活动。五官虽然各有感受，但不能相互为用。心灵则贯通五官，并能对五官提供的印象予以审查，使感觉成为知识。此外，心灵能规定情欲，让情欲根据心灵的要求来改变自己。心灵甚至可以塑造人性，化性起伪。性是自然的，而伪是人为的。心的力量却能够让人完成从自然到人为的彻底转变。但最根本的是，心灵是自己的主人，自己规定自己。

到了宋明儒学，随着心性论成为思想的重要主题，心的本性得到了更系统的思考。朱熹详细地讨论了心的问题。他认为人的心灵支配了身体及其活动。作为心灵自身，它如同镜子一般的虚静，故其本性是神明知觉。知觉就是知道事物是什么和不是什么，亦即天地万物的道理。心能知觉四面八方，古往今来。因此，心灵是神奇的。但心既具理，也具气，故心可以相应地区分为道心和人心。道心发于义理之公，人心生于形气之私。理和气相关与性与情。故朱熹认为心统性情。性是心之体，情是心之用。性情还可以区分为静动和未发、已发等层面。心统性情具有两种意味。一方面是心包性情，亦即心包括了性情两个方面；另一方面是心主性情，亦即心主宰了性情的动静变化。当然，朱熹强调必须在尽心上下工夫，发道心之微，去人心之危。

如果说理学认为理在心的话，那么心学则认为理即心。陆九渊思想的核心是本心。本心是本有和根本之心，但它并非它心，而就是孟子所说的四端之心。它就是恻隐之心、羞恶之心、辞让之心和是非之心。人皆有是心，心皆具此理。故心即理。心是道德之心和天理之心的统一。此心乃同心，此理乃公理。与陆九渊一样，王阳明也主张心即理。他认为身之主宰便是心，心之所发便是意，意之本体便是知，意之所在便是物。故无心外之理，无心外之物。

论国学

　　与儒家相较，道家有另外的心论。老子和庄子虽然也认为心是人的独特性，但强调要以心合道。但人心往往为物所遮蔽，为此人必须虚心和静心而达到无。一种纯粹光明的心才是合道的。具有道家思想倾向的管子对于心有较为系统的思考。他主张心灵是感官的主宰。只有当心灵的问题得到解决之后，感官的问题才能得到解决。但感官的欲望有损于心灵的安宁。正是因为如此，所以不能让感官干扰心灵。管子还指出，心中有心。这意味着，心灵不以事物作为自己的所思之物，而是以自身作为自身的所思之物。心灵既是思考者，又是被思考者。这种排除了关于事物思考的心灵是纯粹的心灵。

　　禅宗作为佛教的一种，认为万法唯心。这凸显了心的至高无上的地位。但人的心灵实际上可以分为真心和妄心两种。迷误是失却了真心，而固守于妄心。觉悟就是去掉妄心，而显露真心。在此真心中，人与天地万物都显示了自己的本来面目。

　　作为一个有心灵的存在者，人具有知道的能力。虽然人拥有这种能力，但当这种能力成为现实的时候，它却具有一些差异。对于所有人而言，有些知识是先天的，有些知识是后天的。同时，有些人多一些先天的知识，有些人多一些后天的知识。基于这种种差异，人们认为知识的来源无非有三种可能。第一种是外在的，是事物的道理。这种知识是外在于人的，人通过感官感觉而获得它。第二种是内在的，是人性的禀赋。这种知识是天生的，出于内，而不源于外。第三种是内外统一的，是人的心灵的能力对于事情的把握。这种知识是心与物的合一。

　　儒家对于知识有各种不同的理论。孔子认为有的人生而知之，有的人学而知之。因此，人有智慧和愚蠢之别。尽管如此，他强调学习的重要性。孟子认为关于的道德方面的知识是先天的，即所谓的良能良知。良能是不学而能，良知是不学而知。它们是天之所与，我固有之。但孟子也承认关于事物方面的知识是后天的。人们虽然耳聪目明，但也要学习和训练，才能真正把握事物自身规律。在宋明理学中，张载区分了德性所知和见闻之知。前者是心灵直觉自身的天性而获得的知识，而后者是由感官经验所获得的知识。

道家的老子和庄子指出了两种不同甚至是对立的知识。一方面是关于道的知识，另一方面是关于物的知识。前者是内在的，后者是外在的。前者需要人返回内在，去掉各种外在的知识，以至于达到无知。后者相反，它朝向外在，是关于各种事物的见闻和学识。

二、知与道

心灵的知道不只是知道心灵自己，而也是知道事情，也就是知天、知地、知人。但这种知道不是要知道一般的知识，而是要知道天地人之道，亦即天地人存在的真理。但心灵能够知道天地人之道吗？如果能知道的话，那么人的心灵又是如何知道真理的呢？

儒家肯定知道的可能性。孔子和孟子是可知论者。他们承认，无论是先天的能力，还是后天的学习，都可以让人获得知识。荀子则更进一步从两方面揭示了知识的可能。一方面，人的本性有认识的能力；另一方面，物的道理有被认识的内容。这两者的结合便会导致知识的产生。

但道家怀疑知道的可能性。老子认为常道是不可言说的，也是不可思考的。庄子则强化了对于知道的怀疑。他对知道的疑虑是多方面的。首先，知道者自身具有先天的不可克服的局限性。人的生命是有限的，而知识是无限的。以有限的生命追求无限的知识在根本上是不可能的。其次，人生的梦幻和觉醒时分难以分辨，故人也无法区分什么是真实和虚幻的知识。人往往把真的当假的，同时把假的当真的。最后，所知者本身也具有未确定性。一般的知识都是去知道一个所知之物，但这个所知之物是一个不确定的东西。于是，人虽然能够知道一些事情，并获得一些知识，但人

南宋·贾师古（传）《大士像》

应该知道知识的限度。最高的知识应该是止乎其所不能知的地方。

禅宗认为知识当然是可能的。人天生拥有智慧，也就是觉悟之心。一旦人觉悟后，人不仅可以知道自己的本性，而且可以知道万物的本性。

虽然中国传统思想在知道的可能性上具有争议，但人们并不否认知识的存在，甚至也不否认真理的存在。问题只是在于，人要区分什么是谬误，什么是真知。谬误是人对于事物的错误的认识，真知是人对于事物正确的认识。

关于谬误，荀子认为其主要的原因是人的错误，亦即人有所蔽，无法认识事物的真相。遮蔽有各种形态，但主要为人只是执著于事物对立的两端中的一端。人知此不知彼，或知彼不知此，不能彼此兼知。当然，遮蔽可以分为人与物两个方面。就人而言，遮蔽主要是人的心灵不定和感官受阻，人丧失了正确认识事物真相的能力。就物而言，遮蔽一般为物与人的距离和位置不当，这增添了人把握事物真相的难度。

但庄子从他的角度追问并回答了谬误的根由。庄子在此把谬误的形态归结为道隐和言隐，其原因在于小成和荣华。小成是人的成心，也就是成心和偏见。它遮蔽了人认识道本身。荣华则是花言巧语，是一种不真实的语言。它违背了语言的本性，也阻止了关于道的真实的言说。不过，除了人的原因之外，谬误还有道自身的原因。这在于道自身并不是显明的，而是遮蔽的。道隐无名。

禅宗认为谬误主要是人心灵的遮蔽。人的心灵本来是清静的，但因为外缘使人产生了很多妄想，从而覆盖了人的真实本性。这些妄想就是佛教一般所说的贪嗔痴。它使人既不能认识自己，也不能认识世界。

与谬误相对，真知是一种关于事物真实的知识。一方面，它意味着人知道了事物的真实的存在，而不是虚假的存在；另一方面，它意味着人的思想与真实的存在相吻合，而不是背离。

儒家的真理观凸显了诚。诚是真诚、诚实，也就是真相和真理。一方面，道自身是真实不虚的，将自身的本性显现出来；另一方面，人要思考诚。追求道的真理。孟子认为天道自身是诚，而人道就是思诚。荀子认为养心在于致诚。知有所合谓之智。这表明，真知或者真理是人的思想和事物的符合。但真理是否符合事物自身，必须验证。荀子强调，只有当一种思想在现实中被检验为真实的时候，它才能宣称自己是真理或者真知。

道家的真理观强调了真。真是道的天性或本性，亦即道之自然。故有天真之说。道家的人和思想的真是与天合一。庄子虽然对于知识有怀疑论的态度，但仍然肯定关于道的知识的存在。这也就是说，知道是可能的，同时真知也是可能的。庄子的真知指的是一种合于道的思想。但一种真知如何可能？庄子认为先有真人而后有真知。一种真知之所以可能，是因为人作为真人而存在。所谓真人是一个有道的人，亦即生存于道的真实之中的人。只有当人生存于道，人才能知道道。

禅宗的真理观主张如实。实是实相和实际，是世界和人生的真实本性。禅宗要求去掉虚妄，如实观照和如实知见。这也就是说，事物自身是什么就是什么。唯有如此，人才能获得真知和真理。

三、知道作为观

在中国思想范围内，我们不仅探讨了关于知识的本源，而且也分析了知识和道的关系。但什么是知道这一思想活动自身，我们还没有将它主题化。

中国思想对于知识自身有许多规定，但一般把它作为心灵的活动。汉语的知识有一个庞大的语言家族，如思想、思维、意识、智慧、觉悟。甚至一切以心作为偏旁部首的词语都与心灵有关，因此也与知识相关。但作为心灵的思想是内在的，看不见、摸不着。这就需要将内在化的心灵活动转化成外在化的形象表达。故当中国传统思想描述知识或者心灵的本性的时候，往往将其比喻为人的身体的感官的感觉活动。人们把心灵的活动说成是视觉，如观察；是听觉，如倾听；是嗅觉，如辨闻；是味觉，如品赏；如触觉，如感应等。其中，视觉具有其他感觉无法比拟的优先地位。这在于，天地间的万事万物都具有形体，且一般和首先以形象向人展示。同时，人也主要通过视觉这一通道走向天地间的万事万物。另外，视觉虽然是人的感觉的活动，但与其他感觉相比，它是一个思想性的感觉。它能够远离身体的直接性和有限性。

在汉语中，视觉的活动一般叫做观，如观看、观察、观摩等。但观除了指看本身的活动之外，还指被看到的景象，如景观，更具体地有自然景观和人文景观等。当然，观更指人们对于天地万事万物真理的认识，如观点、世界观、人生观和价值观等。如果人的观点具有某种原则性的话，那么它便可以称为观念。这种观念会成为指导性的方针和路线，规定人的存在、思想和言说。由此而来，观不仅是身体的活动，也是心灵的活动；它既指观察活动自身，也指被观察的事物，还指由观察而来的思想。

就观自身而言，它还需要更细致的区分。第一种是盲目。它什么也看不见。这可能在于观察者的视觉障碍，亦即缺乏思考的能力；也可能在于观察物处于幽暗之中，也就是事情还没有显露真相。第二种是意见。它似是而非。它仿佛看到了事物的真理，但其实并没有看到它。第三种是洞见。它直接看到事物自身的本性。中国传统思想的观一般是在洞见的意义上使用的。

但作为知道或者思想的观自身有一个结构。它包括了如下几个环节。一、以何观？二、观何物？三、如何观？

首先，以何观？人当然是一个观察者，他用他的眼睛来观察天地间的万事万物。但观不只是身体之眼的活动，而也是心灵之眼的活动。但任何一种观察都建基于立场。立场是观察者所站立的特定的位置。每一个观察者都有自身特定的位置。在这样的意义上，谁是观察者的问题实际上转化成在何处的观察者的问题，也就是观察者立场在何处的问题。立场之所以

论国学

重要，是因为它决定了视角。立场的高下制约了视角的观察点。从视角出发，人们获得了视野。视野是观察所及的范围。但视角的不同会影响视野的开阔或者褊狭。在视野的远方敞开了地平线。它是视野的边界线。在地平线内有各种各样的风景，也就是人和物的聚集。正是在地平线上，一些事物显现了，一些事物遮蔽了。为了观察事物，人们要变换自身的立场和视角。人甚至要超出自身的立场和视点，而采用事物自身的立场和视点。唯有如此，人们才能把握事物自身的本性。

对于谁在观物或者何种立场的问题，中国传统思想进行了非常细致的辨析。《周易》就指出了远、近、俯、仰等不同的观察点。庄子也分析了以道观之和以物观之等视角的差异。宋明儒学也对于观察的立场进行了细致的讨论。其中，邵雍的观点最具典型性。他将观区分为目观、心观、理观。以目观之是用作为视觉器官的眼睛去看。它只是对于事物的感觉，只能见到事物的外观；以心观之则是用心灵去思量。它是对于事物的思考，可以通达事物的本性。但这仍有其局限性，即受到人既有的立场和观点的限制。以理观之则不同，它是人超出了自身的立场和视角，以事物之理看事物自身，让事物自身能作为自身显示出来。在此，事物之理也是其性、其命。但规定理、性和命的不是他物，而正是道自身。在此意义上，以理观之也就是让事物之道显现出来。

对于邵雍来说，观物的目的是能显示万物自身的本性。但这之所以可能，关键在于不是以人观物，而是以物观物。这两者的差异其实也是人的性与情的差异。以人观物是从情出发，而以物观物则是从性出发。性是人永远的本性，而情只是人一时的态度。性公而明，情偏而暗。故以人观物只能遮蔽事物的本性，而以物观物则能显示事物的本性。圣人与一般人的区别也在于，后者以人观物，但前者以物观物。圣人之所以能观万物之情，是因为他能反观。所谓反观不是从人出发，而是从物出发的观察。如果人站在物的立场思考事物自身的话，那么人自身的观点就不再扮演任何重要的角色了。从以人观物到以物观物的转变，实际上也是从观之以心到观之以理的转变。这种以物观物也是以天下观天下，以道观道。

在以物观物之中，人与物不分，人与我合一。其间，人能观察到天地万物的奥秘。邵雍相信圣人就是这种特殊的人。圣人万能。这在于他能以一心观万心，一身观万身，一物观万物，一世观万世。因此，圣人上识天时，下尽地理，中尽物情，通照人事。

其次，观何物？观物当然是观一个物或者许多物。但物自身还需要区分。对于中国传统思想而言，物可以分为外在之物和内在之物。观物就可以依此分为外观与内观两种形态。

外观是对于外在事物的观察。所谓外在事物，是指在观察者心灵之外的事物。一般的外在事物为分天地人，也就是世界中的万事万物。但这又可以分为自然和历史两个部分，亦即天和人。《周易》中就有观乎天文和观乎人文之分。在此，天文就是自然，人文就是历史。

自然是天地间的万事万物，是矿物、植物、动物和人的聚集。一方面，人已经生活在天地的整体世界之中；另一方面，人却总是与某一个别的事物打交道。于是，对于自然的思考总是整体的把握和个别的了解两者同时的进行。仰观天文，俯察地理。这既是对于天地总体的综合思考，也是对于其间的万事万物的局部分析。

当然，所谓对于自然的观察并非只是看见其外在的形象，而是要知道其内在的物理。物理是事物的自身之理，也就是事物存在的真理。因此，观物是探讨事物的真理。同时，物理是事物存在和生成的道路，也就是事物之道。于是，观物是明道和知道。中国传统思想所观察的自然之道，亦即天道有各种形态。它们是太极、阴阳、五行和八卦等。道在气、在理、在心，或者在器等。

历史的事物和自然的事物虽然有共同性，但也有其特殊性。鉴于这种差异，在观察历史事物的时候，人们既要考虑到它和自然物的普遍性，也

论国学

要注意它不同于自然物的独特性。历史的事物主要有两个：一个是人物，另一个是事件。就人物而言，一方面是他与天地的关系；另一方面是他与大众的关系。就事件而言，关键在于它是否导致了历史的发生、延续和中断，从而成为划时代的事件。对于历史事物的观察也如同对于自然事物的观察一样，是体物、穷理和知道的合一。历史事物的发展有它自身的道或者道路。这个道可能是前行的，也可能是后退的，当然也可能是循环的。但对于某一历史时刻来说，世界可能是有道的，也可能是无道的。

外观作为观自然和历史，对于人获得知识具有十分重要的意义。一般甚至认为，思想的根本主题就是自然和历史，亦即天和人。这还专门化为自然与道德、自然与自由、认识与意志等。正如司马迁所言，中国思想的任务无非是究天人之际，通古今之变。

与外观不同，内观是对于内在事物的观察。所谓内在事物，是指在观察者心灵之内的事物。既然这些事物都内在于心灵，那么对于心灵的观察是内观无法回避的工作。甚至可以说，内观作为观内，就是观心。因此，内观就是心观。

虽然内观是围绕心灵来展开自身的活动的，但因为心灵相关于身体、感觉，所以内观和观内具有几个不同层次的任务。

首先是身体。人是一个身体性的存在，并因此是一个空间性的存在。作为如此，人生存在天地之间。当身体成为人的思考的事物的时候，它也如同万物一样是人外观的事物。但当人自己思考自身的身体的时候，身体就不仅是外观的事物，而且也是内观的事物。在这样的意义上，身体既是人与世界的通道，也是内观和外观的结合点。

人们都知道，身体和心灵是共在的。没有身体，就没有心灵。这决定了身体在内观中的独特性。在中国历史上，关于身心关系的讨论也就是关于形神关系的讨论。尽管人们对此有不同的观点，但形灭神亡的观点是主导性的。心灵首先思考身体自身。只是人们往往在对身体的惯常性和熟知性中而变得好像对身体无知罢了。心灵其次也可以超出身体，能思考身体之外的天下万物。但身体在内观之中的地位是无可否认和轻视的。

中国思想也有和一般常识一样的对于身体的描述。人的身体的结构分为头部、躯干和四肢，同时从外到内分别为皮肤、血肉、骨骼、内脏等。但中国思想关于身体的描述的独特之处并非在此。它注重了身体的整体观，认为身体是精气神三者有机的统一。在此关联中，中国思想用元气、阴阳和五行的理论解释身体。其腑脏和经络学说是人类思想史上最神奇的身体理论。特别是经络是如何被发现的问题，至今依然如同谜一样没有得到解答。但毫无疑问，对经络的感知的一个最重要的途径是对身体的内观。在身体的修炼过程中，如在内丹和禅定的静站和静坐中，人便可以在寂静之中感觉和观察到气血在经络中的运行。

由于中国思想认为天人同构，身体和自然往往得到了相互诠释。一方面，人们用自然的形态来观察身体。如身体的上下可以区分为天与地，身体自身的构造和机能能够说成是阴阳的变化和五行的关系。另一方面，人们用身体的形态来观察自然。天地也有身体般的头部、躯干和四肢。

其次是感觉。人的感官当然是身体的一部分，但却是特殊的一部分。这在于它有感觉。人与世界的通道主要是靠人的感官的感觉建立的。中国思想一般都认为感觉是思想的一个主要的来源，因此，人们都注重对于感觉的察知。

所谓感觉是感官活动的觉察。其中的感就是感应，亦即一个事物对于另外一个事物的反应。在此是人的感官对于所感事物的反应。但感觉既然作为人的器官的功能，它无疑受到身体的限制，并与身体所处的状态相关。人的感觉具体化为五官的功能。五官是眼耳鼻舌身，其感觉即视觉、听觉、嗅觉、味觉和触觉。

事实上，人的身体已经和可感觉的事物处在一起，发生了关联。这才使某种感觉成为可能，否则便不可能。在生活世界中，人与万物打交道。

论 国 学

感觉就是将可感觉物的特性揭示出来。什么是其特性？相应于人的五官，可感觉物的特性就是形色、声音、气味、味道和硬度等。当然，一个事物如何被感觉，不仅相关于人的身体的状态，而且也相关于事物所处的时间和空间而所具有的形态。这会导致人是否可以感知事物，以及在何种程度上可以感知事物。

一种感觉的形成就是人的感官和事物的感性特征的结合。不过，感觉有其天生的局限性。这在于它在两方面受到制约，一方面是身体，另一方面是事物。因此，虽然感觉是直接的，但却不可克服地是片面的和外在的。它尚需要心灵活动的综合化和内在化。

再次是心灵。心不是实体，不是身体的某个部分，如所谓的心脏。心即心灵，心就是人的灵明。此心的神秘之处在于：一方面，它是外向的，心根据感觉的材料觉悟万物的道理；另一方面，它是内向的，心回到自身而发明自身的本性。心的外向性在根本上以其内向性为基础。因此，中国思想强调首先必须明心，收拾精神，自做主宰，然后才能有所作为。

与一般的观照相比，观心有其独特之处。一般的观照是心灵观照外物，而观心实际上是心灵观照心灵自身。当心观照外物的时候，心被外物所充满；但当心用自己观照自己的时候，心既是观照者，又是被观照者。观照者与被观照者是同一的。

一个被观照的心看起来不是空的，而是各种想法和杂念。但这只是心的假象。对于道家而言，真实的心是空的、虚的。这就需要去掉各种心的假象，而呈现心的真实本性。对于儒家而言，这个真实的心灵又是不虚的，它包含了仁义礼智之心。此外，作为观心的最根本的目的，是在心灵中呈现天道或者天理。

最后，如何观？人知道的过程表现为观的过程，也就是人外观和内观的过程。观的根本是能观照事物自身，亦即事物的本性。故观物要能把一个事物作为一个事物揭示出来。如果说要把一个事物揭示出来的话，那么这实际上设定了一个前提，这个事物自身是尚未揭示的。这也就是说，事物自身是处于遮蔽之中的。遮蔽之所以可能，一方面是事物自身遮蔽，另一方面是人对于事物的遮蔽。中国思想固然承认道或者物的本性的隐蔽性，但更多地认为人的心灵自身的遮蔽和对于物的本性的遮蔽。针对这种情况，观物的过程首先是去蔽，然后是显示。

由于遮蔽有多重形态，去蔽也有多重形态。孔子认为应该否定四个方面的遮蔽：毋意，毋必，毋固，毋我。这就是说，不要凭空臆测、绝对肯定、极端固执和依从自我。虽然这四个方面有所不同，但都相关于清除观照者自身的思想的偏见。其中最根本的是自我。由自我出发，人们设定了自身固有的立场和视角。这才有臆测，也才有对于事物的绝对肯定和极端固执的看法。人们将这些看法投射到事物身上去，从而遮蔽了事物本身。因此，如果人们要把握事情本身的话，那么就必须去掉这四个方面的遮蔽。

比起孔子，荀子对于去蔽有更系统的说明。他认为，人不能知道，就在于有所蔽。他列举了遮蔽的许多形态。欲恶、始终、远近、博浅、古今，如此等等。任何事物都具有它的对立面。对立的事物虽然共同存在，但却彼此否定对方，而导致了相互遮蔽。此会遮蔽彼，同时，彼也会遮蔽此。这就会让人无法认识事物的真相。除了事物本身的遮蔽之外，还有思想自身的遮蔽。当心灵杂乱，人就丧失了真正知道事物真理的能力。于是荀子强调去蔽或者解蔽。圣人去蔽，故无欲无恶，无始无终，无近无远，无博无浅，无古无今，而能把握事物的本性。本性是事物自身的准衡，亦即事物自身的道。

荀子认为，知道的过程是一个不断去蔽的过程。第一是虚，亦即去藏。所谓藏是人们已有的经历，它构成了人们的记忆，由此形成了先见、成见乃至偏见。去藏是去掉这种先见。第二是壹，亦即去两。所谓两是指人同时认知两种事物，这会导致人对于一种事物的认识影响对于另一种事物的认识。去两是专注于某一事物，不将对于此物的认识伤害对于彼物的认识。第三是静，亦即去动。所谓动是指梦想、幻觉等移动、飘动的思想，它是虚幻的、杂乱的，不真实的。去动是让思想宁静，回到自身的本性，同时也回到事物的本性。

宋明儒学在讨论心性论的时候也将去蔽形成了主题。张载认为人有天地之性和气质之性的区别，但气质之性构成了对于天地之性的遮蔽，故人要知礼成性，而变化气质。程朱理学的工夫论主要是针对对于性和理的遮蔽而设立的。人有形气之私和物欲之累，故要改变气质，格物穷理，主敬涵养。朱熹认为心可以区分为道心和人心，而人心容易遮蔽道心，故要灭人欲、存天理。陆王心学的工夫论主张发明本心，求其本心。陆九渊的发明本心步骤就是心灵剥落的过程。他认为人心有病，也就是物欲和意见，故要剥落。心灵剥落一番便得一番清明。但去蔽并非有限的，而是无限的。故需要再剥落获得再清明。

与儒家的孔子、荀子一样，道家也强调了去蔽在知道过程中的重要性。老子认为为道和为学是根本不同的。为学日益，为道日损。所谓损是要去掉心灵上的层层遮蔽。唯有如此，人们才可能为道或者知道。老子还把心灵比喻成一面神秘的镜子。当心灵知道的时候，人们就必须把镜子清除干净而没有任何污染。一面光明的镜子才能映照万物，才能显现万物之道。与老子不同，庄子把去蔽理解为坐忘和心斋。所谓坐忘就是心灵忘记一切。它不仅忘掉自身的身体，而且也忘掉自身的心灵。一个虚无化的心灵就具有了体悟道的可能。所谓心斋是指人的心灵如同身体的斋戒一样。身体的斋戒是弃绝荤腥等不纯净的事物，而心灵的斋戒是排除各种不纯净的思想。心斋使心灵保持纯粹，可以去观照事物本身。

禅宗也以自身的方式阐释了去蔽的思想。慧能认为人本性是清静的，但由于各种外缘，人的自性受到了遮蔽。因此明心见性就是去掉心灵上的各种遮蔽。去蔽的否定性表现为三个方面：无念、无住、无相。无念是于念而不起念，无住是于念而不住念，无相是于相而离相。它们都是禅宗最基本的法门，但其中无念是最根本的。当心灵是通过否定达到无的时候，它便能明心见性，觉悟而解脱成佛。

在去蔽的同时，人就能观照，同时事物显现自身。这在于，人的观照是观照事物的本性，而事物的显现就是显现于人的观照之中。因此，所谓人的观照和事物的显现是同一的。

事物的显现和人的观照表现为一个过程。它往往由表及里，由外到内，由近到远。这也可以表述为一个有开端、中间和终结的整体。

《大学》认为，所谓认识之道是知道自身的先后，而认识的先后是依据事物的本末和终始。荀子则描述了事物显现的顺序。在无蔽的观照中，事物显现自身。人能由近及远，无论空间还是时间，而获得宇宙万物的真相。荀子还陈述了从一到一切、从一到全体的认识事物的过程。这在于，以人度人，以情度情，以类度类。人、情和类的道理是同一的。因此，人能够能从对于个别事物的认识发展到所有事物的认识，并进而理解天地之道。

老子揭示了对于道的观照的非常经历。在人的静观中，事物显现了自身的本性。它们就是老子所说的根、静、命和常，也就是道。同时，对于事物本性的认识是一种真实明白无误的认识，亦即知道。庄子把去蔽和显示看做前后相续的过程。他把知道的步骤描述为外天下、外物、外生、朝彻和见独。在去蔽完成的时候，也就是见道和道显示的时候。他还强调，无思无虑才能开始知道，无处无服才能开始安道，无从无道才能开始得道。知道、安道和得道意味着道向人的显现和人对于道的把握。但道的有都是在无中生发出来的。

四、知道的形态

中国思想不仅揭示了知道作为观照这一本性，而且还区分了知道的几

清·丁云鹏《五相观音》

种形态。它们大致可以分为三种：一、直觉；二、理智，它包括了分析、综合和计算等；三、直觉和理智的结合。

第一，直觉。它又名直观。一般认为，直接的感觉只能看到事物的现象，而看不到事物的本质。只有与感觉不同的理智才能透过现象看本质。直观是直接觉察或者观照，不是间接推理。但直觉并非只是把握事物的现象，而是看到事物的本性。这就是直觉神秘的地方。它兼具感觉和理智的特性。在中国思想中，直觉分为两种：一个是体道，另一个是尽心。体道是体察天地之道，尽心是发明人之本心。比较而言，前者是外向性的，后者是内向性的。体道的方法主要是老庄思想。老子主张人常无来观道的奥妙，常有来观道的边界。这是心灵和道自身的直接相遇。一方面是心灵对于道的直观，另一方面是道对于心灵的直接显现。庄子所描述的体道之人忘掉了自己和世界存在，同时抛弃了任何关于道的思考和言说。正是在这种神秘的经验中，人把握了道，道走向了人。尽心的方法主要被儒学所采用。孟子的尽心说认为，人尽心便能知性，继而也能知天。这要求心对于心的直觉。在这样的直觉中，人性和物性、天命都会为人所知，也就是敞开了自身。陆王心学把内心的直觉发展到极端。陆象山认为天下之理皆存我心，故认识的根本就是反而思之。与此相似，王阳明强调求理于吾心。但此心非他，而是人的良知。于是致知就是致良知。

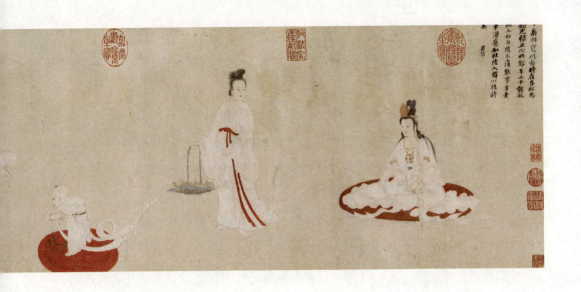

　　第二，理智。这种方法包括了分析、综合、计算等。先秦的名家非常注重对于事物的观察和对于道理的辨析。虽然他们的思想具有诡辩的成分，但对于理智的方法在思想中的运用起了推动作用。这种方法在程朱理学那里得到进一步的发展。程伊川主张格物穷理，从对于个别事物的认识上升到对于总体事物的认识。他所说的讲明义理，别其是非，就是一种分析的方法。朱熹认为认识就是格物穷理。他非常重视认识的工夫次第，要求把日常的格物与最终的穷理贯通结合起来。这就需要，一方面把握个别事物的特性，另一方面觉悟总体事物的原理。但程朱理学的方法论中的理智成分并不彻底，还夹杂着直觉的成分。只是到了王夫之那里，理智的方法才得到了系统的阐明。他认为格物和致知不是同一的，而是分开的。前者是外向性的，后者是内向性的。前者主观察，后者主辨析。如果说格物的验事以得理是归纳法的话，那么致知的用思以穷理是演绎法。但王夫之重视上述两种方法的同时运用，反对任何一种极端的片面的用法。

　　第三，直觉和理智的结合。它主要是体物和穷理。《周易》的思想是直觉和理智两种方法结合的典范。《周易》不仅在其个别上，而且在其整体上注意了直觉和理智的结合，也就是象与数的统一。一方面，它观察了天地万物之象，发现了阴阳变化之道。另一方面，它对于八卦进行组合、排列和计算，说明了自然的发展和人类的历史。

论国学

虽然中国思想区分了直觉、理智以及两者的结合三种形态，但中国思想自身却是以直觉为主。可以说，直觉构成了中国思想知道的根本特点。但中国思想的直觉方法论也不是一元的，而是多元的。一是老庄的体道，二是孟子的尽心和陆王的致知。

因为直觉活动是心灵和事物本性的直接相遇，所以它排除了理性或者理智。直觉的心灵是非逻辑和非推理的。但这并非意味着它是反逻辑和反推理的。不如说，它比一切的逻辑和推理更加本原。这在于它并非间接地而是直接地与事物共在，并揭示了事物自身的真理。因此，直观的思维对于事物本身的说明就不是论证，而是描述。这就导致中国思想一般都具有形象思维和诗性思维的特点。

虽然直觉是中国思想的基本本性，但人们也没有绝对放弃理智，更没有反对在直觉基础上的理智活动。中国思想当然有演绎和归纳推理，但其独特之处既非演绎推理，也非一般的归纳推理，而是采用了归纳推理中的一个特别的类型：类比。它首先设定了一个事物和另外一个事物在本性上的类似性，然后从一个事物的本性推论出另一个事物的本性出来。在中国人的思想中，一切事物无非是天地人。因此，事物的类比往往就是天地与人类的类比，古人和今人的类比。就天人关系而言，人们首先直观了天的本性，然后推导出人的本性；就古今关系而言，人们首先把握了古人的本性，然后推导出今人的本性。在天人关系中，天是规定性的。这种天人类比的思想方法可称为一种自然性的思维。在古今关系中，古是规定性的。这种古今类比的思想方法可称为一种历史性的思维。就整个中国思想而言，自然性思维和历史性思维是人们惯用的两种思维模式。

五、儒、道、佛三观

虽然我们把中国思想从一般思想的角度分为直观、理智以及两者的结合，但还必须考虑其不同的思想主流和方向对于思想的看法。我们将鉴于儒、道、佛三家的差异，而描述它们在知道亦即观照上的特性。观照不止一种，而有儒、道、佛三家。

儒家的观基本上是格物致知。格物主要是关联于外在事物的，而致知主要是关联于内在心灵的。它们是心灵观照的两种形态。前者是外观，后者是内观。在程朱理学和陆王心学那里，人们凸显了格物与致知的差异。但事实上，内观和外观不可分离，它们相互作用并互为补充。尽管儒家的学说对于观照有不同的解释方式，但他们都注重对于人类社会自身的观照，从个人到家庭、国家和天下。儒家的观照者是一个道德的人，而所观照者主要是一个道德的事物。

和儒家不同，道家的观照是以道观道。老庄反对以非道观道，否定各种非道的立场和视角去体道。以道观道首先要求人通过去蔽进入道中；其次，然后道就会向人显示出来；最后，人也能以道观天下，观万事万物。对于老庄来说，道家的观照者是一个自然的人，也就是拥有其真实本性的人，而所观照者则是万事万物的自然，亦即本性。

与儒家和道家相比，佛教发展了更系统的观照理论。这在于，无论是小乘还是大乘佛教都将其焦点集中在人的心灵的觉悟上。它要求人有一个觉悟的眼，也就是佛眼，从而能以佛眼观天下。

佛教包括了戒、定、慧三学。它们三者有一种特别的关系，即所谓由戒生定，由定生慧。其中，定又叫禅定。小乘佛教已经运用了许多禅法，并详细地描述了四禅八定的各种具体的现象。但小乘佛教最重要的禅法有四念处或四念住。在这种禅法中，人并不只是修习禅定，而且也用智慧观照四处，故它也称为四念处观。人们一般有四种错误的观点，亦即四种颠倒：常、乐、我、净。通过四念处观，人们就可以破除这四种颠倒。身念处是观身不净。受念处是观受是苦。心念处是观心无常。法念处是观法无我。破除四颠倒后，人们就不再有各种贪嗔痴，从而可以没有烦恼

论国学

南宋·佚名《虎溪三笑图》

而达到解脱。

　　大乘佛教在继承小乘佛教的基础上，发展了许多禅法，如数息观、不净观、慈悲观、因缘观、界分别观和念佛观等。在大乘佛教的发展历史上，先后出现了空宗、有宗和密宗。虽然它们的禅法多种多样，但其禅观无非两种：其一是如实观照，其二是如意观照。佛教的种种禅观都可划分为这两种形态及其混合样式。如实观照是按照事物自身的本性去观照。在这种观照中，事物是什么就是什么，且按照事物自身的本性显示出来。如意观照则不然，它是按照人的意念去构造事物的本性。在这种观照中，事物自身的存在按照意念的要求而显示自身。当然，在佛教观照中，最根本的意念并非人的某种愿望，而是诸法实相。因此，如意观照就是人们根据诸法实相去改变人的虚妄的迷情。在这样的意义上，如意观照不过是如实观照的特殊形态，甚至是最高形态。但这也意味着，如实观照是佛教观照的唯一法门。

　　中国佛教历史上的天台宗和华严宗都有非常丰富的禅观理论。

　　天台宗发展了圆顿止观的修正方法论。止是排除杂念，无思无念，达到宁静的境界。观是以如此虚静的心去观照事物的本性。止观是佛教修行中最重要的两个法门，天台宗将止观加以发展，将它分为三止三观。三止的第一止是体真止。心止于诸法空性真谛。第二止是方便随缘止。心止于随缘俗谛。第三止是息二边分别止。心止于不落真俗二谛的中道第一义谛。三观的第一观是二谛观，亦即由假入空观。人观诸法为因缘和合的假象而证入其空性，从而断除对于假有的执著。第二观是平等观，亦即从空入假观。人观诸法空性不是与假象有异的空性，而是与假象不二的空性，从而断除对于恶空的执著。第三观是中道第一义观。心去除两边，而观中道。它既排除二谛观的空生死，也排除平等观的空涅，而达到诸法实相。但天台宗认为，不同根性的修行者会有不同的止观。上中下者分别为渐次、不定和圆顿三种止观。圆顿止观是圆教的最高止观。何谓圆？圆为所观，即圆融三谛（空、假、中）的诸法实相，它是圆融无别的。何谓顿？顿为能观，是止观所显之相，它不历渐次，齐发三止三观。圆顿止观实际上是诸法实相自身呈现出来的止观。它止观不二，止是观之止，观是止之观。圆顿止观能瞬间达到一心三观，也就是直观诸法实相的亦空亦假亦中。

　　与天台宗不同，华严宗揭示了"华严法界观"。它是对应于法界境而设立的能观智，包括了真空观、理事无碍观和周遍含容观三种观法。第一观真空观是观色即空，亦即观事如理。但真空观只显真如之理，未显真如之用。故须进入到第二观。理事无碍观是观色空不二，亦即观理事互用。但这还要进入第三观，在观理事无碍之后再上升到观事事无碍。周遍含容观是观事事如如，亦即观事事交融。凭借华严法界观，人证入一真法界。

　　当然，只有禅宗才是真正中国化的佛教。它的禅观理论更加凸显了心的作用。因此，禅宗的观照就是对于心的观照。它认为心就是佛，佛就是心。心外无佛，佛外无心。观心的根本是去妄存真，亦即去掉妄心，而显明真心。这通过无念、无住和无相等法门而实现。人一旦发现了真心，就可以观照万物的本性。于是，禅宗的禅观不仅观心，而且观物。禅观天下，就是洞察天下的真相。

关于心的理论，禅宗发展了三条路线。第一是心学方向，主张即心即佛，即佛即心。故直心而行，任性逍遥。第二是理学方向，主张心生诸法，万法唯心。故即事而真，随缘自在。第三般若方向，主张心性本空，无心可用。故本来无事，没有烦恼。

六、认识、道德和审美

一般的理论将思想分成认识、道德和审美。它们既相关于不同的现实领域，也相关于不同的心灵功能。从现实领域来说，它们可以分为真善美；从心灵功能来说，它们可以分为知意情。一般而言，知意情是分离的。由此，关于知意情的理论便分别为认识论、伦理学和美学。

中国传统智慧中关于对于道的认识，亦即知道当然也可以看成是一般的认识论，但它并非完全如此，不如说，它是认识、道德和审美的统一。这在于，在任何一个观照行为中，心是作为整体出现的。因此，对于观照的理解，不仅是认识论的，而且是伦理学的，同时也是美学的。在这样的意义上，任何片面的理解都不能通达心的观照本性自身。

先秦的孔子强调了知识和道德的相关性。所谓知识就是知道。道在孔子那里是仁义道德。知道就是知道仁义道德。于是，一个知道的人是一个有道德的人，也就是仁者和智者的结合。虽然仁者和智者是有区别的，但他们在根本上却是同一的。仁者爱人，智者知人。这就是说，道德和认识的事物是一致的。一个人所爱的人，就是他所知道的人。同样，一个人所知道的人，就是他所爱的人。而孟子所说的尽心说是他整个心性理论的一

唐《卢舍那大佛》（河南洛阳龙门石窟）

部分。认识作为尽心，同时也是知性和知天。因此，认识实际上是知道人的良知良能，知道人的人心和人性。心既是是非之心，也是善恶之心。一个知道自己心性的人当然是一个有良知良能的人，也就是一个有智慧和道德的人。

《中庸》将道德和认识统一在一句话里："尊德性而道问学。"这成为了宋明儒学讨论的一个中心话题。虽然人们认为尊德性和道问学有别，并认为理学偏重于道问学，心学偏重于尊德性，但人们却从来没有将两者绝对分开过。理学强调了对于事物道理的把握，同时也非常注重敬，认为未有致知而不在敬者。心学更强调了对于心性的发明，认为致知就是致良知。在这样的意义上，道问学就是尊德性，而尊德性也是道问学。

老庄在另一方面也说明了认识和道德的一致性。虽然他们反对一般的

论国学

知与仁，主张无知无仁，但也在道的层面上将一般的知和仁看成一体。其无知和无仁是最高的知和最高的仁。一个有道的人是既是知道天地人之道的人，也是获得天地人之道的人。有道者也是有德者。德者，得也。有道德者在知道的过程中获得了天地的德性。庄子也认为知道的过程也是人得道的过程。他还强调道德比认识是更重要的。人们甚至可以说，道德是认识的条件。故唯有真人，才有真知。

禅宗作为佛教的中国化继承发扬了佛教的基本精神。大乘佛教主张悲智双运。这体现在其六度之中，亦即布施、持戒、忍辱、禅定、精进、般若。它们事实上是道德和认识的高度统一。佛教由观照所获得的智慧是一种慈悲的智慧，它虽然无我无人，但度己度人。这就是所谓的大乘气象、菩萨情怀。禅宗所宣扬的智慧观照更具有中国的特色。它结合了儒道的思想，将其认识和道德的统一的特点更加突出。一方面，禅宗强调了对于人和世界本性的观照；另一方面，它认为这种观照实际上不离日常生活世界的道德伦理行为。

中国传统思想作为观照不仅是认识和道德的统一，而且也是审美的。这在于，中国思想的观照的特点在根本上是直觉性的，而审美观照的特点也是直觉性的。

直觉性的观照无论是观心还是观物，都是观其本性，也就是观其道。在直观中，道自身直接性地显现出来。道自身是纯粹的、完美的、圆满的。可以说，道自身是真、善、美的统一，具有审美的特性。同时，道的显现不离心与物；相反，它是理事合一、理心合一。由此之故，道的显现便有文或者有象。美在根本上不是其他什么东西，而是道的显现，也就是道之文和道之象。

道及其显现是直觉性观照的所观，而能观自身则是对于所观的揭示和描述。因为直观是直接对于道的显示，所以它超出了一般的理性、逻辑和推理，而成为了道自身的直接表达。这种理事一体的表达甚至是感性的、形象的和诗意的，因此就是审美的。在此，道之文的形态发生了一个根本性的转变，它由自然的形态转变成文艺的形态。这也就是说，天地万物的道之文升华成文学艺术的道之文。

事实上，所观的道和能观及其表达的文成为了中国美学和文艺最根本的主题。但文与道的关系的结合点实际上是直觉性的观照本身。因此，对于文与道的探讨，儒道禅的美学都是从观的理解入手的。儒家主要是观风俗，道家主要是观自然，禅宗主要是观心灵。在中国传统美学的终结处，王国维对于观照的审美特性作出了系统的分析。他将诗人分成主观和客观两种。同时，观照也区分为以我观物和以物观物。由此便产生了两种境界：一种是有我之境，另一种是无我之境。

七、知行合一

中国传统的智慧虽然强调认识亦即知道的重要性，但并不把认识完全独立出来，建构纯粹的认识论。中国的知识始终是关于道的知识，是关于生活世界的知识。因此，所谓知道便不可避免地和行道或者修道互动。这导致人们在讨论知识的本性的时候，也关注知与行的关系。行主要是人在现实世界中的行为。它是人与人打交道，人与物打交道。知与行的关系也是中国人思想一个非常重要的主题。

孔孟原始儒学就十分关注知与行的问题。孔子认为人不仅要学习并知道仁，而且要实践仁。这表现在在现实世界中真正地去爱他人。仁的实践是一个不断由内到外的过程。首先是修己以敬，然后是修己以安人，最后是修己以安百姓。孟子则认为仁、义、礼、智四德是人的本心本性，故修身的功夫就是反身而诚。但人不仅要发明仁心，而且也要实行仁政，贯彻王道，将仁的理想实现于天下。《大学》将知行的问题详细地表述为修、齐、治、平等步骤。知行合一的最高理想是内圣外王之道。

论国学

在宋明以后，虽然人们认为知行不可绝对分离，但对于它们的先与后、轻与重有不同的看法。程朱理学认为知先行后。程伊川承认行难知亦难。他强调学以知为本，行次之。知深行必至，没有知之而不能行者。如果有知之而不能行者的话，那么就是人浅知而没有深知。朱熹认同此说且有发展。他虽然主张知在行之先，但强调行较知为重。对于知行关系，他觉得两者不可偏废。知之愈明，则行之愈笃。行之愈笃，则知之愈明。

与此不同，王船山认为行先知后。在他看来，知行是相分的。正是在此前提下，知行才能相互作用。但知行并非是平等和并行的。知识以行为为功用，而行为并不以知识为功用。知识必须以行为为基础，唯有力行之后才有真知。在这样一种知行关系中，知行相资以为用，并进而有功。

在知行关系上最有创见的是王阳明的知行合一。他以为真知就是真行。致知在于行，而不行则不是致知。知的真切就是行，行的明察就是知。认识是行动的开端，行动是认识的完成。王阳明的知行合一统一在其致良知的学说中。良知是人天生的是非和好恶之心。致良知正是实现良知的活动。它既是认识，也是行为。不仅如此，致良知而且也是扩大良知。它把良知由遮蔽带向显现、由个别推致整体。

儒家学说实际上揭示了知识和行为的三种可能关系。第一，知前行后。知识是行为的基础。第二，行前知后。行动是知识的基础。第三，知行合一。这在于知识要变成行动，行动要变成知识。它们之间的差异不过是时间的先后之别而已。

道家所探讨的知行关系具体化为知道与行道的关系。老子所谓的知道主要表现为观道，亦即观照万物自身的本性。但老子认为圣人不仅是一个观道者，而且也是一个行道者。行道的人是按照天地自然之道行走的人。老子指出，天地之道，利而不害，圣人之道，为而不争。圣人是知道者和为道者的统一。为道具体地表现为修身、治家、治乡、治国和治天下等不同的范围和领域。但无论是修身还是治国都要自然无为。这种作为不是无

南宋·刘松年《山馆读书图》

能，而是最高的作为，故无为而无不为。庄子所谓的得道的真人不仅是认识者，而且也是一个行动者。其典范性形象是一个在天地间逍遥游的人。他的自由不仅实现在心灵的领域，而且也贯彻到现实的世界。

　　禅宗和佛教在根本是追求觉悟，亦即获得关于人和世界的智慧。对于智慧的获得，佛教指明了一个修习的次第：闻思修证。第一是闻所成慧，听闻佛法。第二是思所成慧，对于所闻的智慧进行思考、区分、选择，从而去掉了不义，而接受了义。第三是修所成慧，通过禅定的修习，由止而观，洞察人生和宇宙的实相。在此基础上，人的身心直接证悟佛教智慧所说的真理，即事即理，即理即事。由此可以看出，佛教的修习次第是一个从知到行的完整的过程。它作为一种亲证的智慧特别凸显了知行合一。此外，佛教还强调了人在修行必须在身体、语言和意念三方面保持正道。与一般的佛教不同，禅宗不是强调了修行的工夫次第，而是主张顿悟成佛。在明心见性的瞬间，知成为了行，行成为了知。

第三章　语言

在汉语中，道本身具有多重语义：道路、道理、道说等。其中的道说就是指语言言说。人们说话，正是人们说道。如此理解的道是关于道理的表达，是关于道的言说。一般认为，中国思想没有语言学的自觉，缺少分析哲学对于语词的有意义和无意义的区分。它虽然有一个古老的训诂学传统，但却没有将语言问题主题化，而形成一个系统的解释学和语言哲学的建构。人们还认为，中国思想是反语言的。如果不是这样的话，那么它至少也是轻视语言的。但这些判断都似是而非。其实，中国思想对于语言有极为复杂的态度。虽然人们觉得道是无法言说的，但却要用语言去显示这不可言说的道。因此，问题的关键并非是简单地肯定或者否定中国古典思想的语言观，而是要清理其既有的形态，并标明其边界。

一、汉语言的一般特点

人类的语言并非一个孤立的事件，而是一个在生活世界中与其他事物相互交织的活动。对于中国语言，同时对于中国思想关于语言的态度，我们不能片面地、静止地去思考，而是必须放在更广阔的关联去对待。这就是说，人们不能只考虑语言自身，就语言而谈论语言，而必须超出语言之外，考虑存在、思想、语言、文字四者之间的相互关系，并在这种关联中

论 国 学

揭示语言自身的本性。

一般认为，存在是外在的，是现实世界所发生的一切事情的总和，它包括了自然事物、历史事件和文化现象。思想是内在的，是人的大脑和心灵的活动，是感知和判断，是对于存在事物的反映。语言是声音的，是人的咽喉、口腔、舌头和唇齿等产生的气流活动。言为心声，是关于思想的表达。文字是符号的，是线形的，是可视的，是作为语言的记录。其中，语言是时间性的，而文字是空间性的。时间性的声音容易流逝，而空间性的文字则可以保存。尽管它们之间还存在作用和反作用的关系，但前者决定后者，后者被前者所决定是根本性的。这种观点不仅被日常经验所认可，而且也被理论思维所赞同。中国传统思想中的主干儒道禅基本上坚持了这种语言文字观。

不过，与一般的语言和文字的关系不同，汉字不是被动地记录语言，而是主动地塑造语言。这在于，汉字不是拼音文字，而是非拼音文字。汉字本身不仅记录了语音，而且还记录了在语音之外的其他更丰富的内容。这就使汉字本身变得非同寻常。鉴于这种特殊的情况，我们在探讨汉语言的本性时，不仅要探讨语音，而且要探讨汉字，甚至要首先探讨汉字，然后再探讨语音。

关于汉字的发明有一个神奇的传说，即黄帝的史官仓颉造字。他固然不是一个神，而是一个人；但他不是一个一般的人，而是一个神人。相传仓颉不是如同一般人一样两只眼，而是四目。这意味着他比一般的人多了一双眼睛。眼睛是人观察天地万物的器官。仓颉四目表明他不仅能看到人们所看到的事物，而且也能看到人们所看不到的事物。这正是天地间万事万物的隐而不显的奥妙。仓颉不仅看到了天地之道，而且还用文字揭示了天地之道。相传仓颉造字之后，天雨粟，鬼夜泣。这说明文字如同光一样照亮了天地鬼神。这使天地不能隐其私，鬼神不能藏其秘。天之所以雨粟，是因为天地敞开了自身的宝藏，提供了对人类的赠礼；鬼之所以夜

82

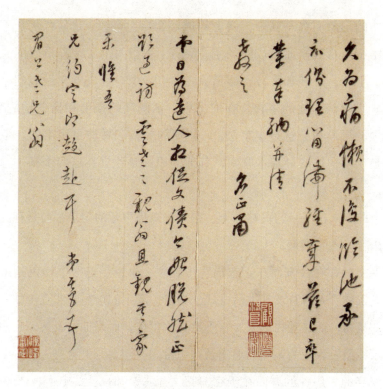

明·董其昌《致陈继儒两札》

泣，是因为鬼已经不能存在于黑暗世界，失去了它的居所。这可见汉字的发明对于中国文明划时代的意义。

但学界认为，汉字有多种起源，如物语、结绳、八卦、图画、书契等。不管人们是根据理论还是根据历史来确定汉语的起源，但其形成的过程有一个不可否认的规律，即从图画到符号，从象形到表意。在这样一个历史演变中，汉字遵循了一个基本的造字原则：六书。六书是汉字组字的基本原理。它分别是：象形、指事、会意、形声、转注、假借。

象形：它是依照事物的形象特征来造字。这些事物包括天地万物、器具、人及其活动等。象形文字将事物的形象变成线条，故具有一定程度的图画特征。指事：它是以写意来造字。它不是描写具体的事物，而是表现抽象的事情。形声：这种文字的某一字根表达特有的音，另一字根

论国学

依事物的形象而描写其形，两者构成一个字。会意：它是将两个不同意义的字根组合起来而形成新的字。转注：它指两个文字异形而同义。它包括了形转、声转和义转。假借：它借用一个声音或意义近似的字，去表达一个无法描述的事物。在六书中，前两项的象形和指事是造字法；中两项的形声和会意是组字法；后两项的假借和转注是用字法。象形和指事是汉字构造的最基本原则，其他的原则是建立在这两个基本原则之上的。

由此看来，汉字的奥妙在于，它并非只是声音的记录，而是存在、思想和语言三者的聚集。

汉字的存在性方面在于它描写了物象、事情。这些事物包括了自然物、人工物、人自身及其生活方式。当然，汉字的描写并非直接临摹某个具体的事物，而是观物取象。它不是具象模仿，而是抽象表达。它由图像变成了线条，表现为不同的笔画及其组合。

汉字的思想性的方面在于它凝聚了思考。事实上，任何一个象形的汉字表达的物象都是经过观察并思考过的产物，而任何一个指事的汉字就直接表达了关于一个事物的思想。汉字不是无意义的符号，而是有意义的符号。同时，由于汉字形象的特点，其符号的意义往往是丰富而复杂的。

汉字的语言性的方面在于它的符号和声音之间约定俗成。虽然汉字的图形最早和语音没有关系，但在语言和文字的交互发展过程中，某一具体的图形最后便获得了某一确定的声音形态。不仅如此，某些汉字还演变为单纯的注音的部首，从而对于一个形声字起标音的功能。

正是作为存在、思想和语言的聚集，汉字所包括的内容是密集的。这又在另一方面决定了汉字的形态具有简约的特点。汉字由不同的笔画以二维方式组成了一个特定的符号空间，形成了一个基本均衡的正方块。因此，汉字又称为方块字。汉字的一个字往往就是一个词，亦即单音节的词。在这样一个方块字内，它集合了声音、思想和存在。于是，与一般的表音文字相比，作为象形表意文字的汉字可用更短的篇幅表达同样的事情及其意义。

以汉字为载体，古代汉语在其运用过程中具有其他语言如西方语言没有的特点。在词法上，它自身缺少明晰的规定性。代词和名词没有格的变化，也没有性和数的区别。动词没有确定表达过去、现在和未来的时态。同时，许多语词的词性不确定，往往带有多重性。如一个汉字语词可能是名词，也可能是动词，甚至可能是形容词、副词等。这给作为语词解释的训诂带来了相当的困难。人们认为，辞无达诂。事实上，中国传统的经典文本的意义的争论往往就是语词的争论。此外，古代汉字语词还缺少发达的关系词。于是，两个或两个以上的语词的关系往往不是通过关系词来确定，而是靠文本所给予的先后顺序和具体语境去表达。这也会给语词的意义带来模糊性和多重性。

在句法上，古代汉语也有其特点。对于表达思想而言，它最显著的问题是复合句的构成。毫无疑问，汉语的并列复合句是常见的语法现象。但它往往是靠语序的先后排列，而不是靠关系词标明其联合、对立、选择和因果等具体的关系。此外，古代汉语由于其词法的特点，限制了其主从复合句的运用。古代汉语中的具有语法标志的主从复合句是相当少见的。人们几乎看不到主语从句、表语从句、宾语从句和状语从句等。对于这些类型的语法从句，人们一般习惯于用先后相连的语序来表达。

汉字所规定的语言当然影响了汉语思想的表达。一方面，它形象、多义、简明；另一方面，它也缺少语词的确定性和思想关系的明晰性。

这是古代汉语在表达思想时具有的一般的特点。它当然也制约了儒道禅思想的语言本性。甚至可以说，这些都构成了儒道禅三家语言表达思想的共同特点。不过，我们这里所探讨的是，在古代汉语的关联内，儒道禅三家自身是如何思考语言问题的。

论国学

二、儒家的正名

儒家认为语言能够表达真正的思想，也就是能言说真理。同时，语言也是人生活在世界中一个重要的活动方式。因此，儒家是非常重视语言的。《周易》认为，言行是君子的枢机，是可以感动天地的。这意味着，语言和行为一样是人自身存在的显示，是通达天人的。正是对于语言如此地重视，儒家历来有立德、立功和立言之说。立德是人树立了道德典范，立功是人建立了丰功伟业，立言是人立出了教化言说。但道德和功业实际上都离不开语言，都表现为语言。可以说，立言是"三不朽"中最重要的。

关于语言，孔子有许多直接和间接的论述，如关于人的言行、学诗和言说等，但最主要的是提出了正名的思想。孔子主张为政虽然有很多事情，但其首要任务是正名。因此，正名作为语言的活动主要和政治相关，在此意义上，它甚至可以看成是一种政治语言学。孔子说，名不正，则言不顺。这会相继导致事不成、礼乐不兴、刑罚不中，最后让民手足无措。在孔子看来，名亦即名称，是对于一个事物的命名。一个名称只有当它是真名的时候，它才是有意义的。作为具有广义的政治性的名称规定了人的言行，也影响了一个社会的制度建设和人民的生活方式。基于这种理由，人们要使名称成为真名，而让人的言行能实现它。但在事实上，现实中的名称往往处于真假之间，而且很多不是真名，而是假名。于是这要求正名。正名就是去掉假名，恢复真名，使名亦即语言与事物相符。同时，正名也需要划清语词的边界，找出其差异之处，去掉似是而非的语词。正名的"正"一方面是校正名字的错误，另一方面是让名字达到其意义的中正。

荀子继承了孔子的政治语言学而提出了制名。他认为在名与实的关系上，实是名的根据。因此，人们要依照事物的实际而正确地命名，亦即"制名以指实"。唯有如此，人们才能对于人进行区分，对于物进行分辨，也才能保持一个社会秩序的正当性。由此出发，他反对以名乱名、以名乱实、以实乱名。以名乱名是利用名称的不同制造事实的混乱；以名乱实是以名称的区别消除事实的联系；以实乱名是以事实的个别性否定名称的普遍性。这三种错误搅乱了名与实的真实关系，是必须被严格禁止的。为了保障制名以指实，荀子提出了具体的制名方案，亦即同实同名，异实异名。这就是保证名与实的同一性和一致性。同时，他还对名相给予分类。他要求人们使用共名和别名，使名与实能对应和切中。

董仲舒将儒家政治语言学具体化为深察名号。他认为治理天下在于审辩其大端，而这又在于深察名号。所谓名者，大理之首章也。根据天人相与和天人感应的基本观点，他强调名是圣人发天意而制作的。于是，理解天意就必须要深察名号。董仲舒认为名生于真，亦即生于实。名就是言说真实的。据此，深察名号就是要辨物正名，让语言与现实完全一致。当名能如实的时候，人们又可以沿名求实，通过事物的名字把握事物自身的本性。此外，深察名号还要求辨析名字自身的意味，区分一个语词和另一个语词的细微的差异之处。

作为一种广义的政治语言学，儒家的正名思想充分考虑到了语言的道德、伦理、社会等意义。甚至可以说，对于儒家而言，政治首先是一种正名，而正名首先也是一种政治。这也导致了儒家从来非常注重语言，特别是儒家规范性的语言，亦即名教。

语言的政治性在根本上就是让任何一个语词如实地吻合某一个体在由礼乐规范的社会结构整体中的位置和身份以及和他人的关系。由此看来，一种如实切中的语言就是中正的和中庸的。这也决定了儒家一些经典文本中的一些关键问题的表达是同一性的。

作为同一性的表达的范例是孔子所说的君君、臣臣、父父、子子。这是说，君主作为君主、臣子作为臣子、父亲作为父亲、儿子作为儿子。这种主谓同一的表达式看起来是同义反复，没有说出任何新的意义。但事实上并非如此。它在没有言说中否定了君主不作为君主，臣子不作为臣子，

论国学

父亲不作为父亲，儿子不作为儿子。而它在言说中要君臣父子保持自身的本性。总之，作为正名的同义反复要求事物是其自身，而不是它之外的某物。

如果说同一性的表达主要是从肯定方面来说正名的话，那么排除性的表达则是从否定性方面来谈正名的。孔子也有一典型的语言表达式：乐而不淫，哀而不伤。这是说，乐作为乐，不要淫；哀作为哀，不要伤。当乐越过了自身的边界便成为了淫；当哀越过了自身的边界便成为了伤。乐和淫、哀和伤，它们虽然是近邻，但其边界不可逾越。否则乐不是乐，哀不是哀。这样它们就违背了中正之理和中庸之道。

三、道家的言与道

与儒家的态度不同，道家对于语言是否能说出真理是怀疑的。在道家这里，语言和真理的关系具体化为言和道的关系。一般而言，大道是目的，而语言是通达大道的工具。为了体悟大道，人们需要借助于语言。但一旦体悟了大道，人们就要放弃语言。道家最担心的是人们错把工具当目的，错把语言当大道。

老子最早探讨了道与言的关系。他认为，可道非常道，可名非常名。这里的道和名具有两重意义。一个是道本身，另一个是关于道的言说。这无非是说，道本身是不可言说的，可言说的不是道本身。不仅道和言的关系如此，而且知与言的关系也是如此。作为对于道本身的直接体悟，知是非语言性的。因此，老子说，知者不言，言者不知。知道的人是不言说的，言说的人是不知道的。尽管如此，人们还必须言说那不可言说的道。于是，道与言就建立了一种无法割离的关系。在这样一种强求下，人们言说那不可言说的道就必须注意语言的限度和边界。语言所言说的道并不直接就是道本身，而是好像是、仿佛是道本身。这要求人们超出语言自身，而体悟语言之外的意义。

　　在道与言的一般关系上，庄子继承了老子的观点。他认为，道不可言，道不当名。庄子之所以认为道不可言，是因为道超出了语言言说的限度。语言可以言说有形的，但不能言说无形的。道正好不是有形的，而是无形的。据此，语言不可言说道。

　　与老子相较，庄子对于道与言的关系有更详尽的分析。他认为，书只是语，语

宋·范仲淹《道服赞》

之在意，意又有所随。但意之所随者不可以言传。在这里，庄子将道与言的关系具体化了。书本作为文字的集合是语言的记录，而语言是表达思想亦即意识的。意就是关于道的思考，而意之所随则是无法思考和无法言说的道自身。但人们却以为语言文字就是道自身，或者认为它可以通达道自身。这在根本上就是一种错误。

　　庄子将言与道的关系明确地表述为手段与目的的关系。言者所以在意，故得意应忘言。作为手段与目的的关系，言与道的关系就必须从两方面来考虑。一方面是以言得意，另一方面是得意忘言。否则就会出现一种怪异的现象，手段成为了目的，而目的成为了手段。

　　作为新道家，魏晋玄学一方面沿袭了先秦道家在言与道关系上的一般观点，另一方面也吸取了《周易》的相关思想。在《周易》中，道与言的关系表现为意、象、言的关系。意、象、言有明确的具体的规定。意指卦

论国学

意，象指卦象，言指爻辞。但也可以将此特别的意义一般化。《周易》认为虽然言不尽意表明了语言的限度，但立象以尽意却弥补了语言的不足。语言表现为文字，也成了一种符号。象是非语言的，是一种非文字的符号。但比起文字而言，象具有更复杂和多重的意义。但《周易》认为，语言文字和象不可偏废。语言文字是告知意义的，而象是显示意义的。事实上，在对于道的关系上，言和象是可以互补的。

魏晋玄学对于意、象和言三者的关系作了更为详尽的解释。在意、象和言三者之间，王弼设定了目的和手段的关系。其中，在意与象之间，意是目的，象是手段。象以出意。而在象与言之间，象是目的，而言是手段。言者明象。为了达到目的，必须借助手段。手段是可以通达目的的。尽意莫若象，尽象莫若言。言生于象，故可寻言以观象；象生于意，故可寻象以观意。意以象尽，象以言著。但一旦目的实现之后，手段就必须放弃。故言者所以明象，得象而忘言；象者所以存意，得意而忘象。否则，王弼认为就会犯庄子所指出的目的和手段互置的错误。

道家的语言学基本上是一种工具论语言学。之所以如此，是因为道家对于道与言的规定是分离乃至是对立的。道自身是自然性，而非语言性的，超语言性的。虽然道作为语词是歧义和多义的，可以意味大道、道路和言说，但它同时却不具备大道和言说的意义。这就是说，当道指大道时，它不指语言；当道指语言时，它不指大道。大道是神秘的、隐蔽的。虽然它显现于天地万物，但却不诉诸语言。在道被理解为非语言的同时，是语言被理解的非道化。道家没有考虑到，语言可能就是道自身的言说，是道的显示和保藏。于是，语言只能被片面地理解为人们通达道的工具。

因为自然之道的不可表达和语言是非道的，所以当人们试图言说那不可言说的道时，就要注意标明语言的边界。在语言具体的运用过程中，道家一方面言说语言，另一方面消解语言。在老子那里，最典型的语言运用是悖论性的表达。道自身既是有，也是无。万物既是其自身，又不是其自身。在庄子那里，语言有更丰富的言说方式。他除了注意到言说道的困境之外，也考虑到了人们言谈和领会的限度，故说寓言、重言和卮言。寓言是假借之言。它言在此而意在彼。庄子借一些现实和不现实的事物言说一定的道理。重言是借重之言。它借助他人之言相互辩论，但背后隐含自身的观点。卮言是一些无心之言。它没有任何成见，没有任何定论。因此是随意的和破碎的。以这三种言说方式，庄子间接和迂回地表达道自身的意义。

四、禅宗的言说与不可言说

佛教本身非常注重语言。佛教不仅是一种以佛陀为教主的宗教，而且也是一种关于人的本性觉悟亦即佛性的教育。不如说，它的教育的意义高于其宗教的意义。教育虽然有许多方式，但言教却是最主要的。在一般所谓的佛法僧三宝中，法作为佛所说之法具有根本性的意义，它也就是佛通过语言指明的道路。佛法或者佛学包括了三个方面：戒定慧三学。其中的慧学包括了实相、观照和文字般若。所谓文字般若就是诸佛菩萨亲证诸法实相并将之言说出来的文字。于是，文字般若是佛的智慧直接表达。

对于佛教而言，不仅语言对于佛言说法是重要的，而且对于人学佛也是重要的。人关于智慧的学习就要经历闻思修的过程。在这样的过程中，人的身语意都要发生根本性的变化。一方面，人要戒除非佛化的语言，即恶口、两舌、绮语、妄语；另一方面，人要运用佛法的语言。在八正道中，正语指的就是如法如实的言说。

作为佛教的一个派别，禅宗当然继承了佛教的基本思想，但在语言上，它却与一般的佛教学说大异其趣。它基本上重行禅而轻言教。实际上，作为中国化的佛教，禅宗吸收了道家的思想。道家的道与言的关系在禅宗这里转换为佛性或佛心与语言的关系。与道家类似，禅宗认为佛性是

论国学

目的，语言是手段。佛性不可言说，但语言却有必要去指称。

禅宗也称为佛心宗。它直指人心，以心为本，修行即修心。禅宗所理解的人的本心是超出善恶之外的，是空，是无。因此，它要求无念、无住和无相。一切心外之物包括语言不过是为了达到明心见性的手段而已。于是，禅宗强调不立文字。不过，文字在禅宗那里有多重规定。有时指一切语言文字，有时指书面文字或者口头语言，有时则只是指华丽或者粗鄙的语言形态。据此，所谓的不立文字在不同的语境中有不同的意义。但一般而言，不立文字否定文字是心性自身的直接呈现。

虽然心性就其本性而言是超言绝相的，但通达无不能通过无，必须借助有。同时，心性就其现实而言却是隐而不露的，被各种妄想所遮盖。因此，去妄求真就必须借助语言文字。根据这样的情况，禅宗很快由不立文字转向不离文字。文字禅认为心灵不可用语言来传达，但可借语言来显现。语言成为人们体悟禅道深浅的一个重要标志。文字禅强调通过参究禅宗语录、公案而体悟禅理。人们借有言以显无言，通过文字去言说那不可言说的心性。文字禅往往言近旨远，高深莫测，成为了一种高超的语言艺术。

但文字禅的极端化也蜕变成一种玄谈和游戏。于是遇到了它的对立面：默照禅。默是静坐默守，照是智慧观照。它反对任何语言行为，把静坐默照作为根本禅法，由此体悟人生与世界的如实本性。默照禅认为，心是诸佛的本觉，众生的妙灵。但有始以来，人的心灵已遭蒙蔽。唯有去掉妄念，才能显露真体。默照正是唯一的正途。静坐入定，便会默默忘言，昭昭在前。

但默照禅违背了顿悟禅的理念，无法使人明心见性。相反，它会堕入外道，陷入禅寂断见、闭目合眼的处境，而成为了默照邪禅。话头禅或者看话禅正是以它的对立形态而出现的。如果说默照禅是消解文字的话，那么话头禅则是超出文字。它主要是通过参究公案中禅师的话句答语而获得证悟。看话禅最根本的是对于话头产生疑情。唯有大疑情，才有大证悟。

五代·石恪《二祖调心图》

看话禅运用话头，实际上是通过语言回到语言的开端，即无语言之处的纯粹心灵。它超出了任何语言言说之外。它是空，既非有，也非无。它是静，是一种神秘的寂静之音。

　　禅宗到了明清走向禅净双修、禅密合一，而实现了禅净密三位一体。一般净土宗相信，阿弥陀佛是西方净土的教主。人只要念诵南无阿弥陀佛，净念相继，一心不乱，在往生时就可以得到阿弥陀佛的接引，而长生净土。但禅净双修认为自性弥陀，唯心净土。阿弥陀佛作为诸佛之王是佛的法身，并意味着无量光和无量寿。其实，作为法身的佛不是其他什么东西，而就是佛名、佛音，而且就是人的自性的另一个名字。念佛是对于佛的召唤、期盼和祈祷。念南无阿弥陀佛就是皈依阿弥陀佛，让自身的佛性显现出来，成为无限光明和无限寿命。当念佛的时候，人们正是让自己的身语意与佛的名号合一，而解脱与成佛。念佛之念作为祈祷的一种特别方式表现了语言支配身心的神奇力量。

与禅净双修一样，禅密合一也无非是强调禅密的修行方式可以互补。事实上，密宗的身密、语密和意密的修行以更细致和具体的方式达到禅宗明心见性的境地。其中的语密亦即持咒就特别凸显了语言的神秘意义。咒语不是一般的语言，而是一种特别的语言。它正是祈祷的语言。它具有超出语言的现实的力量，而改变人的心意和身体。由此看来，禅净密三位一体以一种极端的形态让语言规定了人的身语意，亦即人的整体存在。

禅宗语言大量运用了同一性的表达式。如佛就是佛，心就是心。但也采用了一些悖论性的表达式。这在于禅宗对于语言文字采用了中道的看法。一方面，人们不能著相。语言的本性是空，如果人们执著于语言文字的表达自身的话，那么就会著相。另一方面，人们也不能著空。语言的本性并非无。如果人们完全反对语言文字，特别是反对佛语的话，那么就是著空。这就是说，语言既是空，也是相。同时，语言既非空也非相。因此，禅宗语言的悖论式表达往往是，某物既是此，也是彼。或者相反，某物既非此，也非彼。但禅宗语言还将悖论的表达式极端化，变成一些荒诞的表达式。在一些问答句中，往往答非所问，牛头不对马嘴。其荒诞在于，问的是关于外在的佛性，答的是关于内在的禅心。这是中断人们的日常或者习惯思维，达到一种真正的禅宗思维。

尽管禅宗的不同流派对于语言有不同甚至是对立的看法，但就其历史的主体而言，禅宗的语言论依然是工具论的语言论。禅宗将语言与心灵的关系比喻为指与月的关系。人们以指指月。但指不是月，月不是指。如果人们以指为月的话，那么这就不仅忘记了月亮，而且忘记了手指。这是双重的遗忘，也是双重的错误。

五、语言的边界

中国传统思想的儒道禅虽然对于语言有不同的看法，但对于语言与存在的关系坚持了基本相同的态度。思想反映存在，语言表达思想，而文字记录语言。总之，语言是言说存在或者道的工具。当然，它们在语言与存在的关系的看法上有着明显的分歧。儒家的正名思想认为语言能表达存在，而且要求语言如实地反映现实。但道家怀疑语言能否言说道本身。因为言与道的关系被规定为工具和目的的关系，所以人们必须超出语言而体悟道本身。而禅宗也坚持了道家的立场。语言无法描述心性的空性本性。但与道家相比，禅宗探索了各种形态的言说方式，试图言说那不可言说者。

但中国古典思想对于语言的观点是值得反思的。人们只是把语言当成了工具，而没有看到语言另外的本性和形态。

语言固然为人所说，并为一切言说的聚集。但并非只有一种语言，而是有多种语言。同时语言并非只有一种功能，而是有多种功能。实际上，儒、道、禅三家以不同的方式对语言进行了区分，并划清了不同语言的边界。

儒家区分了圣人之言和民众之言。圣人虽然是人，但他却替天行道，代天立言。因此，圣人之言是天道之言。与此不同，民众之言是民风，是其存在和生活的言说。其中，更多的是生存的意愿的表达。在语言的层面上，人们要让圣人的言说规定和指引民众的言说。

道家区分了天言和人言。天地虽然不言，但却显示于万物。圣人观察了天地之道，而将它言说出来。天言是自然的，合于本性的。与此相反，人言是人为的，违反自然的，是欲望的表达和技术的运用。鉴于这种差异，老庄要求人们放弃人言，听从天言。

而佛教和禅宗区分了佛言或者法言与人言。佛言或者法言是觉悟了诸法实相的语言。它是真实不虚的智慧，因此是道，是经。相反，人言有恶口、两舌、绮语、妄语。它们是人的贪嗔痴等恶的本性在语言上的表现。一个觉悟者就要消除这些人言，而听闻佛言，并思与修。

论国学

　　根据上述考察，语言实际上可作如下的区分。一是工具性的语言。它是媒介，反映存在，表达思想。二是欲望性的语言。它是人的欲望自身，即人的意愿的呼声。一个欲望的言说就是一个欲望的行为和事件。三是智慧性的语言。它以圣言、天言和佛言的形态出现，是人的存在和命运的规定。它不是反映存在，表达思想，而是指导存在，支配思想。根据这种区分，我们不仅要考虑语言的工具性，而且要深思语言的欲望性和智慧性。欲望性的语言往往被理解为无道或者非道的语言，而智慧性的语言一般被理解为道的语言。

　　当我们在智慧性的语言层面上思考语言的本性的时候，就会重新发现语言与道的关系。如果语言是道的话，那么道就是语言。于是，道就不能理解为非语言性或者反语言性的，道就是智慧性的语言。如果我们对于语言和道的本性作如此的阐释的话，那么语言和道的关系也会发生改变。问题不再是道是否可以被言说，而是区分语言自身的形态。去掉工具性语言和欲望性语言对于语言本性的遮蔽，而让智慧性的语言显示出来。这也就是让道自身言说。

　　一种道的语言就是一种规定性的语言，它在根本上指引了人的语言行为。这就是人们为何要闻道和说道。不仅如此，道也支配了人的思想，故人们要思道。最后，道也主导了人的存在。因此，人要遵道而行和沿道而行。在这样的意义上，我们必须重新思考语言与思想和存在的关系。如果语言只是作为人的语言的话，那么存在决定思想，思想决定存在；如果语言作为智慧亦即道的语言的话，那么语言决定思想，并决定存在。

第四章　儒家——社会之道

　　中国的智慧虽然包括了儒、道、禅三家，但儒家思想是其主干。儒家的思想之所以如此重要，是因为它探讨的是关于人生在世中最重要的问题，亦即人如何在世界中确立自己并建立与他人的关系。在个人方面，它体现为道德问题；在社会方面，它表现为伦理问题；在国家方面，它集中为政治问题；在天地方面，它形成了宗教问题。

　　一般而言，儒学有原始儒学和宋明儒学之分。原始儒家的思想也包括了天道论和人道论两个方面的学说。天道和人道虽然有分别，但又相互贯通。一方面，天道为人道提供根据，是人的身心与性命的本原；另一方面，人道可以上达天道，实现天人合一。

　　原始儒学无疑奠定了整个儒学历史的基础，宋明儒学又在其基础上作出了更进一步的发展。程朱理学和陆王心学不仅发扬儒学主体精神中的天道和人道学说，还大量吸收了道家和佛家的思想。由此，它们将原始儒学的天道论扩充为宇宙论，将人道论扩充为心性论。宇宙论就有所谓的气论、理论、心论和器论等多元理论；心性论就有对于何为心、何谓性等问题的激烈争论。

　　无论是天道论，还是心性论，但最终都要落实到人的存在亦即生活世界之中。天道论为生活世界奠定了一个外在的基础，而心性论为生活世界奠定了一个内在的基础。但儒学关于人的存在也就是生活世界本身的揭示是不充分的。

整个原始儒家之后的中国儒学史，可以看成是对原始儒家基本经典的解释史。因此，原始儒学的基本经典对于中国儒学乃至对于中国的智慧具有关键性的意义。

原始儒学的基本经典一般为四书五经。但其中最重要的是《周易》、《论语》、《孟子》、《大学》和《中庸》等。《周易》探讨了天地人的阴阳变化之道。《论语》记录了孔子的仁学思想。《孟子》表达了孟子存心养性的理论。《大学》说明了修身的原则和方法。《中庸》则阐明了中庸之道和诚的意义。

一、《周易》

中国儒家的经典一向有六经之说，亦即《诗》、《书》、《礼》、《易》、《春秋》和《乐》六本书。它们从各个不同的方面表达和阐释了儒家之道。但《周易》① 在中国历史上被尊为群经之首，具有至高无上的地位。这并不是没有理由的。事实上，它言说了中国智慧最基本的天道观和人道观。由此，它塑造了中国人的语言、思想和存在。不理解《周易》，也就无法理解中国的智慧和中国人的民族文化特性。

但《周易》究竟是一部什么样的奇书？《周易》由《易经》和《易传》两部分组成。它们问世的年代前后相继。《易经》是一部卜筮之书。它根据以阴阳为基本元素的卦象来预测人和事的命运。它是神秘的，甚至是荒诞的。与此不同，《易传》则是对于《易经》的解释和说明。虽然《易传》是建立在《易经》基础之上的，但从《易经》到《易传》发生了一个根本的

---

① 以下所引《周易》文本见黄寿祺、张善文译注：《周易译注》，上海：上海古籍出版社，2001 年。但只标明其所在的章节。

宋·佚名《孝经图》

转变，也就是从卜筮之书到智慧之书的变化。《易传》并非是《易经》简单的附庸，而是一个在《易经》基础之上的创造性的阐释。《易传》将《易经》中的迷信改变成思想，将其遮蔽的真理变成了显露的真理，将其关于人事的预测升华为天地变易之道。正是根据这样的情况，我们不是从《易经》去理解《易传》，而是从《易传》去理解《易经》。唯有如此，我们才能找到一条通往《周易》的正确通道。千年来，研究《周易》的解释性文献汗牛充栋，但真正洞晓易理的著作却如九牛一毛。这在于人们沉迷于《周易》占卜预测之术，而遗忘了其阴阳变化大道。但善易者不占，而只是思道。

《周易》说出了天人之道，也就是中国智慧的核心问题。这在《周易》中表述为易理。何谓易理？它是《周易》揭示的天人之理。易理的本性有三：不易、变易、简易。

首先是不易。"天尊地卑，乾坤定矣。卑高以陈，贵贱位矣。动静有常，刚柔断矣。方以类聚，物以群分，吉凶生矣。在天成象，在地成形，

论国学

变化见矣。"①《周易》言说了天地不变和永恒的真理。天地相分就形成了世界。世界是已经被给予的，同时也是被确定的。在天地之间，卑高、动静、万物、象形都定位、断分、生成和显现。天地保持了自身的同一性。这就是说，天是天，地是地，而且天永远是天，地永远是地。因此，《周易》所说的天地之道是不变的和永恒的。

其次是变易。"是故刚柔相摩，八卦相荡，鼓之以雷霆，润之以风雨；日月运行，一寒一暑。乾道成男，坤道成女。"②《周易》永恒的真理却是关于天地万物变化的真理。这是因为天地之道是阴阳之道，而阴阳之道就是变化之道。阴转化为阳，阳转化为阴，并形成新的阴阳。变化既是空间的位移，也是时间的流逝。在变化之中，万物生成自身。

最后是简易。"乾知大始，坤作成物。乾以易知，坤以简能；易则易知，简则易从；易知则有亲，易从则有功；有亲则可久，有功则可大；可久则贤人之德，可大则贤人之业。易简而天下之理得矣。天下之理得，而成位乎其中矣。"③《周易》永恒的、变化的真理也是非常简明的真理。这在于天地之道虽然遮蔽自身，但又显明自身，仿佛日月经天，江河行地。如此的天道并不复杂，而是简明。作为如此，易理容易被人所认知，也容易为人所实践。

1. 圣人作易

一般认为，《周易》人更三圣，世历三古，为伏羲、文王和孔子所作。对此，人们也有所怀疑。也许《周易》根本没有一个确定的作者，也许作为其作者的三圣不过是人们所托之名。但无论《周易》的作者是谁，他们

---

① 《系辞上传》第一章。
② 《系辞上传》第一章。
③ 《系辞上传》第一章。

都是圣人。

那圣人们是如何作易的呢？"《易》无思也，无为也，寂然不动，感而遂通天下之故。非天下之至神，其孰能与于此。夫《易》，圣人之所以极深而研几也。唯深也，故能通天下之志；唯几也，故能成天下之务；唯神也，故不疾而速，不行而至。"①《周易》虽然是圣人所作，但并非出自人为，而是来自天然。这在于《周易》不是一般人思虑和行为的结果。当一般人思虑的时候，人怀着一种意愿要去想出某种事物的本性。人力图借助思想自身的力量去构造事物的图形。当人作为的时候，人努力根据自己的思想去改变或者创造事物。事物将成为人的行为的产品。在上述情形中，事物自身的本性没有显现出来，反而被遮蔽、被扭曲。与此相反，圣人作易任运自然，不关思虑，故无思；任运自动，不假营造，故无为。当圣人无思无为的时候，他的身心便处在静止虚无的状态。在这种情形中，他能向万事万物敞开，能期待和接纳它们。同时，万事万物也能向圣人走来，如同在镜子之中揭示自身的形象和本性。这就是圣人和天下万物之间的相互感应。通过这样的感应，圣人能够认识万物，并作为天下。在这样的意义上，无思乃思，无为乃为，而具有一种神奇的特性。甚至可以说，无思是最高的思，无为是最高的为。在无思无为中，圣人放弃了自身。他成为了天地之心，并作为天地而言说。于是，我们可以说，《周易》并不是伏羲、文王或者孔子在言说，而是天地之道在言说，是天借伏羲、文王或者孔子在言说。如果事情是这样的话，那么谁是《周易》的真正作者的问题其实并不重要。

圣人与天地之间的感应是通过一种特别的方式实现的，也就是观。"古者包牺氏之王天下也，仰则观象于天，俯则观法于地，观鸟兽之文，与地之宜。近取诸身，远取诸物。于是始作八卦，以通神明之德，以类万物

---

① 《系辞上传》第十章。

论国学

之情。"① 观是看。通过观，圣人把握天地万物的变化之道。当然，圣人的观的方式还具体化为仰俯近远等。在这些不同形态的观中，观自身的视点和距离发生了变化。于是观克服了某种单一的观的限制，而成为了周观和遍观，从而能穿透事物的本性。与周观和遍观相对应，所观的是一切存在者，也就是天地万物，还包括人自身。但圣人所观的并非事物具体性的特点，而是象、法和文。这些是事物的存在的显现及其显现物。在此基础上，圣人观到了天地的存在本性：阴阳的变化；并观到了天地间以阴阳来组合的八个基本元素：八卦。由此，圣人揭示了天地万物的奥妙，亦即宇宙的真理。

当然，圣人除了观自然，而且也观人类。因此，《周易》不仅关于自然的生成变化，而且也关于人类历史的演变。六十四卦既是对于自然变化的描述，也是对于人类发展的记录。与此同时，每一卦的意义的解释既相关于一个自然的事实，也相关于一个人类的事件。除此之外，《周易》还特别打上了作者所处时代的烙印。"《易》之兴也，其于中古乎？作《易》者，其有忧患乎？"② 作者忧患什么？他并非忧患某个可能突发的危险性的事件，而是忧患命运本身每时每刻所面临的危机。只有当人们意识到并防范危机的时候，危险才可能变成机遇，否则机遇就成为了危险。《周易》正是一部强调危机并解决危机的书。"是故其辞危。危者使平，易者使倾，其道甚大。百物不废，惧以终始，其要无咎。此之谓《易》之道也。"③ 所谓易道的根本就是使事物的发展由危险转化为平易，也就是化凶为吉。

2. 卦爻辞的一般意义

《周易》经的部分虽然有六十四卦，但实际上是由八卦重卦而来，而

---

① 《系辞下传》第二章。
② 《系辞下传》第七章。
③ 《系辞下传》第十一章。

它又源于阴阳二爻。这就是说，阴阳组成八卦，八卦重爻成六十四卦。在此基础上，人们撰写了卦辞和爻辞。

阴阳二爻是《周易》卦中最基本的要素。什么是易和阴阳二爻的意义？这是值得探讨的。虽然关于它们的字义有许多解释，并有争论，但与日月相关的理解在思想上是最具有说服力的。易其实就是日月两字的合成。阴阳的字源学也表明，阴源于月亮，阳源于太阳。但阴阳二爻的符号来源却并非非常的明晰。阳的符号是一长横，阴的符号是两短横。这两个符号究竟意味着什么呢？人们认为它们也许分别代表了男女性器官的形状，也许是龟卜兆纹的归类和简化，也许是基于人类日常生活中其他经验的总结。这些都有其合理性。但真正的问题是，对于天地间普遍存在的阴阳现象，为什么人们只是采用这种一长和两短的横线，而不是运用其他符号？这也许在于，一长和两短的横线上最简明的，而且是易于不断组合的。人们难道还能想象出比一长和两短的横线更好的符号来表现阴阳吗？例如，点、曲线、三角形乃至多边形、圆形和椭圆形等。在这种比较中，我们可以说，只有一长和两短的横线最能表达阴阳，并最利于组合和变化，是在一切可能性中最好的可能性。鉴于这种分析，我们关于阴阳两爻的思考就要改变其方向。人们无须猜测一长和两短的横线究竟代表了什么具体的事物，而是要追问圣人为何用它们来代表阴阳两种根本的自然现象。

以阴阳二爻作为基本的元素，圣人们制作了八卦。它们是以阴阳符号三次重叠而构成的八种三画卦形。八卦分别有确定的卦形、卦名和相应的自然现象。它们的名字是乾、坤、震、巽、坎、离、艮、兑；它们相应的自然现象是天、地、雷、风、水、火、山、泽。八卦的每一卦由三爻构成。为什么只是三个？人们说它意味着天地人三才。但事实上，阴阳只有三次重叠才能形成八卦。每卦之间的区别首先在于其阴阳的构成的数量是不一样的。这可以分为三个类型：三阴或三阳、二阴或二阳、一阴或一阳。由此，每卦的阴阳不是均衡的，而是相异的。它们不是阴多阳少，就

论国学

是阴少阳多。每卦之间的区别其次还在于阴阳二爻排列的顺序。除了三阴或三阳之外，两个二阴和一阳的卦象之间、两个一阴和二阳的卦象之间的差异就是其从下爻经中爻到上爻的阴阳先后序列是不一致的。因此，不仅阴阳的数量，而且阴阳的序列的组合决定了八卦自身的个性。从阴阳到八卦的变化已经由两种抽象的事物的特性发展到具体的事物的现象。实际上，天、地、雷、风、水、火、山、泽不仅意指它们自身，而且意指它们自身所具有的特性。于是，八卦也分别代表了健、顺、动、入、陷、丽（附着）、止、说（悦）。由此出发，八卦也指具有健、顺、动、入、陷、丽（附着）、止、说（悦）特点的事物。它不仅包括了自然和社会现象，而且包括了人的身体自身的生理构造和心理功能。在这样的意义上，八卦可以说成是对于天地间一切存在者的分类。不过，这里出现了一个问题，为什么天地间只有八卦？同时为什么万事万物只能归结为八类？这在《周易》中尚未成为一个问题。也许对于圣人来说，八卦是一个自然给予的自明的事实，是无须任何追问的。此外，就八卦自身而言，这八种现象和特性是一种什么样的关系？逻辑在此可能会显得无能为力。八卦虽然陈列，但它们之间并非一种简单的并列关系，而是错综复杂的关系。这种关系不是根据自然现象的本性来排列的，而是根据卦象的阴阳的数量和序列来确定的。

八卦两两相重，便构成了六十四卦的卦象。其中每一卦由六爻构成。因为相邻的三爻可以组成一卦，所以任何一个由六爻构成的卦实际上不只包括了两个卦象，而是包括了四个卦象。除了两个构成的基本卦之外，还有两个交互卦。于是，这给予了六十四卦中的任何一卦以丰富的解释空间。实际上，六爻中的爻位从初到上的序列是一个由低级到高级的过程。它表现了这个卦所代表的事物的发展变化。"《易》之为书也，原始要终以为质也。六爻相杂，唯其时物也。其初难知，其上易知，本末也。初辞拟之，卒成之终。若夫杂物撰德，辩是与非，则非其中爻不备。噫！亦要存亡吉凶，则居可知矣。知者观其象辞则思过半矣。二与四同功而异位，其善不同。二多誉，四多惧，近也。柔之为道，不利远者，其要无咎，其用柔中也。三与五同功而异位。三多凶，五多功，贵贱之等也。其柔危，其刚胜邪？"①这表明，同一阴爻或者阳爻在六爻中随着其地位的不同，其意义也是变化的。一般而言，初位是开端，应潜藏勿用；二位是发展，应适度进取；三位是小成，应谨慎行事；四位是上升，应审时度势；五位是大成，应显扬功德；上位是终结，应转换危机。总之，卦中的六爻以一种符号的形态描述了一个事物发展变化的整体，也就是其开端、中间和终结。

六十四卦是《周易》的主体，也就是经的部分。传统的易学研究都将它分为上下两经。上经从"乾"始到"离"止，共三十卦；下经从"咸"始到"未济"止，共三十四卦。这已经表明，上经是从天地开端的，乾坤就是天地；下经是从男女开端的，咸就是男女的感应。这是因为有天地然后有万物，有万物然后有男女，有男女然后有社会。由此出发，人们可以断定《周易》的上经是一部自然的历史，而下经则是一部人类的历史。不过，从这种历史的眼光来看六十四卦的顺序还是有些困难的。这在于上经并非是纯粹自然性的，下经也并非是纯粹人类性的。毋宁说，上下两经其实都共同关涉自然和人类的现象。因此，一直困扰着人们的难题是：六十四卦究竟是依据什么原则来排列其顺序的？这里必须考虑到卦象之间阴阳的关联。其实人们已经发现，六十四卦在乾坤作为开端确定之后，每卦之间的关系基本上不是相反的，就是相因的。所谓相反，是一个事物在发展中成为了另外一种事物，于是，前卦是肯定，后卦是否定；所谓相因，是一个事物和后一个事物构成因果关系，于是，前卦是原因，后卦是结果。整个六十四卦就是依此原则而构成了一个阴阳大化的整体。这个整体也包括了开端、中间和终结。但终结是"未济"，也就是未完成。它实

---

① 《系辞下传》第九章。

宋·佚名《孝经图》

际上指向了一个新的开端。这意味着易的有限蕴涵着无限。无限性正是对于有限性的否定。

《周易》对于六十四卦和爻都有简单的说明，这便是卦辞和爻辞。"圣人立象以尽意，设卦以尽情伪，系辞焉以尽其言。"①《周易》在观物取象和假象喻意之后，就是以言表意。虽然就《周易》自身的表达结构而言，象和意优先于言辞，但言辞自身绝非是可有可无的。相反，正是言辞才真正表达出象所含有的意，也才使意义充分地显现出来。如果没有言辞的话，那么《周易》只是一部无人能懂的天书。只是有了以言释象之后，它才真正成为了一部天人之书，一部通过语言向人的心灵敞开了天的奥妙的书。

①《系辞上传》第十二章。

卦爻辞主要是对于卦象及其变化作出描述并给予判断。"象者，言乎象者也；爻者，言乎变者也。吉凶者，言乎其失得也；悔吝者，言乎其小疵也。无咎者，善补过者也。是故列贵贱者存乎位，齐小大者存乎卦，辩吉凶者存乎辞，忧悔吝者存乎介，震无咎者存乎悔。是故卦有小大，辞有险易；辞也者，各指其所之。"① 卦爻辞针对事物具体的情况提出具体的判断，而分成吉凶、悔吝、无咎等。它们表明了事物在其发展过程中吉凶的不同层次。这也提醒了人们针对不同的情况要采取不同的措施。

基于上述特点，《周易》的卦爻辞就不是一般的语言，而是一种神奇的语言。仿佛神灵一样，它知道一切，能告诉人们尚未知晓的事物的真相。"夫易，彰往而察来，而微显阐幽，开而当名辨物，正言断辞则备矣！其称名也小，其取类也大，其旨远，其辞文，其言曲而中，其事肆而隐。因二以济民行，以明失得之报。"② 正是因为卦爻辞深入细致地说出了阴阳变化的道理，所以《周易》能够揭示人的命运和事物的发展。

3. 易与天地之道

虽然《易经》的卦爻辞是针对六十四卦的解说，也就是针对六十四个具体事物的解说，但其自身已经隐含了一系列智慧性的思想。《易传》的伟大之处在于，它将这种隐含的智慧性思想充分地敞开出来。这种智慧性的思想不是关于别的什么东西，而是关于天地之道。"《易》之为书也，广大悉备。有天道焉，有人道焉，有地道焉。兼三才而两之，故六。六者，非它也，三才之道也。道有变动，故曰爻。爻有等，故曰物。物相杂，故曰文。文不当，故吉凶生焉。"③ 这表明，天地之道或者天地人之道规定了《周易》的最基本的构成单位：卦和六爻，同时也影响了吉凶的产生。卦

---

① 《系辞上传》第三章。
② 《系辞下传》第六章。
③ 《系辞下传》第十章。

论国学

不过是像天地人之象，六爻不过是效天地人之动而已。

《周易》正是基于观象而知道了天地人之道。一方面，《周易》显明了天地人之道；另一方面，天地人之道表明于《周易》。在这样的意义上，《周易》就是天地人之道自身。它们是同一的。"《易》与天地准，故能弥纶天地之道。仰以观于天文，俯以察于地理，是故知幽明之故；原始反终，故知死生之说；精气为物，游魂为变，是故知鬼神之情状。与天地相似，故不违；知周乎万物，而道济天下，故不过；旁行而不流，乐天知命，故不忧；安土敦乎仁，故能爱。范围天地之化而不过，曲成万物而不遗，通乎昼夜之道而知，故神无方而《易》无体。"①《周易》知道了什么？它知道幽明、死生和鬼神，也就是一切遮蔽的和显现的存在者，一切在场者和离席者。正是因为知道什么是存在的，什么是不存在的，所以人们可以泰然让之，如天地万物那样去生存。不仅如此，人还能与天地同体，和万物同生。

作为对于天地人之道的表达，《周易》最根本的意义是揭示了天地人的存在的命运。"昔者圣人之作《易》也，幽赞于神明而生蓍，参天两地而倚数，观变于阴阳而立卦，发挥于刚柔而生爻，和顺于道德而理于义，穷理尽性以至于命。昔者圣人之作《易》也，将以顺性命之理。是以立天之道，曰阴与阳；立地之道，曰柔与刚；立人之道，曰仁与义。兼三才而两之，故《易》六画而成卦；分阴分阳，迭用柔刚，故《易》六位而成章。"②《周易》的卦爻辞固然来源于天地人之道，但它并非是简单的反映和摹写，而是探求、发现，让天地人之道的奥秘自身充分展示出来。这就是"穷理尽性以至于命"。但什么是理、性、命？它们之间有什么区别和关联？一般的观点认为，理是物理，性是人性，命是自然的命运。但这并不吻合

---

① 《系辞上传》第四章。
② 《说卦传》第一章、第二章。

《周易》文本的原意。事实上，这里并没有关涉物与人的不同。理既是物理也是伦理，性既是人性也是物性，命当然遍及天人。理和性在此并没有什么根本性的不同，甚至可以互换。但在事物存在的意义上，它们有表达的强弱的差异。理是关于事物存在意义的一般表达，性则是关于事物存在意义的较强表达。至于命，则是关于事物存在意义最终极性的表达。《周易》不仅深究了理和性，而且把握了命，也就是天地人终极性的存在意义。当《周易》理解了存在的命运之后，它就可以解释万事万物的生生灭灭。在这样的意义上，《周易》就不仅阐释了天地人之道，而且创建了天地人之道。如果没有《周易》的产生的话，那么天地人之道就是遮蔽的。正是《周易》揭示了天地人之道。天之道是阴与阳；地之道是柔与刚；人之道是仁与义。

在天地人之道中，天道的阴阳之道是最根本的，地道和人道都被天道所规定。因此，《周易》的天地之道一般都等同于阴阳之道。"一阴一阳之谓道，继之者善也，成之者性也。仁者见之谓之仁，知者见之谓之知，百姓日用而不知，故君子之道鲜矣。显诸仁，藏诸用，鼓万物而不与圣人同忧，盛德大业至矣哉！"[1] 阴阳之道是天地间的根本大道，但人们由于视角的不同而对于它的认识会有所不同，以致于对于它毫无理解。这就导致阴阳之道会被遮蔽。尽管这样，阴阳之道却显示于万事万物之中。

但何谓阴阳？阴阳是天地间最基本的构成元素和力量。它并非某种实体，是一种可感觉的对象。毋宁说，它是一种充塞天地间的气，因此，阴阳可以表达为阴阳二气。人们往往用正面和反面、积极和消极、肯定和否定来描述阳和阴的特点。但必须注意，这种判断是存在性的，而非价值性的；是事实性的，而非价值性的。

但阴阳不仅表现为阴阳二气，而且体现为事物自身的两种不同的性

---

① 《系辞上传》第五章。

论国学

质，如刚柔、健顺、进退、开闭、伸屈、贵贱、高低等。在自然领域，阴阳具体化为天地、日月、暑寒、明暗、昼夜等；在人类领域，阴阳又区别为男女、君臣、君子和小人等。

在所有这些阴阳现象中，天地亦即乾坤是最根本的。乾坤被理解为通往《周易》奥秘的门户。"乾坤，其《易》之蕴邪？乾坤成列，而《易》立乎其中矣。乾坤毁，则无以见《易》。《易》不可见，则乾坤或几乎息矣。"①在此，乾坤和易是不可分离的。这在于，乾坤作为天地，一个是纯粹的阳，另一个是纯粹的阴。因此，乾坤就可以等同于阴阳。一切阴阳大化不过是乾坤的变化而已。"夫乾，其静也专，其动也直，是以大生焉。夫坤，其静也翕，其动也辟，是以广生焉。广大配天地，变通配四时，阴阳之义配日月，易简之善配至德。"②乾坤在空间上是无限的，在时间上也是无限的，故它就是宇宙的奥妙。

虽然阴阳和乾坤有如此非同寻常的关系，但它们仍然是有差别的。前者是形而上者，后者是形而下者。"是故形而上者谓之道，形而下者谓之器。化而裁之谓之变，推而行之谓之通，举而错之天下之民谓之事业。"③道与器显然是不同的。但不同在什么地方？一个最直观的差异就在于无形和有形。阴阳作为道，是无形的、遮蔽的，甚至是不可思考和不可言说的；乾坤作为器，是有形的、显现的，是可思考和可言说的。但道与器的形而上和形而下之别还意味着规定和被规定的差异。道是器的规定者。前者是后者的根据和原因。尽管这样，但道要表现为器，器要去表达道。于是，道器要统一成一体，正如阴阳和乾坤是同一的一样。

阴阳之道作为天地之道在根本上是阴阳的关系之道。故揭示阴阳之道关键在于揭示阴与阳之间是如何建立其关系并变化的。

---

① 《系辞下传》第六章。
② 《系辞上传》第六章。
③ 《系辞上传》第十二章。

　　阴与阳虽然是作为天地间的对立因素，是差异的、矛盾的，但也是同属一体的。在天地开端前，是阴阳未分的混沌或者是太极。在天地开端后，即使是阴阳已分，它们也是共生的、互补的。孤阴不生，孤阳不长。如果没有阴的话，那么阳也将不存在。反之亦然。这就是说，阴阳都是以对方的存在作为自身存在的条件，同时也将自身作为对方存在的条件。这种互为条件就否定了或此或彼的存在，而是一种共在。

　　当然，阴阳的共在并非是一种机械式的并列，而是彼此感应的，交流的。"天地氤氲，万物化醇；男女构精，万物化生。"① 天地的阴阳是交感的，也就是彼此感应对方存在的。一方面，阳走向阴；另一方面，阴接纳阳。正如同性相斥，异性相吸一样，《周易》中出现了一个定律，凡阳爻之行，遇阳爻则阻，遇阴爻则通。阴阳的交感使各自包括了对方的存在，亦即阳中有阴，阴中有阳。作为如此，它推动了天地万物的发生和发育。

　　在阴阳的交感过程中，事物会产生一个根本性的变化，也就是阴阳自身不再保持为自身，而是转化成其对立面。于是，阴变成阳，阳变成阴，阴阳互变。"《易》之为书也不可远，为道也屡迁。变动不居，周流六虚，上下无常，刚柔相易，不可为典要，唯变所适。"② 这种变易的思想是《周易》的核心，并贯穿其始终。就六十四卦的每一卦而言，其六爻都是变化的。乾坤两卦作为纯阳和纯阴的存在描述了纯阳和纯阴自身的变化，那些阴阳交错的卦更是凸显了阴阳之变。从初爻到上爻的六爻不是阳转向阴，就是阴转向阳。就六十四卦的整体而言，从前卦到后卦的过程也是变化的。无论是关于自然的卦象，还是关于人类的卦象，它们都是被阴阳的变化之道所规定的。

　　但易的阴阳变化之道的根本在于生生。"富有之谓大业，日新之谓盛

① 《系辞下传》第五章。
② 《系辞下传》第八章。

德。生生之谓易，成象之谓乾，效法之谓坤，极数知来之谓占，通变之谓事，阴阳不测之谓神。"[1]这种易的生生之德正表明了天地的生生之德。《周易》认为天地之大德曰生。所谓生就是生成，是矿物的演化、植物的生长、动物的繁衍和人类的生育。生生就是生而又生，生而再生，生生不息。这就是说，天地万物的生成不是有限的，而是无限的。按照这样的理解，天地既不是上帝或者神灵的创造，也不是绝对精神的外化和异在，而是一个没有绝对主宰的自然而然的过程。同时，生生既不源于何物，也不为了何物，只是本然如此。天地万物自身只是以自身为原因，以自身为目的。《周易》对于生生的过程有一个图式化的说明。"易有太极，是生两仪。两仪生四象。四象生八卦。八卦定吉凶，吉凶生大业。"[2]这本身虽然是《周易》的占卜的程序，但也被理解为宇宙生成的过程。太极是最本原性的开端，是阴阳未分的原初状态。两仪则是太极分化而来的阴阳二气。由此继续分成四象，即少阳、太阳、少阴、太阴。八卦就是天、地、山、泽、风、雷、水、火八个事物。从太极经二仪、四象的演变是从简单到复杂的过程。它可以理解为宇宙整体的发展，但也可以理解为任何一个事物的发展。因此，事事都有太极，事事都有阴阳。同时，事物的发展从开端到终结，同时也会从终结回到开端。只是当事物如此发展的时候，它才是一个生生不息的过程。

4. 圣人之易道

圣人是《周易》的创造者，也是它的遵守者。无论是就创造者而言，还是就遵守者而言，圣人都是在根据天人合一的原则去认识和行动的。

在天地人的结构中，圣人具有特别的地位并获得了独特的身份。他是

---

[1] 《系辞上传》第五章。
[2] 《系辞上传》第十一章。

人，但并非一般的人，而是和天地最亲近的人。凭借如此，他可以成为天地与人的一个中介。一方面，他从天地之间获得启示；另一方面，他将这种启示传达给人，使天地人合为一体。虽然天人合一是一个对人的普遍性的主张，但事实上只有圣人才真正地完成了它。

圣人在创造《周易》时，实现了天人合一。虽然阴阳八卦已经存在于天地之间，并且作为天地之道在运行，但没有圣人的观象和仿效，阴阳之道就不能充分地显现，也不能为人们所理解。可以说，天地之道通过圣人将自身揭示出来。同时，圣人也不是放任自己的认识和行为，而是完全依照天地之道如其所是地将它们表现出来。"是故天生神物，圣人则之；天地变化，圣人效之；天垂象，见吉凶，圣人像之；河出图，洛出书，圣人则之。《易》有四象，所以示也。系辞焉，所以告也；定之以吉凶，所以断也。"[1] 在这里，我们看到既不是片面的天，也不是片面的人，而是天人的共在。一方面是天向圣人敞开自身，另一方面是圣人对于天的仿效。正是有这种天人的彼此感应，才有了《周易》的诞生。

圣人在遵从《周易》时，也实现了天人合一。这就是说，圣人并非按照日常生活世界的一般规则去生活，而是按照《周易》所规定的阴阳之道去生存，从而达到天人一体。圣人的易之道集中表现了根据易理而修身。"夫《易》，圣人所以崇德而广业也。知崇礼卑，崇效天，卑法地。天地设位，而《易》行乎其中矣。成性存存，道义之门。"[2] 效法天地就是效法阴阳。它具体化为一方面是知识的学习，另一方面是礼节的教育。通过不断的本性的修炼，人就可以找到通往道义的大门，与天地相通。

但圣人的易道更具体地落实到日常生活世界的思想与行为之中。"君子所居而安者，《易》之序也；所乐而玩者，爻之辞也。是故君子居则观

---

① 《系辞上传》第十一章。
② 《系辞上传》第七章。

论国学

其象而玩其辞，动则观其变而玩其占，是以自天佑之，吉无不利。"①这还可以更明确地表达为："《易》有圣人之道四焉：以言者尚其辞，以动者尚其变，以制器者尚其象，以卜筮者尚其占。是以君子将有为也，将有行也，问焉而以言，其受命也如响。无有远近幽深，遂知来物。非天下之至精，其孰能与于此。参伍以变，错综其数。通其变，遂成天下之文；极其数，遂定天下之象。非天下之至变，其孰能与于此。"②关于圣人的四道还需要详尽的解释和说明。

第一，以言者尚其辞。对于《周易》而言，卦爻辞是圣人揭示天地阴阳变化的语言表达，因此，辞包含了事物命运吉凶的奥妙。对于一般人而言，人自身的言辞也是人自身的生活和思想的直接显现，而且能传达给他人。"君子居其室，出其言善，则千里之外应之，况其迩者乎？居其室，出其言不善，则千里之外违之，况其迩者乎？言出乎身，加乎民；行发乎迩，见乎远。言行，君子之枢机。枢机之发，荣辱之主也。言行，君子之所以动天地也，可不慎乎！"③人的言辞直接相关于人自身。它不仅是人与人的交流，而且也是人与天地的沟通。在这样的意义上，言辞是一个人与他人、人与天地之间的一个关键点。正因为如此，所以人们要慎言，而且要根据事实如其所是地言说。

第二，以动者尚其变。既然变化是天地万物的根本，那么人们就应该知变和善变。《周易》认为，无论是作为整体的天地还是作为个别的事物，其变化都表现为时。但时并非是一般的时间，而是特别的时间。它是事物发展的阶段性，也就是一个事物的关键点或者是临界点。在这样的时刻，事物的本性会发生根本性的变化。因此，人们认识并把握这样的时机，时行时止，达到"先天而天弗违，后天而奉天时"。但人要能及时变化必须

---

① 《系辞上传》第二章。
② 《系辞上传》第十章。
③ 《系辞上传》第八章。

宋·佚名《孝经图》

能够观几。几是事物的细微变化，是吉凶的征兆。作为萌芽，它正孕育着
一个事物的死亡和另一个事物的新生。当人们能知几见微的时候，就能及
时地应变。君子见几而作，如同神人知变且善变。"穷则变、变则通、通
则久。"于是《周易》的变易之道也就成为了不易之道。

　　第三，以制器者尚其象。《周易》中象的独特意义在于，圣人们一方
面是观物取象，另一方面是依象制器。人虽然如同其他物类生活在天地之
间，但人不同于其他的生物，他必须通过自身的劳作去生存。其中器具的
发明、使用和革新是一个起跳点。《周易》认为，所谓器具的发明并非是
来源于生活自身的经验，而是依据象的启示。正是如此，圣人们为人的衣
食住行、生和死发明了众多的器具等。这如何可能？这在于，象是对于天
地万物的仿效。但它绝非简单的象形，而是复杂的象征。它所表达的是事
物存在的道理。圣人们借助于象，首先认识了事物的道理，然后依此道理
制作了器具。

论 国 学

第四，以卜筮者尚其占。一般而言，善易者不占。但占又的确是《周易》最初的本性，它实际上就一本关于占卜的书。但占卜本身是有疑问的。一个物品，如龟甲、蓍草等如何可能与人和物的命运相关并可能预测它？事实上，关键并不在于占卜所使用的工具，而在于占卜的人是如何去占卜的。《周易》说："圣人以此洗心，退藏于密，吉凶与民同患。神以知来，知以藏往，其孰能与于此哉！古之聪明睿智，神武而不杀者夫。是以明于天之道，而察于民之故，是兴神物以前民用。圣人以此斋戒，以神明其德夫。"[①]这里已经表明，占卜人不仅用手，而且用心。也许心占是最根本的吧！圣人的心灵是虚静的，由此它可以感应天地万物的阴阳变化，知道人事的过去、现在与未来。凭借如此，他可以告诉人们那不可知的神秘莫测的命运。

《周易》所说的圣人之道十分简易：天地在心，乾坤在手。

二、《论语》

孔子是儒家思想的奠基者，因此，他就是儒家的代名词。正是孔子的思想塑造了中国人的民族精神。千年以来，它影响不绝。在当今世界里，它仍然具有强大的生命力。孔子成为了中国思想的代表。

孔子虽然述而不作，但他的言论却被记载在先秦的许多典籍中。人们甚至认为儒家的基本经典如六经都是孔子编撰的。如果不是这样的话，那么至少《春秋》为孔子所作。但这都存在争议。不管如何，《论语》[②] 最集中地记录了孔子及其弟子们的话语。孔子究竟说了一些什么？这是值得人们深入思考的。

---

① 《系辞上传》第十一章。
② 以下所引《论语》的文本见杨伯峻译注：《论语译注》，北京：中华书局，1980 年。但只标明章节。个别断句有所不同。

1. 道

一般认为，孔子关注的是现实生活，宣扬的是一些伦理教化，故很少谈到道。"夫子之文章，可得而闻也；夫子之言性与天道，不可得而闻也。"① 人们只知道孔子关于文献的学问，而不知道他关于性与天道的思想。但这并不是孔子没有言说性与天道。因为性与天道的问题是中国思想中的核心和高端部分，所以孔子关于它的言说是有界限的。他必须考虑到向谁说和如何说的问题。他因材施教，可能对大部分学生没说，而对小部分学生说了。同时，他也注意到了言说方式，将道的问题化解为日常伦理问题。在《论语》中，孔子在许多地方都谈到了道。但人们对此也不以为然，认为孔子即使谈到了道，也没有如同老庄那样对道本身进行专门的思考和描述。这种说法有其正确性。但这必须顾及孔子的思想和言说策略，亦即述而不作。事实上，道在孔子思想中占据关键性的地位，它规定了天命、仁义等个别问题。

虽然孔子对于道缺少明晰的规定，但他强调了道对于人生修养的重要性。孔子说，一个人要"志于道，据于德，依于仁，游于艺"。② 道、德、仁和艺是人生最重要的几个事情。但比起德、仁、艺等来说，道具有优先的地位。它作为人之所志，实际上是人生最根本性的目标。因此，"朝闻道，夕死可矣！"③ 人一旦闻道就可以去死，可见道就是人生的终极意义。既然道是最高的追求，那么人们就应放弃对于物质享受的贪恋。"士志于道，而耻恶衣恶食者，未足与议也！"④ 物质享受的贪恋会妨碍人们去追求道。不仅如此，人还要主动积极地追求道，这在于："人能弘道，非道弘

---

① 《公冶长篇第五》13。
② 《述而篇第七》6。
③ 《里仁篇第四》8。
④ 《里仁篇第四》9。

论国学

人。"① 虽然道不远人，但道不是现成地摆在那里，或者主动地向人走来。道只有依靠人的思考和行为才能将自身显示出来，并成为人的规定。只有当人弘道了，道才能弘人。这就是说，当人是道的思考者和实践者的时候，道也就指引人而让人成为一个真正的人。

但道在孔子的思想中到底意味着什么？

第一，天道。它是天自身的道路，或者是自然自身展开和显示的道路。在这样的意义上，天道就是天命。

第二，人道。它是人所走的道路。人道可能合乎天道，也可能不合乎天道。同时，不同的人可能走不同的道路，因此，"道不同，不相为谋"。② 人道最集中地体现为一个国家的道路，也就是天下之道。孔子将它区分为有道和无道。有道是正义的、光明的；无道是邪恶的、黑暗的。有道和无道具体地表现为礼乐等的不同。"天下有道，则礼乐征伐自天子出；天下无道，则礼乐征伐自诸侯出；自诸侯出，盖十世希不失矣；自大夫出，五世希不失矣；陪臣执国命，三世希不失矣。天下有道，则政不在大夫；天下有道，则庶人不议。"③ 有道和无道区分的关键在于，谁是天下的规定者。当天子是规定者的时候，天下是有道的；当诸侯是规定者的时候，天下是无道的。为什么？天子是天地之子，是替天行道者。而诸侯是被天子所支配的。天子统治天下是合于道的，而诸侯统治天下是不合于道的。

依据天下有道和无道，人们也要树立不同的处世态度。"笃信好学，守死善道。危邦不人，乱邦不居，天下有道则见，无道则隐。邦有道，贫且贱焉，耻也；邦无道，富且贵焉，耻也。"④ 道是人的安身立命之所。但

---

① 《卫灵公篇第十五》29。
② 《卫灵公篇第十五》40。
③ 《季氏篇第十六》2。
④ 《泰伯篇第八》13。

鉴于天下有道和无道，人要选择是否显隐。其标准是人与道同一。天下有道，是道自身的显现。因此，人也要显现于世，并富且贵；天下无道，是道自身的遮蔽。因此，人也要遮蔽于世，贫且贱。显和隐还具体化为人的不同的言行。"邦有道，危言危行；邦无道，危行言孙。"①无论是天下有道还是无道，人的行为都应该是正直的，但言语应有所分别。有道时要正直，无道时要谦顺。

第三，道理。它是思想、学说和主张等。道理作为语言形态在本性上是关于天道和人道的思考，并且就是它们的表达。当然，不同的人会形成不同的思想学说，言说不同的道理。孔子也有他自身的道。"吾道一以贯之。"②这意味着，孔子不仅有道，而且只有唯一的道。它贯穿了孔子思想的始终。

天道、人道和道理虽然各不相同，但它们都是道本身的显现。因此，天道、人道和道理三者是可以相通的。

2. 天命

孔子关于天道的思考集中表现在他的天命观上。

在孔子之前，人们信奉帝和天。帝就是上帝、天帝，它虽然无名无姓，无形无体，却是天地间的最高主宰，支配了世界和人的命运。与帝不同，天虽然具有自然形态，但是它被人格化和神秘化了，因此，成为了一个最高的人格神。

当然孔子也说到天，但他所说的天已具有了多重意义。不可否认，天依然保持了某种程度上的人格的意味。如，"天厌之！天厌之！"③此处的

---

① 《宪问篇第十四》3。
② 《里仁篇第四》15。
③ 《雍也篇第六》28。

论国学

天怀有爱与恨的情感。又如，"天丧予！天丧予！"① 这里的天具有主动行为的能力。"获罪于天，无所祷也。"② 此处所说的天是有感应的，能分辨善恶的。"不怨天，天尤人，下学而上达。知我者其天乎！"③ 此处所指的天是有意识的，能理解人的。总之，这几处的天还有一定的拟人特点。它仿佛如人一样去行动，去思想，去感知。

不过，孔子所说的天主要不是限定于人格神的意义，而是获得了新的意义。一方面，孔子的天是自然之天。它是天地的存在及其运转。"天何言哉？四时行焉，百物生焉，天何言哉？"④ 天顺任时间和空间的变化和万事万物的生成，没有任何意志和言说。事实上，天就是四时和百物，是自然界自身。另一方面，孔子的天是义理之天。它是人的道德和文化的基础。"天生德于予"⑤。这里的天是道德的源泉。天将道德赋予了我，或者说，我的道德是天生的。"天之将丧斯文也，后死者不得与于斯文也；天之未丧斯文也，匡人其如予何。"⑥ 这里的天是文化的规定者，是文化保存和丧失的原因。可见，天为道德和文化建立了根据。

孔子不仅淡化了天的人格神的意义，而且也反对各种鬼神观念。"子不语怪、力、乱、神。"⑦ 孔子关注的是人的日常生活世界的问题，而不是那种超出了这个世界的各种奇异和神秘的现象。这些神秘现象虽然是存在的，但比起平常的事件，它对于人类的生活缺少重要性。同时，神秘现象既然神秘，也就无法找出其原因并解决它。因此，对于神秘现象的关注只能沉溺于一种虚幻之中。孔子意识到了这一点，他最基本的态度是人与鬼

① 《先进篇第十一》9。
② 《八佾篇第三》13。
③ 《宪问篇第十四》35。
④ 《阳货篇第十七》17。
⑤ 《述而篇第七》23。
⑥ 《子罕篇第九》5。
⑦ 《述而篇第七》21。

神世界相分离。"务民之义，敬鬼神而远之，可谓知矣。"①此处的智慧在于，远离鬼神正是为了回到人们所在的生活世界自身。于是，不是鬼，而是人，不是死，而是生，这才是孔子思考的主题。孔子强调："未能事人，焉能事鬼？""未知生，焉知死？"②在生活世界中，人比鬼具有优先性，同时生比死具有优先性。人只有解决了人和生的问题，才能解决鬼和死的问题。但是，只要人活着，人就无法最终解决人和生的问题。这实际上否定了鬼和死在生活世界中的重要性。显然，人及其生活是最根本的事情。为什么？在孔子那里，只有一个人世界，也就是人生活的世界。孔子不相信此岸和彼岸两个世界的分离。既没有一个与人对立的鬼的世界，也没有一个在生之后的死的世界。

如果没有天帝和没有鬼神的话，那么谁在主宰这个世界的发生呢？"子罕言利，与命，与仁。"③孔子认同命。命是什么？命就是命令，也就是支配、安排和规定等。对于孔子而言，命并非人的命令，而是天的命令。所谓的命在根本上就是天命。作为自然的命令，天命规定了世界万物的发生和人的生活。"道之将行也与？命也；道之将废也与？命也。"④一种道理或者主张是否可以实现，并不在于主张者或者反对者的个人意志，甚至也不在于大众的接受或者拒绝，而是在于天命自身是如何安排的。天命是主宰一切的力量，但它绝对不是任何人格神的作用，而是自然的运作。

作为自然的命令，天命是正义的和永恒的，它也是无法拒绝和改变的。在这样的意义上，它只是善的，不是恶的，并成为了人类一切价值的基础和生活追求的目标。但与天命不同，还存在一种时命。它是天命在某种历史时间中的表现形态，也就是时势和时运。它不是必然的，而是偶然

---

① 《雍也篇第六》22。
② 《先进篇第十一》12。
③ 《子罕篇第九》1，此处与杨本断句不同。
④ 《宪问篇第十四》36。

论国学

宋·佚名《孝经图》

的；不是永恒的，而是短暂的。于是，时命有时是公正的，有时是不公正的；有时是善的，有时是恶的。一般而言，它主要凸显的不是前者，而是后者。如果说天命是肯定的、积极的话，那么时命是否定的、消极的。孔子自身就经常有关于时命的经验，而感到时命不济。但时命最终要归于天命。

实际上，天命和时命一起构成的人的命运。就天命而言，它是不变的；就时命而言，它是变化的。但不管是天命还是时命，他们都规定了人的生活。可以说，人们就是生活在天命和时命所规定的道路上。

孔子强调人要敬畏命运。"君子有三畏：畏天命，畏大人，畏圣人之言。小人不知天命而不畏也，狎大人，侮圣人之言。"①君子和小人的区分在于是否敬畏天命等。敬畏天命首先要求人承认天命的存在。它不仅先于人的存在，而且不以人的意志为转移。其次是要服从天命，而不要违背天

---

① 《季氏篇第十六》8。

命。人要按天命的规定而行，而不要越过天命的边界而为。在这种服从中，人表现的是专注和守一。但孔子主张，人不仅要敬畏命运，而且要认识命运。"不知命，无以为君子也；不知礼，无以立也；不知言，无以知人也。"[①]君子是知道命运的人，同时也可以说，小人是不知道命运的人。当人知道自己的命运的时候，命运就不再是黑暗的，而是光明的；不是外在于人的，而是内在于人的。只有敬畏并认识了天命，人才可能成为一个真正的人。这是因为人由此能够把握自己的命运，让人的道路和命运的道路合二为一。

3. 仁作为爱人

如果说天命论是孔子的天道论的话，那么仁学则是他的人道论。天命从外在奠定了人及其所生活的世界的基础，但仁则从内在奠定了人自身存在的基础。

仁是孔子对于人的本性的规定。但在在孔子之前，人们是用礼乐来规定人的本性。礼是什么？它就是法律、道德和生活习惯。这就是说，它是人们最根本的游戏规则，从而支配了人们的存在、思想和语言。作为如此，礼不仅标明了差异，而且划分了等级，确定了天地人，或者更具体地说明确了天地君亲师之间的先后高低秩序。礼是一个极为复杂的现象。一方面，它具有道的层面，是天地人的规则；另一方面，它具有技的层面，包括了礼仪、礼貌等具体的行为方式。另外，礼既有成文的，也有非成文的。

但孔子生活在一个天崩地裂和礼崩乐坏的时代，传统的礼制受到了前所未有的破坏。针对这种情况，孔子思想的根本使命就是恢复礼制。通过对于礼制的重建，孔子希望建构一个有序的世界。当然，孔子的思想并非

---

① 《尧曰篇第二十》3。

论国学

是对于传统的礼制简单的复辟，而是对于它的创造性的转化。

孔子主张，礼对于人性的塑造是重要的。"恭而无礼则劳，慎而无礼则葸，勇而无礼则乱，直而无礼则绞。"① 这就是说，尽管人拥有很多美德，但如果没有礼的规定的话，那么这些美德的极端化会使它自身变成一种恶行。可以说，唯有礼使人的美德成为美德，而让人的人性得到健康成长。这在于礼提供了一种人性和生活的尺度。但礼或者礼乐并非只是表现在器物和仪式层面。"礼云礼云，玉帛云乎哉？乐云乐云，钟鼓云乎哉？"② 孔子认为，无论是作为技的意义还是作为道的意义的礼都不能只是外在化。比这些外在的礼的东西更加重要的是内在的礼的东西。这种内在的礼就是建立在仁爱之心的基础上的。在这样的意义上，虽然礼是重要的，但仁是更重要的。没有仁，礼是空洞的，毫无意义的。"人而不仁，如礼何？""人而不仁，如乐何？"③ 唯有仁才使礼灌注了生命力而富有现实的力量。这就是人们所说的孔子以仁释礼。

那么仁到底是什么？仁的字形由人与二构成。这表明了仁在根本上是人与人之间的一种关系。但它不是一般的人与人之间的关系，而是人与人之间相爱的关系。据此，仁就是爱人，而且是一种爱人的情感。仁的另一种古字形从心，这正表明仁是一种爱人之心。但它不是只停留在情感里，而且也贯彻到人们的行动和言语中。

孔子所说的仁爱之心并没有什么神秘的地方，相反它就来源于人们熟知的日常的亲情，即父母和子女之间的爱。爱在根本是一种给予和奉献。父母生育和保护了子女，而子女也孝敬和照顾了父母。这种爱是一种现实的已存在和发生的爱。每一个人事实上处于这种爱中，去爱和被爱。这种爱是平常的、普遍的。可见，孔子的仁爱学说是从现实世界和每一个人的

---

① 《泰伯篇第八》2。
② 《阳货篇第十七》11。
③ 《八佾篇第三》3。

自身存在出发的。

不过，在这样一种家庭的亲情关系中，实际上存在两种不同的爱的形态。它们不是同一的，而是差异的。其中，一种是由上到下的爱，亦即父母对于子女的爱、兄姊对于弟妹的爱。另一种是由下到上的爱，亦即子女对于父母的爱、弟妹对于兄姊的爱。如果说前者偏于慈爱和保护的话，那么后者则偏于敬爱和尊重。孔子特别指出，孝不仅是养，而且也是敬。①敬是敬爱之心。它是敬重、尊重、爱护、关注和认真等。"今之孝者，是谓能养。至于犬马，皆能有养；不敬，何以别乎？"是否孝敬是区分人与动物行为的标志。如果人们把孝只是当成养，而不是敬的话，那么人们就是不孝，且把人贬低为动物。

孔子虽然也注重父母对于子女的爱，但实际上更强调子女对于父母的爱。因此，他反复说明仁的根本是孝弟，亦即子对于父的爱和弟对于兄的爱。孔子认为，孝弟是仁的根本。"其为人也孝弟，而好犯上者，鲜矣；不好犯上，而好作乱者，未之有也。君子务本，本立而道生。孝弟也者，其为仁之本与！"②孝弟之所以如此，是因为他是一种特别的爱。与父爱从上到下的爱不同，孝弟是从下到上的爱。从上到下的爱可以是命令、规定、管理和统治；而从下到上爱则是听从、服从、温顺与柔和。如果把仁爱主要理解为父爱的话，那么仁爱就具有了去征服的欲望。只有当仁爱被把握为孝弟的时候，仁爱才是一种被驯服的意志，也就是不好犯上。由此而来，礼就不是被动地对于某种外在仪式的遵守，而是主动地对于内在规则的服从。如此释仁释礼，孔子便为整个社会的等级序列的建立提供一个最初的基础。因为家庭和国家具有相同的结构，所以当子孝顺父，便有臣忠于君。这也就是让家庭成为了家庭，让国家成为了国家。因此，孔子

---

① 参见《为政篇第二》7。
② 《学而篇第一》2。

论国学

说："君君，臣臣，父父，子子。"①

父子之间的关系当然是一种人际关系，但是一种特别的人际关系，也就是血缘关系。父母和子女虽然是具有差异的个体，但通过血缘，两者之间建立了亲密的关联。父母的生命在子女身上获得了延续和更新。父母对于子女的爱可以看做是对于自身生命的爱护的延伸形态。同时，子女对于父母的爱也可以被认为是对于自己生命的来源的回溯和感恩。这是由血缘的本性所规定的人的生命的特性。但血缘关系也正是在人类身上所固有的自然的关系。它是已有的、既定的，不可改变和永远延续的。血缘如同土地一样是自然的。如果说土地是外在的自然的话，那么血缘则是内在的自然。根据这样的分析，仁爱作为人类的情感，是一种血缘之爱，同时也是一种自然之爱。

作为如此，仁爱就不是一种无差别的爱，而是一种有差别的爱。一种无差别的爱否定人对于自身亲人的爱的优先性。这在于，爱自己的亲人虽然是自然的，但很可能是自私的和非正义的。与此不同，无差别的爱主张爱一切人，并且将爱建立在正义的原则上。但这种无差别的爱只是一种理想的爱，而非现实的爱。在现实当中，人们首先和大多体验的爱还是亲情。在这样的意义上，孔子的仁爱学说不是从理想出发的，而是从现实出发的。但当孔子把孝弟看做仁爱的根本的时候，他就不可避免地遇到了爱的正义性问题。人爱亲人和爱他人可能一致，也可能发生冲突。在冲突之中，如果人爱亲人的话，那么就是不爱他人；如果人爱他人的话，那么就是不爱亲人。在这种困境中，人究竟如何选择？孔子考虑的不是谁是正义者的问题，而是考虑谁是亲人的问题。亲人之所以重要，是因为他天然地和人共属一体。其中也包括了利益的相关性。于是，当人无条件地首先爱亲人，而不是爱他人的时候，仁爱就具有有限性了。孔子所说的亲亲相隐

---

① 《颜渊篇第十二》11。

126

就破坏了仁爱的正义性和普遍性。父为子隐、子为父隐就虽然是一种合情的爱，但不是合理的爱。这是因为它对于父子是仁爱，但对于他人却不是仁爱。

孔子自身也许也意识到了孝弟的有限性，也许认为亲亲相隐只不过是一种破坏仁爱正义性和普遍性的特例。虽然孔子认为父子之间的亲情是仁爱中最根本的情感，但他并不试图将孝弟只是局限于家人之间，而是认为应该将孝弟的情感扩大到天下。这无非是说，人们不仅要爱自己的父兄，而且要爱天下所有的人。"子弟入则孝，出则弟，谨而信，泛爱众，而亲仁。"① 因此，所谓的孝弟或者仁成为了一种在世界中普遍化的亲情。这要求人们要像爱自己的亲人一样爱天下所有的人。基于这种普遍化的孝弟情怀，人们才产生了"天下一家"、"四海之内皆兄弟"的观念。天下本非一家，但仁者将它看做一家；四海之内并非兄弟，但仁者将他看做兄弟。如此理解的仁就不仅包括了人对于亲人的爱，而且还包括了对于非亲人的爱，也就是对于天下人的爱。此外，仁爱不仅意味着人对于人类的爱，而且还包括了人对于自然的爱。孔子说仁者乐山，智者乐水。一个仁者或者智者也是山水自然的热爱者。在这样的意义上，仁成为了一种博爱。但孔子的博爱是亲情的扩大化和普遍化，而不是超出了亲情的一种人类的兼爱和上帝的圣爱。

通过对于仁作为一种普遍化亲情的解释，孔子把仁看做成人的本性。这也就是说，仁是人的天性。一个人不同于动物就在于他有仁爱之心。没有仁，人便不是人；正是仁，才使人成为人。如此理解的仁就是善。一个仁者正是一个善者。"苟志于仁矣，无恶也。"② 一个仁者当然只有善行，而没有恶行。如果说仁是人的本性的话，那么善也是人的本性。孔子的思

---

① 《学而篇第一》6。
② 《里仁篇第四》4

论国学

想其实为儒家占主导的人性本善说奠定了基础。作为人的本性，仁不仅是善良的，而且是美好的和智慧的。正是因为如此，所以孔子要求人居住在仁中。"里仁为美。择不处仁，焉得知?"① 居住是人生在世的基本存在方式。居住在仁之中，是居住在人的本性之中，也就是在人的真正的家园之中。因为仁是善的，所以这种居住是善的；因为美善合一，所以这种居住是美好的；因为里仁是合于真理的选择，所以这种居住也是智慧的。既然仁是人的本性，那么人就应该始终与仁同在，正如人始终与道同在一样。"富与贵，是人之所欲也；不以其道得之，不处也。贫与贱，是人之恶也；不以其道得之，不去也。君子去仁，恶乎成名? 君子无终食之间违仁，造次必于是，颠沛必于是。"② 虽然道是高远的，但又无时无处不遍及人的一切活动之中。可以说，人的任何事情都有它的道。因此，人要遵道而行。对于人来说，仁是他最根本的道。这就要求人无论何时何地都依仁而行。唯有成为一个仁者，人才能成为一个君子。作为人的本性，仁也是人存在的终极意义。"志士仁人，无求生以害仁，有杀身以成仁。"③ 人的身体和生命是宝贵的，没有生命便没有了一切。但只有被仁所灌注的生命才是有意义的生命，否则是无意义的。一个理想的状态是，生命和仁合一，也就是合乎仁的生命。但现实的状态却会出现生命和仁的冲突，即为求生而害仁和为成仁而杀身。在这种两难的抉择中，孔子主张放弃生命而实现仁。

仁作为人的本性，不仅规定了人内在的心灵，而且也规定了人外在的活动。仁展开为人在现实生活世界中的各种存在方式。这又具体地表现在人与自身和人与他人两个方面的关系。

就人与自身的关系而言，孔子强调克己。己是自己。人不仅能意识世界，而且能意识自己，故能和自身构成一种特别的反身的关系。克己就是

---

① 《里仁篇第四》1。
② 《里仁篇第四》5。
③ 《卫灵公篇第十五》9。

自己克制自己，自己规定自己，让自己恪守在一个边界之中。与克服世界不同，克制自己是一件艰巨的事情。这在于，克服世界是用自己的力量去和世界斗争，而克制自己是用自己的力量和自己作斗争。自己和自己作斗争，这需要人拥有非凡的力量，也就是自己能够超出自己。但这如何可能？这关键在于人自己用礼来约束自己的欲望。所谓的礼就是对于是与非的边界的划分和确立。它指出，人可以做哪些事情？人不可以做哪些事情？礼和非礼是人的存在的界限。合礼的事情是可以做的，非礼的事情是不可以做的。孔子说："非礼勿视，非礼勿听，非礼勿言，非礼勿动。"① 人要遵守礼所制定的边界，不要越过它。由此，人规定自身感觉、言说和行为。孔子认为克己和复礼是同一的。"克己复礼，为仁。一日克己复礼，天下归仁焉。为仁由己，而由人乎哉？"克制自己就是让自己遵守礼的规范，也就是复礼。同时，克己复礼是让人保持自身的本性，实现仁，也就是爱人。

就人与他人关系而言，孔子主张爱人。爱人首先必须承认一个已给予的情景，人不可能离世孤独地生活。人离开人类而与动物为伍只是一种幻想。"鸟兽不可与同群！吾非斯人之徒与而谁与？"② 人生活是生存在世界之中，也就是生活在人与人之中。他人的存在如同自己的存在一样是一个不可否认的事实。人生活在世界之中就不可避免地要和人打交道。只有在人我的共在之中，人才能真正展开自身的存在。人不仅要承认他人的存在，而且要理解他人的存在。"不患人之不己知，患不知人也。"③ 这表明在一个共在的世界里，人不是要考虑自己，而是考虑他人。他人的存在对于自己的存在是必需的。没有他人的共在，也就没有自身的存在。在共在中，人与他人建立了多种关系。其中，孔子强调友谊的重要性。友谊当然

---

① 《颜渊篇第十二》1。
② 《卫子篇第十八》6。
③ 《学而篇第一》16。

论国学

是人与他人一种特别的关系，也是一种特别的感情。友谊不同于亲情。亲情是建立在血缘基础上的。友谊也不同于爱情。爱情是男女之间且包括了身体的关系。友谊在根本上是建立在同道的基础上的。这就是说，有友谊的人们有着共同的道的追求。同道使不同的人们建立了友谊并成了朋友。但对于孔子来说，不仅要建立友谊，而且要区分好的和坏的朋友。"益者三友，损者三友；友直，友谅，友多闻，益矣。友便辟，友善柔，友便佞，损矣。"①好坏朋友的区分的根本点虽然很多，但最重要的无非是一个人是否真实，亦即诚实。一个诚实的朋友不仅对于道是忠实的，而且对于人也是忠实的。

　　但人如何处理好人与他人的关系？这关键在于人如何从自身出发去看待他人。

　　孔子强调，从否定方面讲，人不要把自己不意愿的给予他人。这就是"己所不欲，勿施于人"。②另外"我不欲人之加诸我也，吾亦欲无加诸人。"③从肯定方面讲，人要把自己意愿的给予他人。"夫仁者，己欲立而立人，己欲达而达人。"④这被视为儒家的金规则。在当今世界，它仍然具有普世价值。

　　无论是否定方面，还是肯定方面，这一金规则都设定了人与人之间的同一性。这就是说，我所不欲的也正是他人所不欲的，同时，我所欲的也正是他人所欲的。这依据于这样一种假设：天同此理，人同此心，心同此欲。由此，人可以由己推人。

　　不过，人与人除了同一性之外，还有差异性。每一个人都是不一样的，每一个人的存在都是不同的。因此，也许我所不欲的，正是他人所

---

① 《季氏篇第十六》4。
② 《颜渊篇第十二》2。
③ 《公冶长篇第五》12。
④ 《雍也篇第六》30。

欲的；或者相反，也许我所欲的，正是他人所不欲的。如果事情是这样的话，那么不仅"己所不欲，勿施于人"，而且"己所欲，亦勿施于人"。虽然孔子没有作如此明确的表达，但他也表现了对于差异的尊重和允许。这就是所谓的忠恕思想。他甚至认为，忠恕是他的一贯之道。

何谓忠恕？所谓忠是忠实、忠诚和忠心。它指一颗真实无虚的心灵，内不欺己，外不欺人。所谓恕是宽恕。人不按自己的尺度去要求他人，而让他人如其自身去存在。这也就是说，人要承认和允许他人的差异性，甚至原谅他人的不足和错误。孔子认为仁具有五种德性，而作为恕的宽就是其中之一。"恭，宽，信，敏，惠。恭则不侮，宽则得众，信则人任焉，敏则有功，惠则足以使人。"①这五种德性都是人对于他人的仁爱的不同态度。其中的宽就是宽恕。正是因为人能够容忍那些与自己不同的人，所以能够得到多数人而不是少数的拥护和支持。

当然，孔子的仁的最高理想是实现天下之爱，也就是博爱。人去爱天下所有的人，并让他们得到自身所需要的爱。"老者安之，朋友信之，少者怀之。"②这里的人有其区分。但它不是按照血缘关系而确定的亲疏之别，而是按照不同年龄而划分的老少之别。当然，人们可以把他们看成类似的家庭成员。老者如同自己的父母，朋友如同自己的兄弟，少者如同自己的子女。这就是所谓的天下一家。与人的区分相应，仁爱也有其区分。对老者的爱是从下到上的爱，对朋友是平等的爱，对少者是从上到下的爱。不同的人都能从有仁爱之心的人那里获得不同形态的爱。

对于孔子而言，仁虽然是人的本性的规定，但并非所有的人能实现仁。故有些人是非仁者，有些人是仁者。同时，那些具有仁爱之心的人虽然都可以被称为是仁者，但并非完全是相等的，而是有差别的。他们之间

---

① 《阳货篇第十七》5。
② 《公冶长篇第五》26。

论 国 学

存在一个高低的等级序列。

最高境界的人是圣人。圣人是仁爱的完全体现。其博爱之心贯穿天地，遍及人类。但很少有人能达到这样的境界，与此相应，很少有人可以被称为圣人。在孔子看来，圣人只是那些伟大的先王。

其次是仁人。仁人就其实现了仁的一般特性而言是成人，就其具有贤德而言是贤人。一个仁人其实同时就是仁者和智者。一个没有仁爱的智者或者一个没有智慧的仁者都是不全面的。仁者和智者有一个共同的基础，就是相关于人本身。仁不是爱其他什么东西，而就是"爱人"，知不是知道其他什么东西，而就是"知人"①。这也就是说，他们所热爱和所知道的都是人。当然，仁者和智者对于世界和人生的态度是有差异的。"知者乐水，仁者乐山。知者动，仁者静。知者乐，仁者寿。"②孔子在此区分了智者和仁者三个方面的不同。一是不同的自然。智者爱水，仁者爱山。水是流动和灵活的，而山是雄伟和静穆的。二是不同的形态。智者是活动的，仁者是安静的。三是不同的生命。智者是快乐的，仁者是长寿的。但这种区分是相对的。不如说，仁者具有智者的本性，而智者也具有仁者的本性。一个仁人除了是仁者和智者之外，其实同时还是一个勇者。"知者不惑，仁者不忧，勇者不惧。"③一个仁者同时具有仁、智、勇三大德。他有智，知道人和世界的道理，故不惑。他有爱，与天下之人同在，故不忧。他有勇，依道而行，故不惧。

再次是君子。君子在字义上是指统治者，即处于上位的人，而不同于处于下位的人。由于这种地位，君子具有了某种特别的权力，而能支配他人。一般而言，这种地位的获得往往是由血缘决定的。但在孔子那里，君子并非指一个有权力的人，而是指一个有道德的人。同时，君子也不是基

---

① 《颜渊篇第十二》22。
② 《雍也篇第六》23。
③ 《子罕篇第九》29。

宋·佚名《孝经图》

于血缘而天生的，而是依靠人性的陶冶而形成的。孔子认为，君子在根本上是被道所规定的。既然君子追求道，那么他就不能器具化或者工具化。"君子不器。"① 器具化不仅使君子使远离了道，而且也使他片面化和单一化，成为服务于某一特定目的的某一特定手段。当君子追求道时，他就要放弃追求食物等物质利益。"君子谋道不谋食。耕也，馁在其中矣；学也，禄在其中矣。君子忧道不忧贫。"② 如果一个人不谋道而谋食物的话，那么他可能既无道也无食；如果一个人谋道而不谋食的话，那么他可能既得道也得食。这在于虽然道不是食物，但能带来食物。相反，食物不是道。如果没有道的指引的话，那么人的谋食的行为也会成为一个没有功用的行为。

在孔子的思想中，道具体化为仁爱，故君子追求道就是追求仁。一

---

① 《为政篇第二》12。
② 《卫灵公篇第十五》32。

论国学

位君子在本性上是一位仁者。"君子以文会友,以友辅仁。"① 文是道之文,是道自身的表达。以文会友,不过是道将大家聚集在一起,而成为志同道合的朋友。朋友是道的朋友,也是仁的朋友。于是,朋友的友谊推进了道,也推进了仁。这就是以友辅仁。一个具有君子人格的人是仁爱之人。这使他具有诚实光明的内在美德,而不忧不惧。"内省不疚,夫何忧何惧?"② 忧虑什么? 惧怕什么? 它们无非是那些危害的事情。但君子的心灵忠实,没有愧疚,故不忧惧任何可怕的东西。作为一个君子,他也是内外兼修。孔子说:"质胜文则野,文胜质则史。文质彬彬,然后君子。"③ 一个人的内在和外在的关系有一个适当的度。过分的质朴和过分的文雅都是不恰当的。只有当一个人内在和外在的表现适宜的时候,他才拥有一个真正的君子形象。

为了确定君子的本性,孔子将他与小人相比较。君子和小人是完全是对立的。君子不是小人,小人不是君子。孔子特别强调:"女为君子儒!无为小人儒!"④ 一个儒生似乎已不是一般的人,而是一个特别的人,也就是知道儒家学说的人。尽管如此,但孔子也警告注重他们要注重君子和小人的区分。那么,君子和小人区别的界限在哪里呢?

首先是明道的不同。君子是被道德所规定的,而小人则是被利益所规定的。"君子怀德,小人怀土;君子怀刑,小人怀惠。"⑤"君子喻于义,小人喻于利。"⑥ 在上述对比中,君子相关于德、刑和义,小人相关于土、惠和利。前者是道德、法度和仁义;后者则是乡土、恩惠和利益。由此可见,君子考虑的是普遍的道义,而小人考虑的是私人的利欲。根据这种比

---

① 《颜渊篇第十二》24。
② 《颜渊篇第十二》4。
③ 《雍也篇第六》18。
④ 《雍也篇第六》13。
⑤ 《里仁篇第四》11。
⑥ 《里仁篇第四》16。

较，君子和小人的德行是根本不同的。甚至可以说，君子是有道和有德的人，而小人是无道和无德的人。

其次是为人的不同。君子立足于自身，而小人则依赖于他人。"君子求诸己，小人求诸人。"① 在人与人的关系上，君子团结而不勾结，小人则勾结而不团结。"君子周而不比，小人比而不周。"② 同时，君子和谐而不同一，小人则同一而不和谐。"君子和而不同，小人同而不和。"③ 此外，君子利人，小人害人。"君子成人之美，不成人之恶。小人反是。"④

最后是处世的不同。君子心胸坦荡，小人则心情忧愁。"君子坦荡荡，小人长戚戚。"⑤ 这在于，君子与道同一，与人同在；而小人唯有私欲和个人。君子安泰，小人骄傲。"君子泰而不骄，小人骄而不泰。"⑥ 君子能居贫无困，小人则为贫所困。"君子固穷，小人穷斯滥矣。"⑦

在孔子关于礼和仁的思想中，一方面，我们看到了孔子活着的思想：在一个无序的世界里建立秩序，在一个无爱的时代里宣扬仁爱；另一方面，我们也看到了他死去的思想：礼教束缚了个体的生长，仁爱限制了情感的丰富。

4. 成人之道

对于孔子和儒家而言，成为一个人就是成为一个仁人。但这是一个生命的过程，它从少年经中年直到老年。"士不可以不弘毅，任重而道远。仁以为己任，不亦重乎？死而后已，不亦远乎？"⑧ 仁之所以是任重，是因

---

① 《卫灵公篇第十五》21。
② 《为政篇第二》14。
③ 《子路篇第十三》23。
④ 《颜渊篇第十二》16。
⑤ 《述而篇第七》37。
⑥ 《子路篇第十三》26。
⑦ 《卫灵公篇第十五》2。
⑧ 《泰伯篇第八》7。

论国学

为它不是爱自己，而是爱天下；死之所以道远，是因为它作为生命的终结不是在近处，而是在远处。这要求人们生命不息，奋斗不止。

孔子以自身的经历描述了追求大道成为仁人的过程。"吾十有五而志于学，三十而立，四十而不惑，五十而知天命，六十而耳顺，七十而从心所欲，不逾矩。"[1]这需要更细致和明确的解释。其中的志于学表明其志向是在于学习。志向是一个人一生的目标。当人对于自己的人生开始觉醒的时候，人就开始筹划这一生的目标。所谓志于学并非志于关于一般知识的学习，而是志于关于道的学习。学就是学道。唯有道才是人一生中最重要的目标。而立是指人在世间站立起来了。但站立之所以可能，是因为人懂得了礼。礼是人的言行的规范。当人能依礼而言行的时候，人就能成为一个真正的成人。不惑意味着人消除了迷惑，获得了智慧。一个有智慧的人知道自己是谁，同时也知道世界是什么。知天命是智慧的更高提升。这在于人和世界都是由天命所规定的。知道了天命则是知道了天地之道。耳顺则是人能顺乎天命。他不仅能听懂天的意志，而且还能听从天的意志。从心所欲不逾矩表明了人与天合一。他的生存一方面出于个人的意志，另一方面又合于天道的规定。这是人生的最高境界。这一经历也许不仅具有个别性，而且具有普遍性。

如果说孔子的自述主要是从肯定方面而言的话，那么他针对一般人所说的君子三戒则主要是从否定方面而言。"君子有三戒：少之时，血气未定，戒之在色；及其壮也，血气方刚，戒之在斗；及其老也，血气既衰，戒之在得。"[2]人的一生从生到死大致可以分为少年、壮年和老年。在这不同的阶段中，既有生理的变化，也有心理欲望的变化。它们形成了人生各种不同的问题。孔子认为，血气及其变化是生理中最根本的。其实，血气

---

[1] 《为政篇第二》4。
[2] 《季氏篇第十六》7。

宋·佚名《孝经图》

并非其他东西，而就是人自身的生命力。血气的变化就是生命力的变化。血气在少年是未定，在中年是方刚，在老年是既衰。与此相应的是不同的欲望。它们分别是色、斗和得。色是好色，斗是争斗，得是贪得。这些欲望不是一般的欲望，而是超出自身边界的欲望。如果人们不注意有效地克制这些欲望的话，那么它们很可能在瞬间就会毁灭人的一生。故对于这些欲望的戒防是人们求道成仁的必要条件。

但如何求道成仁？孔子认为关键在于修身。修身就是修正个人的言行。而修身的工夫主要不是外求，而是反省。孔子的弟子曾子说："吾日三省吾身——为人谋而不忠乎？与朋友交而不信乎？传不习乎？"[①]三省吾身强调的不是一蹴而就，而是多次和反复地反省自身。反省是每日必须和

---

① 《学而篇第一》4。

论国学

持久完成的功课。反省是自己反思自己。当然，人是用心来反思自己。反思的心只是心自身。它是真实的、纯粹的和透明的。人用这个心去思考自己已经做了的事情。这也就是说，人要对于自己已有的行为、思想和语言进行再思考，并分辨出哪些是是的，哪些是非的。曾子在此指出了三件最主要的事情：忠、信和习。忠是对自身和对于他人的诚实；信是朋友之间的信义；习是对于老师所传之道的学习。

但在反省的过程中，是非的标准何以确立？一方面它本身建基于人的天性，另一方面它依据于圣人之言，也就是经典。因此，对于修身和反省来说，学习是不可或缺的。

孔子强调了学习的重要性。他虽然也承认生而知之，但最主要地强调学而知之。他认为甚至他自己也不是生而知之，而是学而知之。对于一般人而言，即使他具有了一般君子的美德，但如果他不学习的话，那么他的这些美德也会丧失。"好仁不好学，其蔽也愚；好知不好学，其蔽也荡；好信不好学，其蔽也贼；好直不好学，其蔽也绞；好勇不好学，其蔽也乱；好刚不好学，其蔽也狂。"[①] 人们即使追求仁、知、信、直、勇和刚等美德，但没有经过学习的教化，这些美德也会成为恶行。这在于，只有通过学习，人们才知道这些美德的真正本性是什么，并能实现这些美德的本性。这表明了学习是人性陶冶中最根本的环节。但学习是什么？学习就是知道。一个不知道的人向已知道的人学习，通过如此，把不知道的变成已知道的。如此理解的学习当然包括了教与学两个必需的环节。教师和学生之间最主要的差别在于，一个是已经学习过的，另一个是尚未学习和正在学习的。教师正是把已经学习的知识传授给尚未学习和正在学习的学生。但教师作为教育者自身也要受教育。这就是说，已经学习的人还要去学习。因此，一切教育的核心都是学习。

---

① 《阳货篇第十七》8。

在学习的过程中，人们还必须处理好学习与思考的关系。"学而不思则罔，思而不学则殆。"①"吾尝终日不食，终夜不寝，以思，无益，不如学也。"②一般而言，学习是对于新的事物的学习，思考是对于旧的事物的反思。学习是思考的前提和基础，思考是对于学习的加工和升华。如果没有学习的话，那么思考就是空洞的、毫无意义的。只有建立在学习的基础上，思考才能获得自身的不绝的源泉。

孔子所说的学习的内容包括很广，既有关于一般的事物的知识，也有关于道的学问。但他最核心的教育理念在于，学习首先不是某种专业技能的训练，而是关于人性的培养和塑造，也就是如何求道成仁。"学而时习之"的学习正是关于道的学习。因此，学习的根本目的是人自己获得道并提升自己的人格境界，而不是显示或者炫耀给他人。"古之学者为己，今之学者为人。"③但学道并不是追求获得某种神秘的思想和高深的理论，而是建立一种合于道的日常生活的态度。"君子食无求饱，居无求安，敏于事而慎于言，就有道而正焉，可谓好学也已。"④这里的学习事实上要求人在衣食住行、言语和行为等方面注意度的把握。学习还具体化为对于现实世界中各种社会关系的处理。"贤贤易色；事父母，能竭其力；事君，能致其身；与朋友交，言而有信。虽曰未学，吾必谓之学矣。"⑤这些学习无非是强调人们要服从父子、君臣和朋友之间礼的规范并生发仁的情怀。在这样的意义上，孔子关于道的学习就是关于礼和仁的学习。

但除了礼的学习之外，孔子特别重视文艺的学习对于人性塑造的作用和意义。"弟子，入则孝，出则弟，谨而信，凡爱众，而亲仁。行有馀

---

① 《为政篇第二》15。
② 《卫灵公篇第十五》31。
③ 《宪问篇第十四》24。
④ 《学而篇第一》14。
⑤ 《学而篇第一》7。

论国学

力，则以学文。"①文是文章、文学和文艺等。文虽然不是主要的，但是必要的。在广义的文中，诗歌和音乐担任了关键性的角色。"兴于诗，立于礼，成于乐。"②在这里，诗歌是开端，礼仪是中间或者是主体，而音乐是完成。

孔子认为诗的功能是多方面的。"诗，可以兴，可以观，可以群，可以怨。迩之事父，远之事君；多识于鸟、兽、草、木之名。"③这无非是说，诗歌有极其广泛的作用。它有认识作用，知晓自然与社会；具有道德作用，维持家国的伦理秩序；具有审美作用，培养并丰富人的情感。

当然，孔子所谓的诗歌是成为儒家经典之一的《诗经》。他认为，"诗三百，一言以蔽之，曰：'思无邪'。"④《诗经》最根本的特性是它表达了无邪纯正的情感，因此，它是合于人的本性的。对于《诗经》的学习，也无非是陶冶人的性情，达到无邪纯正。在《诗经》中，《关雎》是开篇之作。孔子认为，"关雎，乐而不淫，哀而不伤。"⑤这种情感表达远离偏激，行为中道，正吻合了孔子所主张的无邪纯正的理念。

孔子也强调音乐的特别意义。音乐作为和谐的声音就其本性而言也是欢乐的和快乐的。音乐对于人的熏陶正是可以让人保持欢乐的心情，让身心和世界保持和谐的关系。孔子认为优秀的音乐应该尽善尽美，美善合一。"子谓韶，'尽美矣，又尽善也。'谓武，'尽美矣，未尽善也'。"⑥同时，孔子认为音乐及其表演是一个包括了不同阶段的过程。"乐其可知也：始作，翕如也；从之，纯如也，皦如也，绎如也，以成。"⑦这个过程正是

---

① 《学而篇第一》6。
② 《泰伯篇第八》8。
③ 《阳货篇第十七》9。
④ 《为政篇第二》2。
⑤ 《八佾篇第三》20。
⑥ 《八佾篇第三》25。
⑦ 《八佾篇第三》23。

隋·展子虔《授经图》

有开端、中间和结尾所构成的事物的整体。

事实上，孔子不仅将音乐理解为一种独特的艺术门类，更理解为人生的一种境界，甚至是最高的境界。乐者，乐也。孔子赞成如下欢乐的人生理想。"莫春者，春服既成，冠者五六人，童子六七人，浴乎沂，风乎舞雩，咏而归。"①这是一种什么样的人生风景？人与朋友同乐。他们在自然中嬉戏，在天地间歌唱。没有任何功利，没有任何利害。与天同一，与人

———————————
① 《先进篇第十一》26。

论国学

同聚。这正是乐的精神。乐的核心在于欢乐。与道同在，正是乐的本性之所在。正如《论语》开篇所说的，学而时习之，不亦乐乎？所乐为何？所乐道也。在这样的意义上，孔子是位伟大的、欢乐的思想家。

三、《孟子》

孟子是孔子的追随者，并被世人称为位于孔子圣人之后的亚圣。孟子继承和发扬了孔子的仁学思想。但他们之间存在一定的差异。孔子将仁归结为亲子之爱，它是一种具体的人类情感。虽然仁爱可以说成是人的本心和本性，但它并没有被孔子直接地指出，故依然是遮蔽的和朦胧的。但孟子则直接将此揭示出来，使之显明和清晰。他对人心和人性进行了探讨，认为其本身作为仁爱是善良的。人人皆有是心。同时，人人皆有是性。由此，孟子建立了他的心性理论。这一直影响了后世儒学的研究。他的思想主要记载于《孟子》①一书中。

1. 心

孟子首先试图找到人之所以为人的规定性，也就是提出并回答人是什么这一根本的思想问题。人的规定性揭示了人自身的本性，但它刚好是在人和动物相区分时获得的。人与动物的差异究竟如何呢？"人之所以异于禽兽者几希，庶民去之，君子存之"②。在存在者整体中，人本身就是一个特别的动物，而与其他动物是最近的邻居。无论是在生理方面，还是在心理方面，人和动物都具有一定的相似性。故人与动物之间的区分的缝隙非常微小。正是因为如此，所以人们往往会忽略这种差异性。对于人与动物

---

① 以下所引《孟子》的文本见杨伯峻译注：《孟子译注》，北京：中华书局，1960 年。只标明章节。

② 卷八《离娄章句下》19。

142

之间差异性的是否意识当然会导致思想是否正确。但孟子认为，是否保持人与动物的区分，也构成了君子与庶民的区分。这在于小人放弃了区分，而君子保存了区分。当小人放弃区分的时候，他与动物是同一的，自身由人变成了动物；当君子保存区分的时候，他与动物是分离的，自身由动物变成了人。那么所去为何？所存为何？孟子指出，这并非他物，不过是一心而已。

但心为何物？心在汉语中一般指人的心脏，属于五脏之一。但人们认为心脏与一般的脏器不同，而具有特别的功能，亦即去思考。在这样的意义上，心就不再只是指心脏，而也是指心灵，它包括了思想意识乃至精神等。因此，心灵就与人的感觉器官发生了关联。但人的五官与心灵具有巨大的差异。"耳目之官不思，而蔽于物。物交物，则引之而已矣。心之官则思，思则得之，不思则不得也。此天之所与我者。先立乎其大者，则其小者不能夺也。此为大人而已矣。"① 对于孟子而言，耳目等感觉器官自身依然是物。这在于它们是身体性的、肉体性的。当它们感觉外物的时候，不过是自身作为一个特别的物与其他的外物打交道，并会被外物控制和遮蔽。与此不同，心的本性不是物，不是身体性和肉体性的，而是超出了物。作为非物，心的本性是思考。这种思考就是思索，也就是能够获得事物的意义。于是，不是感觉，而是心灵才是人与动物相区分的根本界限。只有确定了这个根本界限，其他的界限也才能够得到划分。

当然，孟子所理解的心并非只是一个单纯认识的心，而且也是一个具有道德的心。这就是说，心灵不仅能认识事物的本性，而且也能指引人类的行为，尤其是能去规定人与人之间的关系。孟子将如此这般的心称为不忍人之心。"所以谓人皆有不忍人之心者，今人乍见孺子将入于井，皆有怵惕恻隐之心——非所以内交于孺子之父母也，非所以要誉于乡党朋

---

① 卷十一《告子章句上》15。

论国学

友也，非恶其声而然也。由是观之，无恻隐之心，非人也；无羞恶之心，非人也；无辞让之心，非人也；无是非之心，非人也。恻隐之心，仁之端也；羞恶之心，义之端也；辞让之心，礼之端也；是非之心，智之端也。人之有是四端也，犹其有四体也。有是四端而自谓不能者，自贼者也；谓其君不能者，贼其君者也。凡有四端于我者，知皆扩而充之矣，若火之始然，泉之始达。苟能充之，足以保四海；苟不充之，不足以事父母。"①

什么是不忍人之心？在孟子那里存在一个预先的设定，人的本心与他人的心都是相同和相通的。"口之于味也，有同嗜焉；耳之于声也，有同听焉；目之于色也，有同美焉。至于心，独无所同然乎？心之所同然者何也？谓理也，义也。圣人先得我心之所同然耳。故理义之悦我心，犹刍豢之悦我口。"②孟子认为，人拥有共同的感觉。这是一个经验和直观的事实。人不仅拥有一样的感觉器官，而且拥有对于同一感觉物的同一感觉。在感觉过程中，人区分好和坏的感觉物，亦即品赏和鉴赏。虽然人与人不同，但人具有共同的趣味和嗜好。孟子从人有共同的感觉而推论出人有共同的心灵。心灵和感觉虽然不同，但具有相似性。既然人有共同的感觉，那么也会有共同的心灵。人都拥有一个同一能思考的心，同时，人都拥有一个同一的思考物。人心的同一之处并非其他，而是对于同一理义的热爱和追求。人天生和自然地拥有这样一颗心。但在现实生活中，人们往往会丧失它。忍人之心就是人克制、压抑和阻碍了这样的心灵，它是对于他人的漠视与毫不关心，因此，是残忍的、毒酷的。虽然忍人之心是对于本原之心的遮蔽和覆盖，但在现实世界中却是首先出现并且是普遍的。于是，在世界上到处充满了仇恨、战争和屠杀。所谓春秋无义战便是如此。在这样的意义上，不忍人之心便是对于忍人之心的否定，并且是朝向人的本心

---

① 卷三《公孙丑章句上》5。
② 卷十一《告子章句上》7。

的回归，是本心自身的直接呈现。不忍人之心作为人的本心就是人本身具有的和他人相同和相通的心。

　　孟子将不忍人之心直接表达为恻隐之心。它是人对于他人的境遇尤其是苦难产生的同情心以及在此基础上生发的对于他人的帮助之心。孟子特别援引了一个例子：人对于一个将陷于生命危险之中的儿童所产生的同情心。这种同情心之所以产生，并不是因为种种外在的原因，如与儿童父母的交情、在所处社会上的名声、对于儿童惊呼声的厌恶，而是因为一个唯一的内在的原因，亦即同情。当人设身处地地如同儿童一样自身感受到危险而且需要得到帮助的时候，它就会同情这个儿童。同情之心设定了人与人的心灵不仅是相同的，而且是相通的。当然，同情者与被同情者之间还存在一定的差异。一般而言。同情者和被同情者是主爱和被爱的关系。前者是主动的，后者是被动的；前者是强者，后者是弱者。但正是在被同情者呼唤同情的时候，同情者的同情心被惊醒了。在这种时刻，一个人就必须生发他的同情之心。孟子认为，作为同情之心的恻隐之心是每一个人都本来就具有的。他甚至非常极端地说，只有当人拥有恻隐之心的时候，他才是人，否则便不是人。

　　人心除了恻隐之心之外，还有羞恶之心。羞恶什么？羞恶丑恶的东西。恶相对于善。善是好的，恶是坏的。善恶的区分是人的心灵的基本的能力。这种区分还表现为心灵的意向，也就是向善避恶。孟子将此表述为羞恶，也就是羞耻。耻是人对于善恶的界限的意识。当人保持在善恶的界限之内，他就是有耻的；当人越出善恶的界限之外，他就是无耻的。所谓羞恶之心就是人的心灵所具有的一种能力，它警诫人们不要越过善恶的界限之外而保持在界限之内。因此，它是人对于自身心灵的约束。孟子强调："人不可以无耻，无耻之耻，无耻矣。"①

---

① 　卷十三《尽心章句上》5。

论国学

人还有辞让之心。辞让是人对于自身权利的辞让。人虽然对某种事情拥有权利，但他却放弃了它。不仅如此，他还将此权利转让给他人。这虽然表现于一般的人际关系之中，但主要表现在上下关系之中，如父子、兄弟等。在这种关系中，人与人之间本身就被安排了先后的秩序。辞让之心不过是否定了自身的优先权，而肯定了这一次序的规定性。辞让之心就放弃而言，它是谦卑的、温顺的；就转让而言，它是恭敬的、大度的。

人还有是非之心。是与非意味着真和假、对与错。是与非不仅关涉一般的认识领域，而且还关涉道德领域。人的心灵对于事物判断出是与非也不仅是一个思想问题，而且也是一个行动问题。这也就是说，当人区分出事物的是与非的时候，他也作出了选择和决定，亦即放弃错误的道路，行走真理的道路。

孟子所说的恻隐之心、羞恶之心、辞让之心和是非之心构成了心的四个方面。但为何只有这四个心？而不多不少？孟子认为这如同人有四体或者四端一样，是天生的，是自然给予的，是无法追问其理由的。显然，孟子在此将心灵与身体进行了比附，将心灵的结构身体化了。但这是一个什么样的结构？人们很难将它们区分为手与脚，更不用说进一步区分为左右手和左右脚了。这样一种结构也不同于一般流行的知意情三分法。如果按照这种区分的话，那么心灵的结构将被分为认识、意志和情感三个方面。事实上，孟子的四心说不能简单地归属于知意情。不过，孟子的四心说在总体上显示出了一种道德心灵的特点。所谓的认识和情感都是被道德所规定的。因此，认识成为了道德化的认识，情感成为了道德化的情感。与此同时，道德也成了认识性的道德和情感化的道德。这一切又集中到不忍人之心，也就是恻隐之心。它既是道德的，这在于它是对于他人的关心；也是情感的，这在于它是对于他人的一种同情感；同时也是认识的，这在于它也是对于他人的一种判断。

孟子的四端不仅意味着人的心灵有如身体的四肢一样有四个分支，而且还意味着心灵自身有四个开端。开端是事物的起源、萌芽和开始。它对于事物的整体是重要的。这在于没有开端，事物就没有发展和完成；只有开端，事物才有发展和完成。人必须承认自己和他人已经拥有了这一心灵的开端。但人拥有了心灵的四端，并不意味着人已经拥有了心灵的整体，而是意味着人具有走向心灵完善的可能性。当一个事物只是具有可能性的时候，它也具有不可能性，也就是它可能没有这种可能性。这就包括了另一种可能性，亦即心灵完善的不可能性。当人们否认和放弃心灵的四端时，他就遏止了心灵的萌芽。于是，有些人将四端显示出来了，而有些人将四端遮蔽了。故孟子强调，人要扩充本心。四端只是心灵的开端，人们必须将它们扩而充之，使之成为发展了的且完成了的心灵。

正是基于上述理由，心灵不仅是人与动物相区分的标志，而且也是君子与小人不同的地方。"君子所以异于人者，以其存心也。君子以仁存心，以礼存心。仁者爱人，有礼者敬人。爱人者，人恒爱之；敬人者，人恒敬之。有人于此，其待我以横逆，则君子必自反也：我必不仁也，必无礼也，此物奚宜至哉？其自反而仁矣，自反而有礼矣，其横逆由是也，君子必自反也，我必不忠。自反而忠矣，其横逆由是也，君子曰：'此亦妄人也已矣。如此，则与禽兽奚择哉？于禽兽又何难焉？'"① 虽然人就其本性而言都具有心，但这只是一种可能性。孟子认为，君子和小人的区分就在于是否实现了心的可能性。对于君子而言，他存有心的四端；对于小人而言，他则丧失了它们。这种极端的对立乃至冲突的情形的发生就是君子和小人的相遇。因为君子存心，小人不存心，所以小人不能以心应心。当君子返回自心并发现自己存心的时候，便觉察到了小人没有存心。由此使君子意识到了自己与小人的差异。这种君子和小人的区分几乎类似于人和动物的区别。正是在这样的意义上，人们才说，唯有君子才是真正的人，而

---

① 卷八《离娄章句下》28。

论国学

小人则不是真正的人，他们不过是动物而已，虽然他们并不是一个一般的动物。

2. 性

孟子关于人心的理论实际上为他的人性的理论奠定了基础。人心是人的心灵，是思考，是思虑；人性则是人的本性，是本来就具有的特性。那么，人心和人性有什么关系？如前所述，人的人性是在与动物的动物性相区分的时候表现出来的。按照孟子的思想，人的人性肯定不同于动物的动物性。但人之人性立于何处呢？一般中国思想认为，人是由身心构成。就身体而言，人有食色亦即饮食男女的自然欲望。在这方面，人和动物几乎是相同的。因此，身体性不能构成人的人性与动物的动物性的分界线。由此只剩下人的心灵。就心灵而言，它不仅是认识性的，而且是道德性的，并具体表现为四端。正是人的心灵成为了人的人性的根本所在。这也就是说，人心决定了人性。在孟子这里，所谓的人的人性不过是心的心灵性而已。人性如何，正是心的本性如何。

但人性如何呢？在孟子的时代里，人们关于人的本性已有不同的说法。第一种主张认为，性无善无不善。人的本性无所谓善恶，人在世界中与万物打交道时才形成善恶。第二种主张认为，性可以为善，也可以为不善。人的本性既有善，也有不善。人由此在他的成长过程中可能是善的，也可能是不善的。第三种主张认为，有性善，有性不善。有些人的人性是善的，有些人的人性是不善的。

与上述观点不同，孟子认为人性本善。这种性善说也不同于后世出现的性恶说。性恶说设定人的本性是恶的。只是在教化之中，人才培养了他善的特性。与此相反，孟子肯定人的本性是善的，人的恶的表现是违背了人的本性的，因此，是人的本性的歪曲。

孟子认为，人的人性并不是非善非恶的，而是善的。他用水的水性来说明人的人性。"水信无分于东西，无分于上下乎？人性之善也，犹水之就下也。人无有不善，水无有不下。今夫水，搏而跃之，可使过颡；激而行之，可使在山。是岂水之性哉？其势则然也。人之可使为不善，其性亦犹是也。"①水的水性是下流，但在环境的影响下，它既可以下流，也可以上扬。这看起来水好像没有定性，但实际上并非如此。水的其他变化并非水的本性，而是外在条件变化的结果。孟子指出，人性也如同水性一样。人性是善的，但在世界的各种境遇中却可以为善，也可以为不善。但人们绝对不能依据人性的现实变化表现来否定人性本善的原初事实。问题的关键在于，人们要区分人性的本性和人性的现实状态。

既然人的本性是善的，那么人的善，亦即仁义便不是外在的，而是内在的。孟子反对将仁义说成是对于人的本性改造、陶冶的成果，而主张是人性自身的直接的表现。正是因为人性自身是仁义的，所以仁义不是对于人的本性的伤害和扭曲，而是它的自然的本来面目。在这样的意义上，所谓不仁不义才是违背了人的人性，是人的本性的变态。

孟子将人的善良的本性称为良知良能。"人之所不学而能者，其良能也；所不虑而知者，其良知也。孩提之童无不知爱其亲者，及其长也，无不知敬其兄也。亲亲，仁也；敬长，义也；无他，达之天下也。"②良知良能固然也是人的一种知识和能力，但不是一般的知识和能力，而是一种特别的知识和能力。它是先天的，不是后天的。作为天赋，它无须人们去通过学习和思虑而获得。同时，它是直觉的结果，是心灵的直接的当下呈现，而非逻辑运算和推论的产物。但这种特别的知识和能力并非其他什么东西，而是人们善良本性，也就是仁义。为何是仁义？这里没有其他理由。其唯一的理由是，仁义能够通行天下。但这一理由也是自明的，是无

---

① 卷十一《告子章句上》2。
② 卷十三《尽心章句上》15。

论国学

须说明的。良知良能不仅是先天的，而且是善良的。故它们不仅可以称为人本来的能和本来的知，而且可以称为人善良的知和善良的能。

正如已经指出的，孟子的人性立于人心。人性不过是人心的扩充和现实化，人性善正是人心善的发扬。良知良能实际上就是良心。"恻隐之心，人皆有之；羞恶之心，人皆有之；恭敬之心，人皆有之；是非之心，人皆有之。恻隐之心，仁也；羞恶之心，义也；恭敬之心，礼也；是非之心，智也。仁义礼智，非由外铄我也，我固有之也，弗思耳矣。"[1] 人本身就具有四心：恻隐之心、羞恶之心、恭敬之心、是非之心。由此人心的四心，人们天然地获得了人性的四德：仁义礼智。因此，人心四端是仁义礼智四德的内在基础，仁义礼智四德是人心四端的外在表现。

在仁义礼智四德中，仁是最重要的。它是孟子所说的人性的核心，也是其学说不同于其他思想的关键之所在。从仁出发，孟子反对杨子的自私和墨子的兼爱等思想。"杨子取为我，拔一毛而利天下，不为也。墨子兼爱，摩顶放踵利天下，为之。子莫执中。执中为近之。执中无权，犹执一也。所恶执一者，为其贼道也，举一而废百也。"[2] 自私、兼爱等观点违背了仁爱大道。自私是非仁的。它只爱自己，而不爱天下。但当一个自私的人不被天下所爱的时候，他最终也无法爱自己。因此，自私违背了人的本性。与此不同，兼爱不仅爱天下之人，而且无差别地和平等地爱天下之人。但这种泛爱否认和抹平了人伦的亲疏和先后顺序，是一种不合乎人情的爱。孟子认为一种在自私和兼爱之中的爱是合乎中道的，是接近事物本性的。但执中不能执一，否则也将损害大道。只有仁才是合乎人的本性的，也是合于大道的。"仁也者，人也。合而言之，道也。"[3] 仁爱之人是一个具有人的人性的人。如果一个人是仁爱的的话，那么这就是合于

---

[1] 卷十一《告子章句上》6。
[2] 卷十三《尽心章句上》26。
[3] 卷十四《尽心章句下》16。

道的。

但什么是仁？同时，如何才能做到仁？人是爱人。但孟子认为爱人并不陌生和遥远，而是平常的和切身的，是从自己对于周边最亲近的人打交道开始的。这也就是亲亲。亲亲无他，就是爱自己有亲缘关系的人，也就是爱自己的亲父亲母。孟子曰："事，孰为大？事亲为大。守，孰为大？守身为大。不失其身而能事其亲者，吾闻之矣。失其身而能事其亲者，吾未之闻也。孰不为事？事亲，事之本也。孰不为守？守身，守之本也。"①

事是从事。人在世界中从事很多事情，既事人，也事物。人会忙碌于事务之中，而忘掉人生从事的根本事务。孟子强调，事亲是所有事情中最重要的事情。为何如此？在一切物中，人为最大；在一切人中，父母为最大。这在于人为父母所生，为父母所养。事亲就是侍奉父母双亲，对他们孝敬、服务、帮助。守是守护。守护是守护一个被守护物。一个事情之所以要被守护，一方面是因为它是已经存在的且为人所拥有，另一方面是因为它有被剥夺和伤害的危险。孟子指出，守身是所有守护中最根本的守护。守身就是守护自身的本性和本心，也就是良知，让它不会破坏和丧失。对于仁爱来说，事亲是首要事情；对于良知和良能来说，守身是最大的保障。虽然事亲是朝外的，守身是朝内的，但它们事实上是人性和人心的关系，相互关联，密不可分。因此，守身为事亲提供了良知良能的基础，同时，事亲是守身的仁爱显现。当然，孟子并不认为仁爱只是限于事亲，而是要遍及天下。他主张把事亲扩大化，亦即推爱。"老吾老，以及人之老；幼吾幼，以及人之幼。"②这就要求把他人的老幼看成是自己的老幼，并将自己对于亲人的爱扩展到对天下之人的爱。孟子在这里一方面强调仁爱就是事亲，这区别于兼爱；另一方面要求仁爱也是推爱，这不同于

① 卷七《离娄章句上》19。
② 卷一《梁惠王章句上》7。

自私。由此可见，仁爱是一种有差别的爱，但也是一种普遍性的爱。

孟子不仅用亲亲来规定仁，而且也用它来规定仁义礼智四德。孟子说："仁之实，事亲是也；义之实，从兄是也；智之实，知斯二者弗去是也；礼之实，节文斯二者是也；乐之实，乐斯二者，乐则生矣；生则恶可已也，恶可已，则不知足之蹈之手之舞之。"①

广义的义是指人实现人的本性的道路。因此，它表现为规范、要求和命令。义给人提供了一个绝对的界限，规定了哪些是人可以做的，哪些是人不可以做的。在这样的意义上，人的本性就是居仁由义。"居恶在？仁是也。路恶在？义是也。居仁由义，大人之事备矣。"②一个人要居住在仁爱的家园里，行走在道义的路上。当人如此行为的时候，他便具有了高尚的德行和伟大人物的品德。由此而来，义成为了人生在世的意义。一个理想的情形是，人的生命和道义的完全一致。这就是说，人的生命是合于道义的生命，同时，道义也是维护生命的道义。但在现实境遇中，生命和道义可能是冲突的。为了生命，人会放弃道义；但为了道义，人会牺牲生命。在这种两难选择中，孟子主张舍生取义。"鱼，我所欲也，熊掌亦我所欲也；二者不可得兼，舍鱼而取熊掌者也。生亦我所欲也，义亦我所欲也；二者不可得兼，舍生而取义者也。"③在个体性的生命和普遍性的道义之间，后者比前者是更重要的。与广义的义不同，狭义的义是从兄。兄是兄长，是大于弟的人。兄与弟相比，不仅在年龄上具有优势，而且在生活的其他方面具有优先的权利。弟的从兄就是对于这一等级顺序的认可。它表现为尊重、敬重，乃至服从、效劳。当然，从兄不仅具有家庭的意义，也具有社会的意义。

智就是智慧或者认识。但这里的智慧并非是关于一般事物的知识，而

---

① 卷七《离娄章句上》27。
② 卷十三《尽心章句上》33。
③ 卷十一《告子章句上》10。

是关于仁义的知识。这也就是说，智所作的是非判断只是关于仁义的是非判断，亦即什么是合乎仁义的，什么是不合乎仁义的。人不仅知道什么是仁义，而且知道如何坚持仁义。

礼就其本性而言是区分人际关系的秩序。但这种秩序在根本上也是由仁义所规定的。仁的事亲就标明了父子关系，义的从兄就确定了兄弟关系。不仅如此，仁义还划分了天下的其他关系。君臣如父子；朋友如兄弟。于是，礼是建立在仁义的基础上的。对于礼的遵守一方面是具有礼让之心，另一方面是具有礼仪之貌。这就使礼对于仁义具有调节和文饰的功能。

总而言之，孟子所说的人性的仁义礼智四德的核心是对于亲人的爱。仁义礼智四德之间的不同不过是人对于亲人的爱把握方式的不同而已。

3. 存心养性

孟子虽然认为人都具有善良的本心和本性，但指出这也只是一种可能性。只有当充分扩充本心的时候，人们才能真正地实现它，使其由可能性变成现实性。否则，人的善良的本心和本性就会永远远离现实性，甚至会由可能性蜕变为不可能性。孟子发现，在现实生活中人们往往丧失了本心和本性。"仁，人心也；义，人路也。舍其路而弗由，放其心而不知求，哀哉！人有鸡犬放，则知求之；有放心而不知求。学问之道无他，求其放心而已矣。"①让孟子悲叹的是，人放弃自身的精神家园和道路，宁可无家可归，而在荒野里漫游。让孟子更加悲叹的是，人能寻找和追回自己遗失的财物，但却不能意识到其本心和本性的丧失并重新获得它。人们都注重了学习，但孟子强调所谓的学问并不是追求关于一般事物的知识，而是寻找人们自己早已丧失的本心和本性。

孟子将人的这种丧失本心和本性的行为称为自暴自弃。"自暴者不可

---

① 卷十一《告子章句上》11。

论国学

与有言也，自弃者不可与有为也。言非礼义，谓之自暴也。吾身不能居仁由义，谓之自弃也。仁，人之安宅也；义，人之正路也。旷安宅而弗居，舍正路而不由，哀哉！"① 仁义作为人们居住的家园和行走的道路，是天赋的，是人自身本来就拥有的。故它们是人的本性和本心，是人的良知良能。如果人的本心和本性遭到剥夺的话，那么这既非天的意志，也非他人的行为，而是人自身所致。故这种行为是人的自暴自弃。所谓自暴，就是人自己残害自己的本性；所谓自弃，就是人自己放弃自身的本性。自暴自弃不过是人们不能守身，亦即守住自己的本性。当人们残害和放弃了自身的善良本性时，他当然就会否定仁义，而不能居仁由义，也不可能有善言善行。

在孟子看来，人的误区不只是在于对于本心本性的自暴自弃，还在于求道时的舍近求远，舍易求难。"道在迩而求诸远，事在易而求诸难。人人亲其亲，长其长，而天下平。"② 一般而论，近和远、易和难之间看起来是矛盾的，但事实上是先后相随的。这也就是先近后远，先易后难。如果人们舍近求远、舍易求难的话，那么这只会导致近成为远，而远上加远；易成为难，而难上加难。仁义之道当然有其近和远、易和难。但孟子认为它首先并不是远和难的，而是近和易的。这在于它们就是人们在日常生活中的事亲和从兄。这是人的良知良能、本心和本性，是人们已经居住在其中的家园和行走在其中的道路。人从此出发，便能通达天下，而使天下太平。但在追求仁义之道时，如果人们否认事亲和从兄等近和易的事情，而梦想一些远的和难的事情的话，那么他只能是背道而驰。他既不能实现远和难的事情，也不能完成近和易的事情，也就不可能真正行走到仁义之道上。

---

① 卷七《离娄章句上》10。
② 卷七《离娄章句上》11。

　　既然人们舍弃了仁义之道，那么当他就可能设定其他的事物作为自己的目标。孟子称之为以人爵替代天爵。"有天爵者，有人爵者。仁义忠信，乐善不倦，此天爵也；公卿大夫，此人爵也。古之人修其天爵，而人爵从之。今之人修其天爵，以要人爵；既得人爵，而弃其天爵，则惑之甚者也，终亦必亡而已矣。"①仁义礼智是天亦即自然赋予人的等级地位，因此是天爵；公卿大夫是人所设定的等级地位，因此是人爵。如果人们假天爵而得人爵，进而得人爵而弃天爵的话，那么人也彻底放弃了人的本心和本性，从而不仁不义。在此意义上，人也就不是人，而是非人了。

　　针对这种情况，孟子提出了一个最紧迫的任务：寻找人的本心和本性，也就是返回并居住到人自己的家园，行走在人自己的路上。既然人的本心和本性在于人自身，那么人就要返回人自身。"人有恒言，皆曰'天下国家'。天下之本在国，国之本在家，家之本在身。"②天下国家是关于世界整体及其不同构成者的描述。一般而言，天下大于国家，国家大于家庭，而家庭大于个人。但孟子认为，不是大者是小者的基础，而是小者是大者的基础。人自己才是世界整体及其不同构成者的根本。因此，天下国家问题的发现和解决都依赖于人自己。这不是向外而是向内寻找出路。

　　首先，那些不仁不义的人应该产生羞耻意识。"夫仁，天之尊爵也，人之安宅也。莫之御而不仁，是不智也。不仁、不智，无礼、无义，人役也。人役而耻为役，由弓人而耻为弓，矢人而耻为矢也。如耻之，莫如为仁。仁者如射，射者正己而后发；发而不中，不怨胜己者，反求诸己而已矣。"③孟子认为，一个有仁义的人是一个有家的人，因此是主人；相反，一个不仁义的人是无家的人，因此是奴隶。人们为不是作为主人而是作为奴隶的身份而感到羞耻，但这并不正确。真正的羞耻在此应该是意识到仁

———————

① 卷十一《告子章句上》16。

② 卷七《离娄章句上》5。

③ 卷三《公孙丑章句上》7。

论国学

元·佚名《松下儒讲图》

义礼智与非仁义礼智之间的界限，而为自己的超越界限而感到不安和痛苦。人们不能成为主人而成为奴役不是基于外在的原因，而是基于内在的原因。当人意识到是人自身丧失了自身的本性时，人就能够回到自身固有的仁义礼智的本性上来。

其次，那些具有仁义但没有获得效果的人也应该返回自己的本性而寻找原因。"爱人不亲，反其仁；治人不治，反其智；礼人不答，反其敬。行有不得者皆反求诸己，其身正而天下归之。"[1]比起那些非仁义的人，那些

---

[1] 卷七《离娄章句上》4。

追求仁义的人当然走向了正确的方向。但人的仁义可能会引起他人仁义的反应，也可能不会引起他人的反应。人的仁义之所以没有感动人，也许是因为他人外在的原因，也许是因为人内在的原因。但孟子强调人不应该责怪他人，而应该追问自己。这或者是心不太真，或者是心不太强。当人的心自身变得真诚和强大时，它自然就会感动人。这在于人性相同且相通，且人自身的仁爱会激起他人的仁爱。

最后，所有的人都应该从自我出发，行走在仁义的大道上。"万物皆备于我矣。反身而诚，乐莫大焉。强恕而行，求仁莫近焉。"① 孟子认为，人自身具备一切。这在于人的本心和本性具有良知良能，既有四端之心，又有仁义礼智四德之性。凭借如此，人能够知晓万物和操劳万事。因此，人自身是理解和把握万事万物的首要的通道。但如何回到自身？孟子强调了诚。诚是诚实和真诚。诚不仅是认识论的如实认识真理和伦理学的忠实的人格品德，而且也是人真诚地存在于真实之中。故诚的语意具有两种可能。一种是动词性的，即真实地去存在；另一种是名词性的，即真实的存在自身。当人反身而诚的时候，他不仅在实行一种诚实的活动，而且他也与真实的本心和本性同在。通过诚并在诚中，也就是人与诚的合一。这当然是最高的欢乐。欢乐不是其他什么东西，而就是合一。人不仅回到自身的本性，而且也走向他人。对于他人的仁爱在根本上就是宽恕。仁爱是奉献、保护和帮助；宽恕是让他人保持自身的差异性和独特性。可以说，仁爱和宽恕是相近的两件事情。

反身而诚是简明的求仁之道。它无非就是存心养性。孟子认为，正是通过这种个人自身的心性的修炼，人才能培养成一个真正意义上的人。而当一个人实现了理想人格的时候，他就成为了大人。"大人者，不失其赤

---

① 卷十三《尽心章句上》4。

论国学

子之心者也。"①大人既非小人，也非一般意义的人，而是伟大的人。但大人之伟大并非在于他具有崇高的地位和强大的权力，而是在于他具有伟大心灵。但大人之心却并不神秘和特别，而就是赤子之心。此心并非是虚无的和空洞之心，而是人天生的没有被遮蔽和遗忘的心。它就是人的本心，亦即四端之心。小人们失去了它，大人们却保有了它。大人之心就是人的所本有的仁义之心。故成为大人的途径并非向外寻找，而是从内发现。一旦找到了这颗赤子之心，那么人就成为了大人。因此，孟子认为人皆可以为尧、舜。这就是说，人人皆可成为大人。

人的心性的探求和修炼虽然是人自身的反省，但并非与天无关，而是事关天命。孟子认为，尽心是知性，同时也是知天和事天。"尽其心者，知其性也。知其性，则知天矣。存其心，养其性，所以事天也。 寿不二，修身以俟之，所以立命也。"②为何知道心就是知道性？这在于孟子所说的心性不二。人心是人性的核心和根本，心之四端是性之四德的本源。为何知道性就是知道天？这在于人的本心和本性并不是外在于天，或者对立于天，而就是天赋的。甚至可以说，人的本心和本性是人自身内在的天。既然心性是内在的天，那么它也会对应于外在的天。内在的天和外在的天都是同一个天。孟子除了指出心性和天的同一性外，还强调人的心性的修炼不仅是一个认识的过程，而且也是一个实践的过程。它是认识和实践的统一。与此相应，它不仅是知天，而且也是事天。

但天究竟意味着什么？在孟子看来，天既不是一个自然实体，也不是一个人格化的神秘存在，而是自然如此，本然如此。天是整个世界已然存在和将要存在的本性，甚至表现为一定的社会历史必然的规律。"天下有道，小德役大德，小贤役大贤；天下无道，小役大，弱役强。斯二者，天

---

① 卷八《离娄章句下》12。
② 卷十三《尽心章句上》1。

也。顺天者存，逆天者亡。"① 天下有道和无道是两种对立的社会历史状况。天下有道是道德的天下，天下无道是力量的天下。但天下有道和无道并非人为，而是天使之然，或者说事物本来就是这样。既然人要知天和事天，那么人就要顺天而为，而不要逆天而行。

人通过自身的心性的修炼而知天和事天，这是人安身立命的根本。命是什么？它是命令，是规定。天命就是天的命令，也就是自然的给予和安排。因为命运支配了人的生活，所以人不能拒绝和反抗它，而是要服从和遵守它。但人这种对于命运的态度并非完全否定了自身的选择，而只是要求消极地等待，接受好运和厄运的到来。相反，人要积极有为地与命运发生关联。"莫非命也，顺受其正。是故知命者不立于岩墙之下。尽其道而死者，正命也；桎梏死者，非正命也。"② 虽然命运是不可回避的，但人首先要知命，也就是知道哪些是好运，哪些是厄运，并懂得趋吉避凶。人其次要行命，依正命而为，去非命之行。同样是死亡，也有正命和非正命之分。有的死亡是合于命运的，有的死亡是不合于命运的。合道而死是正命，离道而死是非命。

孟子所说的心、性、天、命之间的关系最后集中到如何沟通天人。在天人之间，他认为唯一通达的道路只有诚。"诚身有道，不明乎善，不诚其身矣。是故诚者，天之道也。思诚者，人之道也。至诚而不动者，未之有也。不诚，未有能动者也。"③ 诚就是真实无虚。一方面，天就是真实，它是它自身而不是其他；另一方面，人思考追求真实，并且让自身成为真实的存在者。所谓人的真实就是人的本心和本性，亦即良知良能。当人自身的心性是真实的时候，他也就能感天动地，达到天地的真实，实现天人合一。相反，当人自身不是真实的，那么他就无法感天动地，不能契合天

---

① 卷七《离娄章句上》7。

② 卷十三《尽心章句上》2。

③ 卷七《离娄章句上》12。

论国学

地的真实，不会实现天人合一。

当然，除了存心养性知天之外，孟子也特别强调养浩然之气。"其为气也，至大至刚，以直养而无害，则塞于天地之间。其为气也，配义与道。无是，馁也。是集义所生者，非义袭而取之也。行有不慊于心，则馁矣。"①浩然之气是浩大之气和强大之气。但它既不是自然界中的空气，也不是人的身体中的呼吸的生理之气，而是作为人的生命力的气。这种气为人的心性所支配。当具有仁义礼智的时候，人则充满生气；当丧失了仁义礼智的时候，人则会泄气和无气。故浩然之气可称为正义之气。凭借于人的心性所固有的仁义，浩然之气获得了一种特别的力量，它不仅能充满人自身，而且能能贯通天地之间。这使浩然之气成为了无限之气。

孟子认为，志为气之帅，气为体之充。因为人的心和气规定并影响了人的身体，所以它们也会在人的身体上显示出来。"君子所性，虽大行不加焉，虽穷居不损焉，分定故也。君子所性，仁义礼智根于心，其生色也然，见于面，盎于背，施于四体，四体不言而喻。"②人的本性也就是仁义礼智。它是人固有的，故不增不减。人的本性不仅支配了人的内在，而且也作用于人的外在。它直接显现于人的面部、腹背和四肢形象和动作。在这样的意义上，一个美好的心灵就有一个美好的身体，而一个丑陋的心灵就有一个丑陋的身体。因此，人们通过身体的美好或者丑陋也可以窥见心灵的美好或丑陋。于是，身体的修炼如同心性的修炼一样也是人的修炼的一个重要环节。

通过对于心、气和体的培养，人就完成了对于人自身的整体的修炼工作。关于人的身心结构，中国思想一般区分为精（身）、气、神（心）三个方面。它们是身心整体的必要成分，缺一不可。虽然他它们之间相互影

---

① 卷三《公孙丑章句上》2。
② 卷十三《尽心章句上》21。

160

响，但心神却是主宰性的。孟子所说的人的心、气和体三个方面的修炼正吻合于中国思想关于身心结构的一般理论。他一方面注意了身心的整体构造，另一方面倡导了心性的道德主宰。

对于成人之道，孟子除了强调人自身的心、气和体的修炼之外，还特别重视人外在困境的磨炼和忍耐。"故天将降大任于斯人也，必先苦其心志，劳其筋骨，饿其体肤，空乏其身，行拂乱其所为，所以动心忍性，曾益其所不能。人恒过，然后能改。困于心，衡于虑，而后作。征于色，发于声，而后喻。入则无法家拂士，出则无敌国外患者，国恒亡。然后知生于忧患而死于安乐也。"①孟子将这种生命的历练看成天和人的事情。从天的方面而言，当它造就一个人才的时候，要让人的身心饱受磨炼，而培养出伟大的心性；从人的方面而言，当他从事非凡事业的时候，必须忍受各种折磨，使身心变得刚强和坚毅，而获得强大的力量。

这样一种既有内在修炼又有外在磨炼的人，孟子称之为大丈夫。"居天下之广居，立天下之正位，行天下之大道；得志，与民由之；不得志，独行其道。富贵不能淫，贫贱不能移，威武不能屈，此之谓大丈夫。"②大丈夫就是伟大的人物。人们一般认为他们就是那些英雄们，具有一些无畏勇敢的行为，而叱咤风云、可歌可泣。但孟子所说的大丈夫是那些具有仁义的人。他们之所以大，是因为他们具有人最伟大的本性，亦即仁义礼智。仁是天下之广居，礼是天下之正位，义是天下之大道。凭借仁义礼智，他们是天地间一堂堂正正的人。因为他们与道同在，所以他们不在意是否得志，而能做到达则兼济天下，穷则独善其身。于是，他们不会为外在的各种境遇而改变自身的人格。

孟子认为，就那些具有高尚人格的人而言，他们也不是完全同一的，

---

① 卷十二《告子章句下》15。
② 卷六《滕文公章句下》2。

而是具有差异的。"可欲之谓善，有诸己之谓信，充实之谓美，充实而有
光辉之谓大，大而化之之谓圣，圣而不可知之之谓神。"①孟子将人区分为
善、信、美、大、圣和神六种类型。他们都是仁义之人，而不同于非仁义
之人。但作为仁义之人，他们对于仁义实现的程度却有高低不同。善人是
善良的，是好人。因为他爱人，所以他也被人爱，是可欲的、令人喜欢
的。信人则是其自身具有善良的本性。他是真实不虚的，故也是令人可信
的。美人则是人的善良本性充分完满实现的人。他是完美无缺的。美人在
此不是外在形象的完美，而是内在道德的完善。大人是其本性光辉闪耀的
人。大人之大是扩大，也就是其本心和本性的扩大。通过如此，其美德不
仅藏诸内而且形诸外，并显现于世，如同光芒照射万物。圣人是一种特别
的人，他不仅能显现其德，而且能通化其德。圣人将自身之德转化为天下
之德，而融化人我和天人。至于神人，他虽然仁爱天下，但是神秘的，不
可知的。其人之道如同天之道一样，既显现又遮蔽。善、信、美、大、圣
和神作为六种不同的人格类型，是一个从低到高的序列。在前后相随的两
种人格类型中，前者是后者的基础，后者是前者的上升。善人是最低理
想。这在于人的本性就是善，作为一个人就是去作为一个善人。神人是最
高理想。这在于神人与天合一，而天是最高的存在。

四、《大学》

《大学》②在宋明儒学中占有非同寻常的地位，被称为初学入德之门。
门是一个事物的开端和起点。人们只有入门，才能找到正确的方向和道
路。故门看起来是简易的，但实际上是重要的。《大学》作为初学入德之

---

① 卷十四《尽心章句下》25。
② 以下所引《大学》文本见王文锦译解：《礼记译解》，北京：中华书局，2001年。

门，意味着人们通过对它的学习可以进入到一条通达道德的大道。何谓《大学》？《大学》非童蒙之学问，而是大人之学问。大人乃成人。但成人之成并非是指在生理发育上的成熟，而是指在道德心性上的完成。这也就是说，一个成人是成为了一个具有真正人性的人，是一个完成了的人。关于大人的学习或者教育，并非是某种专业技术的教育，而是人性的基本修炼和培养。人性的教育是一切教育中最根本的教育，人性的学问是一切学问中最伟大的学问。在人性的教育过程中，当人获得和显明了自身的人性之后，他便不再是小人，而是成为了大人，也就是君子。

《大学》所揭示的正是大学之道。大学有道。一方面，大学之道是关于人的人性的基本规定，亦即关于成人的智慧；另一方面，大学之道上关于如何获得这种智慧的步骤。《大学》将人的智慧及其获得的步骤分为三纲八目，即"明明德"、"亲民"、"止于至善"三纲，"格物"、"致知"、"诚意"、"正心"、"修身"、"齐家"、"治国"、"平天下"八目。

1. 三纲

"大学之道，在明明德，在亲民，在止于至善。"这就是人们一般所说的《大学》的三纲，亦即三个纲领性、关键性的观念。

大学之道首先在明明德。

明的本意是光明，而区别于黑暗。当光明驱散黑暗的时候，它就成为了照明。当事物由黑暗之中而站立在光天化日之下的时候，它就是显明自身。当人理解事物自身的意义的时候，他就是明白了。在此，作为"明明德"的第一个明是动词性的。它的完整的表达应该是：人要去明人自身的明德。它意味着人不仅要明白和理解人自身的明德，而且也要显明和表现人自身的明德。

德是德性，是人自身的本性。它被理解为在人身上已获得和已实现的道。此德不是后天附加的，而是先天就有的。故此德为本德。但人的本

论国学

德如何？本性如何？对此，中国历史上有不同的学说。有性无善恶说，有性善说，有性恶说，还有性可善可恶说。但《大学》主张性善论。它认为，人的本德为明德，为光明的德性。一种光明的德性就是善良的德性。

明明德强调的无非是要明白和显明人自身固有的光明的德性。明德固然是作为人的本性，但这只是一种可能性。这意味着人可能去实现这一光明的本性，也可能不去实现这一光明的本性。如果人的明德始终如一地显明自身的话，那么人就不需要去明明德了。但人们之所以要明明德，正是因为"明德"常常是被遮蔽的。当明德被遮蔽的时候，它的光明就会变成黑暗，由此出现缺德或者无德。于是，明明德是对于"明德"的各种遮蔽物的去除。只有通过去除，人才能显明自身本性的"明德"。

人已显明的光明的德性并不是抽象的，而是具体的。它其实就是一个人作为一个人的基本的规定，是儒家所说的仁义礼智信等。此外，既然德和道具有内在的不可分割的关系，那么明"德"同时也是明"道"。因此，人不仅要明自身之德，而且要明天下之道。当然，对于儒家而言，天下之道是社会之道，而不是道家的天地之道，亦即自然之道。

其次在亲民。

民就是民众。但民不是现代意义的公民。公民能自己规定自己，知道并实现自己的权利和义务。相反，民是传统意义的臣民。在君臣的关系之中，臣民是被君主所统治和治理的。在此，亲民者和民众虽然不是君臣关系，但也是一个统治者和被统治者的关系。在这种关系中，民是亲民者的一个对象，亲民者是民的一个主体。

亲民者和被亲民者的关系聚集在亲的行为上。但何为亲？对于亲的意义，历史上有两种不同的解释。一种认为它就是亲爱，是一种仁爱之心。所谓亲民，就是亲爱于民，是亲民者去爱人民。另一种认为它是自新。所谓亲民，就是亲民者通过自己的道德更新让人民的道德也自我更新。这两种解释在《大学》中都可以找到依据。就前一种说法而言，就有"君子贤其贤而亲其亲"。在此，亲就是亲爱。就后一种说法而言，就有汤之《盘铭》曰："苟日新，日日新，又日新。"《康诰》曰："作新民。"《诗》曰："周虽旧邦，其命维新。"在此，如果新就是亲的话，那么亲也就是更新。这两种解释虽然可以为不同的思想主张提供其资源，但其实也并行不悖。它们都关涉到亲民者和被亲民者的关系。如果亲作亲爱来讲的话，那么它是关于大人自身的动机和行为；而如果亲作亲民来讲的话，那么它是关于民众的行为和结果。这其实是对于同一事物相关两个方面的说明。

再次在止于至善。

止是停止，是停于某处。但停留某处并不是保持自身同一的绝对的静止不动。相反，停止某处是到达某处。它必须通过在道路上行走而实现。故止可以说成是到达且居住于某个地方。但对于大人或者君子来说，不是停止于一个一般的地方，而是于一个特别的地方。这个地方是人追求的最后的目的。因此，它是最高的地方和最远的地方。《大学》认为，这个地方不是一个随意的地方，而是至善。故它强调要止于至善。善是好。但至善不是一般的好，而是最大的或最高的好，是绝对的好。它在儒家那里表达为仁爱。至善作为一个特别的地方，它是人在其存在中所能达到的最高和最远的地方。于是，它是人的目的，也就是目的地。它作为人的所归之处，但反过来也是所来之处。只有到达并居留在这个地方，人才能获得自身的规定性。《大学》将这具体化为："为人君，止于仁；为人臣，止于敬；为人子，止于孝；为人父，止于慈；与国人交，止于信。"这其实是儒家关于人在现实世界中作为不同角色所应遵守的相应的具体的伦理道德规范。人在生活世界里，就是置于一个伦理关系之中。其中主要的关系就是君臣、父子和兄弟关系。在这样一个关系中，每个人有其自身的独特的身份和位置，并拥有自身存在的根本的规定性。人意识到并实现它，便是达到了其最高目的，也就是止于至善了。虽然君臣、父子和兄弟每人的根本规

论国学

定性不同，但它们都是仁爱的不同形态。故所谓至善就是仁爱，而止于至善就是实现和完成仁爱。

就三纲自身而言，它们三者之间是一个什么样的关系？一般认为，明明德是关涉自身的，甚至是个人心性的；亲民则是关涉他人的，是与世界交往的。但明明德和亲民作为内外关系不可分离，而是一体两面。明明德者必亲民，这在于内在必须向外在去实现；而亲民者必明明德，这在于外在必须以内在为前提。而明明德、亲民都要止于至善。因此，止于至善是明明德、亲民两者的目的。在这样的意义上，《大学》的根本宗旨就是止于至善，这在于唯"至"能"大"。如果能作如此理解的话，那么明明德和亲民不过是止于至善的两个方面。但止于至善并不外在于明明德和亲民，而是内在于这两者。当明明德的时候，人就止于至善了；当亲民的时候，人就止于至善了。止于至善事实上是明明德和亲民的内在目的。但三纲其实都统一于仁爱之中。明明德是显明人自身的仁爱之德；亲民是施仁爱于民或以此让民自新；止于至善不过是达到仁爱这一最高目的。

于是，"止于至善"对于人性的教育具有规定性的意义。人们必须知道这个唯一的最高的目的。"知止而后有定，定而后能静，静而后能安，安而后能虑，虑而后能得。"知止不是要人意识到停滞不前，不如说，它正是让人的心灵回到了自身并且可能去思考。人知道了目的地，也就能确定自己志向，由骚动达到宁静，获得自身的平安，并能思虑事情，最后心有所得，也就是达到了关于事物本性的思考。

《大学》认为，"物有本末，事有终始。知所先后，则近道矣。"在这里，道是道路和过程，它有其开端、中间和完成，也就表现为本末、始终、先后。大学之道当然也有自身的道路和过程。它就是三纲。其中，至善是大学之道的根本。知道至善并"止于至善"则是正确地行走在大学之道上。因此，它是纲中之纲。

2. 八目

三纲具体化为八目。"古之欲明明德于天下者，先治其国。欲治其国者，先齐其家，欲齐其家者，先修其身。欲修其身者，先正其心。欲正其心者，先诚其意。欲诚其意者，先致其知。致知在格物。物格而后知至，知至而后意诚，意诚而后心正，心正而后身修，身修而后家齐，家齐而后国治，国治而后天下平。自天子以至于庶人，一是皆以修身为本。其本乱而末治者，否矣。其所厚者薄而其所薄者厚，未之有也。此谓知本，此谓知之至也。"

因为八目是三纲的具体化，所以它们两者之间存在着一种对应的关系。如前所说，"止于至善"是三纲之中的纲中之纲。它包括了"明明德"、"亲民"两个子纲，它们下统格、致、诚、正、修、齐、治、平八个德目。八目以修身为中心，分别说明了三纲。致、诚、正阐释了第一个子纲"明明德"，齐、治、平描述了第二个子纲"亲民"。这两者的实现，正是第三个子纲"止于至善"的完成。

就八目自身而言，它有本末之分，也就是先后之分。在先后相随的两个德目中，先为本，后为末。但本末是相对的。在八目之中，如果一个德目与先相较的话，那么它是后，故是末；但如果它与后相较的话，那么它是先，故是本。《大学》一方面从后回到先，强调后决定于先；另一方面从先走到后，指出先奠定了后。总之，本重于末。依此规定，《大学》从先到后细致地阐明了获得智慧的不同阶段及其内容。

至于八目的先后顺序，人们在历史上也有不同的看法并产生了争论。朱熹认为，只有格物之后，也就是探明了万物之理之后，人们才可能诚意。因此，他将格物放在诚意的前面。但王阳明反对这样的说法，他认为无诚意也就是无真知，于是，他认为诚意必须置于格物之前。朱熹和王阳明关于《大学》的争论在根本上源于他们哲学观念的不同。前者偏重于万

论国学

物之理，后者偏重于人类之心。但我们在此只是考虑《大学》文本一般所固有的顺序。

第一，格物。物有多重的语意。一般而言，它指一切不是虚无的存在者。在中国人的存在观念中，存在者的整体可以区分为天地人，包括了人的身体和心灵。由此而来，物可以说成是天地万物。但在存在者整体中，物还获得了一些特殊的意义。在物与人的关联中，物是人身体之外的存在者，因此，物等同于人外之物和身外之物。在物与心的关联中，物不同于人的心灵，因此，物就是心外之物。虽然《大学》对于物没有明确的规定，但物大致可以说成是心外之物。在这样的意义上，物不仅意味着一切自然物，而且还意指了所有社会物，也就是人物和事物。当人格物的时候，他用心与心外的一切物打交道，也就是和天下的万物打交道。但对于儒家而言，物主要不是在自然意义上的，而是在社会意义上的。物是在生活世界中的人物和事物。这具体地表现为君臣、父子、兄弟、夫妻和朋友之间的发生的事情的总和。

但人与物打交道的"格"究竟意味着什么？历史上有人将格理解为格斗，是人与物的斗争。格从而变成了格杀，是人对于物的排除或者消灭。通过这样的过程，心灵成为了纯粹的心灵，意识达到了纯粹意识。这种理解是一种道家化的理解。它既不吻合先秦儒家对于人的认识中的心与物关系的看法，也不切中《大学》中对于种种物的态度。格的真正意义是：探求，追究。于是，格物就是探究事物自身存在的道理。由此可以说，格物是人与物在生活世界中的共在。一方面，人熟知物，理解物，去把握事物的意义；另一方面，物向人显现和敞开，将自身隐秘的本性揭示出来。

第二，致知。知是知识，致是达到或获得。通过格物，人们获得了知识。知识虽然是心灵活动的产物，但不是空洞的心灵自身，而是心灵对于物的把握。故知识总是关于物的知识。在最高的意义上，知识是对于物之道的认识。因此，知识的本性规定是知"道"。人知道什么？知道什么是有，什么是无。这也就是知道什么是存在的，什么是虚无的。当一种知识知道了存在的真相的时候，它是真知；当它不知道存在真相的时候，它是无知；当它遮盖了存在的真相的时候，它是假知或者是误知。一种真知也就是一种真理，它能指引人生活的道路。

致知作为知识的获得，正是从无知到知识的飞跃，从假知到真知的转变。这意味着，知识不是人先天固有的，而是人后天学习的。

第三，诚意。相对而言，如果说人在格物致知时是主要是注重外在事物的话，那么他在诚意的时候则偏向于内在心灵自身。意是心意。虽然意是人的心灵的活动，但它具有意向性，也就是指向一个事情。对待这一事物，人会产生并怀有某种态度。但人的态度有真实和虚假之分。

诚意意味着心意要诚实，要真实地显现自身，不要遮盖和欺骗自己。"所谓诚其意者，毋自欺也。如恶恶臭，如好好色。此之谓自谦。故君子必慎其独也"。这就是说，一个人要真实地表达自己对于事物的心意。厌恶就是厌恶，喜好就是喜好。人不要掩盖自身的心意，既不要把厌恶表现为喜好，也不要把喜好表现为厌恶。否则就是自欺欺人。但人不仅不要欺骗自己，而且也不要欺骗他人。这在于，人的内在的东西会外在地表现出来。他人能透彻地观察自己，如同自己能透彻地观察自己一样。诚意就是真实地、如实地表达自身的心意。

第四，正心。心是心灵，正是校正或者修正。如同诚意一样，正心也是关于心灵自身的修养。但诚意主要要求心灵要真实，不要虚伪，而正心则要求心灵保持其自身，不要被外物所支配。

在现实生活中，心灵总是和外物发生关联，并会鉴于外物的影响而产生相应的态度。但不管这些态度是消极的，还是积极的，它们都破坏了心灵自身的纯正。"身有所忿懥，则不得其正，有所恐惧，则不得其正，有所好乐，则不得其正，有所忧患，则不得其正。"这里所说的忿懥、恐惧、好乐和忧患是人的情感和情欲的表现。它们是情态性的，但也是意向性

论国学

的。人的情感总是指向外物并为它所动。如人为一个事物而高兴，为一个事物而痛苦。当心灵为外物所影响的时候，其本性就无法保持自身。如果心灵丧失了自身的纯正本性的话，它就不可能发挥自身的作用，也就是不能如实地意识所感知的事物的存在。"心不在焉，视而不见，听而不闻，食而不知其味。"当心灵不在场也就是不关注的时候，人的感官即使在感觉，也感觉不到感觉物。为何如此？这在于人的心灵已被他物所牵引，由正变邪，而导致其感觉和感觉物的分离。如果心灵不能作为心灵去活动的话，那么人也就成为了无心之人。一个无心之人当然不是一个真正意义上的人。

正心是修正心灵。它让一个不正的心灵回归到纯正本心自身。这里关键的是区分心灵自身和它的情感表现，也就是区分心性和心情。人要保持心性，而要消除心情。但对于心情的去除，又在于人要让心灵摆脱外物的影响。唯有如此，心灵才能回复其正位，拥有其本性，也才能洞察一切。

第五，修身。当正心主要是克服外在事物对于人的影响的时候，修身则是强调人要摆脱自身对于外在事物的好恶偏见。

这里的身并非作为与心灵相对的肉体，不如说是那个具有肉身性的个体的存在。身表明了人和他人的不同，并因此是作为人自身。但这个个体自身具有一个个体化的立场，并往往成了人们观看外在事物的一个独特的视角。"人之其所亲爱而辟焉，之其所贱恶而辟焉，之其所畏敬而辟焉，之其所哀矜而辟焉，之其所敖惰而辟焉。故好而知其恶，恶而知其美者，天下鲜矣。"人们一般是从自身既有的立场和视角出发，将自己的爱恨投射到所爱恨的事物上去。相反，人们很难从事物自身出发，分辨其可爱和可恨的地方。如果这样的话，那么人们就不辨是非，不分善恶了。

所谓的修身在根本是就是修理个人，亦即去掉人自身的既有的立场和视角。人要放弃自身的先见和偏见，要从事物自身出发，实事求是去把握。在此基础上，爱其所爱，恨其所恨。这样一种人和世界的关系才是一

170

种真实的关系。

第六，齐家。如果说修身的中心还限定于个体自身的话，那么齐家则考虑的是个体和他人的关系，并首先是与家的其他成员的关系。

家不仅是一个家庭，而且也是一个家族。家是以血缘关系为纽带的生命共同体。它具有自然性，但也有社会性，而且是社会最基本的单位。在一个家庭中，最基本的关系是父子、夫妇和兄弟关系。

齐家不是让家庭或者家族整齐如一，而是让其中的成员在一个固有的结构中各在其所，并恪守相互之间的既定关系。在一个家庭中，成员之间的关系并非是平等性的，而是等级化的。父母与子女之间乃至兄弟姐妹之间有上下长幼之分，亦即有尊卑之分。因此，每个成员对于其他成员的关系便是差异性的。儒家将其分别确定为孝、弟和慈等。孝是子女对于父母的孝敬，弟是小弟对兄长的敬重。慈则是父母对于子女的慈爱。虽然孝、弟和慈具有相互依存性和对等性，但首先是下对于上的关系，然后是上对于下的关系。这种关系也可以扩大化。"孝者，所以事君也；弟者，所以事长也；慈者，所以使众也。"这就将家庭伦理变成了社会伦理。

第七，治国。这里的国并非现代意义的民主国家，而是传统意义的王国。在这样一个国家里，君王统治，臣民被统治。君臣关系是国家中最主要的关系。王国的历史形成了王朝。一个朝代向另一个朝代的转变便是改朝换代。

所谓治国是治理国家。显然，不是所有公民参与国家的管理，而是君王等统治者对于民众亦即被统治者的管治。因此，所谓治国表现为上治下，少治多。但人们如何治理国家？对于《大学》来说，治国如同齐家那样。这在于儒家认为家国同构，都具有上下长幼的等级序列。一个国家不过是一个家族的扩大化而已。君臣关系在根本上就是父子关系。于是，治国的原则在根本上也是齐家的原则：孝弟慈爱等。当治国者带头实行齐家的原则的时候，广大民众也会跟随并仿效。"上老老而民兴孝，上长长而

论国学

民兴弟，上恤孤而民不倍，是以君子有絜矩之道也。"当齐家的原则在国家内得到普遍贯彻的时候，治国的目的也就实现了。

一方面，治国所采用的齐家原则主要是处理人与人之间的关系；另一方面，德本财末的思想则主要是处理人与物的关系。一个国家的生存和发展必须依赖于物质财富的生产和聚集。但财富是民众创造的，而民众则为道德所感召。因此，《大学》强调："君子先慎乎德。有德此有人，有人此有土，有土此有财，有财此有用。德者本也，财者末也。"德本财末的思想虽然要求不以利为利，而以义为利，但并不是完全以德替财。它不过是指明先德后财。君子好财，取之合德。

总之，《大学》所说的治国理念不是依法治国和以法治国的思想，而是一种典型的以德治国的思想。

第八，平天下。如果说治国主要是治理自己所属的民族国家的话，那么平天下则是如何对待其他民族国家的问题。

天下是在天空之下，也就是在大地之上。天和地并不是无限的，而是有限的，因此，人们便有"天涯海角"、"天边内"和"天边外"的说法。天地的限度并非它自身的限度，而是相关于人们所看到和所知道的天地的限度。在此限度或者边界内，一切民族国家便构成了"天下"。在这样的意义上，天下是一个有限的自然性的世界，是一个地缘政治的集合。

平天下不过是将治理自己国家的原则变成天下的普世原则而已。但平本身包括了复杂的意义。它既可以说是平定，使动乱归于和平；也可以说是达到公平，实现公正和正义。于是，平天下是让天下太平，让天下公平。这也就是让天下大道流行，实现大同。

如前所述，八目和三纲存在一个大致的对应关系。致、诚、正阐释了明明德，齐、治、平描述了亲民。这两者的实现，正是止于至善的完成。但在八目之间还存在更为复杂的关系。虽然每一个前者和后者之间为本末关系，但这不是说唯有本才是重要的，而末是无足轻重的。相反，在本末之间，本是开端，末是完成。作为如此，末不仅把本作为一个环节纳入自身，而且还丰富了本并超出了本。于是，作为八目的最后一目的平天下就是其前面七目的充分完成和聚集，也是明明德、亲民和止于至善的全部实现。在这样的意义上，平天下就是明明德于天下、亲民于天下、止于至善于天下。如果没有明明德、亲民和止于至善于天下的话，那么人们也不可能平天下。只有当明明德、亲民和止于至善于天下的时候，人们才可能平天下。

3. 原则和方法

《大学》的三纲八条实际上讲的是儒家的内圣外王之道。明明德是内圣，亲民是外王，止于至善则是内圣外王的最高理想的实现。虽然人们一般认为，内圣外王是中国传统思想中儒道禅三家共同追求的目的，但只有儒家，特别是《大学》将它表达得最为典型。这在于《大学》提供了一套内圣外王的原则和方法。

但何谓内圣？内是就一个人自身而言，尤其是就其内在的心性而言。圣意味着获得了最高的道。一个得道的人也就是一个有德的人。因此，圣人是一个具有最高道德的人。这里的道德不仅有伦理的意义，而且有知识的意义。这也就是说，圣人作为具有最高道德的人也同时是具有最高智慧的人。所谓智慧就是知道，是对于道的倾听和言说。对于人而言，道作为其自身是已经预先给予的，并存在于万事万物之中。于是，对道的理解不过是人的心灵对道的敞开和虚怀接受而已。在《大学》这里具体表现为格物、致知、诚意和正心等程序的心性的修炼而达到修身。它们正是一个知道、体道和合道的过程。

何谓外王？外指人与外在的关系，也就是与他人和世界的关系。王不仅意味着最高和首先，而且意味着统治和统一。一个王者不同于霸者。后者是借助于武力或者暴力征服世界，与之相反，前者却是依赖于道德和智

论 国 学

慧来感化百姓。这种王道的实行的关键点在于，王者自身是道德和智慧的榜样，他召唤百姓也不断地获得道德和智慧。基于如此的理由，王者将个人的心性修炼转变成全体民众的心性修炼。在这样的基础上，正如《大学》所言，一个王者就不仅能齐家，而且也能治国平天下。王者不仅使自己成为了国王，而且也使国家成为了王国。

何谓内圣与外王的关系？一些观点认为，内圣和外王并没有必然的关系。因为内圣未必外王，而外王未必内圣。这在中国的历史上可以找到许多例证。如一些儒家的圣人并没有成为帝王，同时，一些帝王未必就是儒家的圣人。但《大学》的内圣外王的原则并非是对于历史的描述，而是关于大人人格的理想的构建。正是在这样的范围内，《大学》所说的内圣外王便是密不可分的，甚至可以说成是一个事物的两个方面。一方面，内圣是外王的基础和根据；另一方面，外王是内圣的开显和完成。

但《大学》所主张的内圣外王有它明显的限度。内圣作为最高的道德和智慧的获得是在格物、致知、诚意、正心等过程中完成的。虽然这可以分为物与心两个方面，但它始终建基于心灵自身的活动之中。因此，内圣的关键是心灵保持为自身，也就是意诚和心正。这样的心灵是纯洁的，是原初的。当心灵如此呈现的时候，它就能获得最高的道德和智慧。但这种最高的道德和智慧是从哪来的呢？它要么是心灵自身本有的，要么是事物向心灵所呈现的。总之，最高的道德和智慧是自然为心灵所赋予的。在这样的意义上，内圣不过是回复到一个最初的心灵而已。但由内圣而外王却是最初心灵的扩展，它表现为齐家、治国、平天下。如何齐家、治国、平天下？它们都在于心。于是，这可以表述为以心齐家、以心治国和以心平天下。但心在此具体化为以孝道为本的道德，以心外王也就成为了以心化人的王道。不过，外王关涉到一个现实世界。一个现实世界的创造和改变绝对不只是一个心性的修炼问题。同时，家、国和天下虽然具有某种意义的同构特点，但它们绝对不是完全同质的，而是异质的。正如国不同于家一样，天下也能等同于国。由此，外王是否能够真正的实现是有疑问的。

《大学》的内圣外王之道的原则同时也包括了知行合一的原则。对于《大学》，历史上有人片面地强调其知识性，认为格物是根本，也有人片面地强调其行为性，认为诚意是根本。其实，在《大学》这里，知识和行为是统一的。这在于，知识是知道，行为是行道。而《大学》的道是人类之道，也就是人如何作为一个人去存在的道理。从道出发，知行是合一的。鉴于这种关联，知识具有独特的本性。知识不仅认识外在，而且认识内在。不仅要认识外物，而且要认识心灵。只有当心灵回到心灵自身的时候，它才可能去认识事物之道。这种认识过程表现为知止、定、静、安、虑、得等。当然，《大学》不仅注重认识，而且注重行为。《大学》的行为并非是一般的物质生产活动，而是人的道德实践活动。行为既不是外在于知识的，也不是去补充知识的，而是知识自身的完成和现实化。这也就是说，一种关于人的真正的知识必然指导人的存在并变成人的行为，从而成为了伦理。它既规定了人与人的关系，也规定了人与物的关系。

此外，《大学》的内圣外王之道的原则还包括了人我合一原则。这里的我不是一般意义的我，而是一个修身的我。因此，他是被道德和智慧所规定的自我。这就是说，我不是从个人的欲望出发的，而是从道德和智慧出发的。这里的人是指我之外的其他人。他们是家人、国人和天下之人等。《大学》所主张的人我合一主要是强调了人我共在的事实，也就是大家都生活在一个家中，一个国中，一个天下。不仅如此，人我共在还意味着大家都被家庭关系亦即孝道所规定。但在人我共在的关联中，人我仍然是有差异的，甚至是有等级的。这表现为上下、尊卑的不同，并具体地化统治者和被统治者的主被动关系。我是齐者、治者和平者，人是被齐者、被治者和被平者。

《大学》不仅提出了内圣外王之道以及相关的知行合一人与我合一的原则，而且还指出了达到这一理想人格的具体的程序和步骤。正是因为它

论 国 学

提出了修身的指针，所以它才成为了儒家的初学入德之门。

《大学》的三纲的明明德、亲民、止于至善已经纲要性地指出了先内圣后外王的基本程序，八目的格物、致知、诚意、正心、修身、齐家、治国、平天下则更细致地描述了内圣外王之道的每一个环节及其相互关系。它以修身为中枢环节，向身内和身外两个向度展开。就人的身内而言，要格物、致知、诚意、正心，由此以明明德；就人的身外而言，则要齐家、治国、平天下，由此以亲民。

当然，八目自身还包括了更为复杂的关系。格物、致知主要是人与外物的关系，诚意、正心主要是人与自身心灵的关系。对物和心的把握为人的修身奠定了基础。从修身出发，人齐家、治国、平天下，这是心性的实现和扩充。从个人、到家族，再到国家，乃至天下，范围越来越大，目标越来越远。内圣终于成为了外王。

在八目之中，其中相邻的两个环节存在先后关系。每一个居先的条目是居后的条目的必要条件。没有前者，就没有后者；唯有前者，才有后者。同时，每一个居先的条目和居后的条目都构成递进关系。不仅要有前者，而且要有后者。只有当最后的条目实现，也就是八个条目全部完成的时候，内圣外王才获得了充分条件。

但在八目的首尾条目中还存在一种隐秘的关联。第一个条目是格物，最后一个条目是平天下。但格物和平天下有什么关系。物作为存在者包括了事物和人物，因此就是天下之物；天下作为世界就是大地上的人和物，因此就是物的天下。故物与天下虽然是差异的，但也是相同的。在这样的意义上，我们甚至可以说，格物就是格天下，平天下就是平物。于是平天下作为最后的条目并非远离了作为第一条目的格物。毋宁说，平天下是对于格物的回归。但这并非是简单的重复，而是一种自身的更新。一方面，从格物到平天下是将认识变成了行为，将内圣转化成了外王；另一方面，从平天下到格物是将行为变成了认识，将外王转化成了内圣。这一尚未充分意识到的八条目的循环关系表明了内圣外王之道不是有限的，而是无限的。

五、《中庸》

《中庸》[①]在儒家的智慧中具有特别的意义，人们甚至认为它是孔门传授的心法。但它不是禅宗的不假文字，以心传心，一种心灵觉悟的法门，而是儒家丰富而复杂的学说的中心和内心。这在于它是儒家的道论，是孔子的学生们所不可得而闻的性与道。因此，它不仅成为了新儒家最重要的经典之一，而且也为中国历史上的道家和佛家所重视。人们一般认为，《中庸》的基本内容就是中庸和诚，但这并没有切中它的核心。《中庸》最根本的旨意是阐释道自身及其表现。中庸和诚并不是道的众多特性中的两种特性，而是道自身的本性。这意味着，道就是中庸，道就是诚。作为如此，道一方面显现为天道，另一方面显现为人道。当从人道尽天道时，人也就是行走在中庸之道和诚之道上，并能达到理想的天人合一的境界。

1. 道

道是中国智慧的核心语词和根本主题，儒道禅在不同方面对于它都进行了揭示。但《中庸》对于道有独特和具体的说明："天命之谓性，率性之谓道，修道之谓教。"此处的天并非只是天空，而是天然、自然。命是命定和命运。天命是自然的规定和安排。但它不是作为一个独立的实体外在于事物，而是内在于事物，就是事物自身自然而然的本性。但性不仅是物之本性，而且也是人之本性。沿着本性所敞开的道路而行正是道。在这样的意义上，道不仅具有名词的特性，而且也具有动词的特点。道不仅是

---

① 以下所引《中庸》文本见王文锦译解：《礼记译解》，北京：中华书局，2001 年。

论国学

道路，而且也是行道，也就是开辟道路和行走道路。就行道自身而言，不仅天行其道，而且人也行其道。这就表明，道包括了天道和人道，是这两者的结合和聚集。但修道主要不是天道，而是人道。它强调人们不仅要行道，而且还要以道来教化和教育。但道之教是以道的思考和言说为基础的。因此，道自身必须在人的思考和言说中表现为教理，人们才能教育和教化。基于上述分析，《中庸》对于道的理解为：道是自然的本性；一方面是天道，另一方面是人道；人要行走在道上。

与一般对于道的论述不同，《中庸》特别凸显了道的神秘性。神秘一般是指事物是神奇的和秘密的。所谓神奇，意味着它非同寻常；所谓秘密，是指它不可知晓。道如同"上天之载，无声无臭"。天在运行，但它没有声音，没有气味，是不可感知的。天自身的显现就是遮蔽。道也如此。它没有声色，故不能听见和看见。虽然道是存在的，但它自身却如同虚无。然而，这个虚无的道确是真实存在的。

不过，道的这种神秘性并非立于彼岸世界，而是就在此岸世界。如果道就在彼岸世界的话，那么它就与人没有任何关联。它既非平常的，也非神秘的。不如说，它是没有任何意义的。道的神秘性就在于它立于此岸世界的平常性。一方面，道是惯常的和熟知的，无处不在，且无时不在。另一方面，它又是隐蔽的、无形的。道是一个熟悉的陌生者，或者是一个陌生的熟悉者。这就是道的神秘之所在。《中庸》认为，道的特性如同鬼神的特性一样。"鬼神之为德，其盛矣乎？视之而弗见，听之而弗闻，体物而不可遗，使天下之人齐明盛服，以承祭祀。洋洋乎如在其上，如在其左右。"鬼神虽然是天地间的一些存在者，但它们是一些特别的存在者。鬼是不死的死者，神是永存的在者。它们虽然伴随人类，但从来是不可见的和不可闻的。尽管如此，但鬼神时时处处发生作用，给人带来幸运或者厄运。这使人不得不相信它的存在。道也是如此。它在遮蔽中显现自己。

道不仅是神秘性和日常性的统一，而且也是有限性和无限性的统一。

我们可以用天地间的存在者的特性来说明天地之道的本性。天地间的任何一个存在者，就它们自身的存在而言，都是有限的，甚至是唯一的，如一片天、一块地、一颗石、一珠水；但就它们作为一个整体而言，都是无限的，在时间和空间上都是无法估量的。这种无限并非如同虚空一样是一种空的无限，而是一种对于有限性的克服，成为了非有限性的存在。"天地之道，可一言而尽也。其为物不二，则其生物不测。天地之道：博也，厚也，高也，明也，悠也，久也。"道自身是一，但生出多来。在这样的意义上，它在空间上是最大的，在时间上是最久的。作为如此，道自身超出了任何有限的空间和时间。

道的上述特性已经包含了它和人的关系。道作为其自身是道，人作为其自身是人，道与人是不能简单等同的。但道必须走向人，人也必须走向道。唯有人，道才能显示出来；同时，唯有道，人才能有道可行。道在根本上是人的道路，故它不是外在于人的，而是内在于人的。"道不远人，人之为道而远人，不可以为道。"道既然是人之道，那么它与人是亲近的，而不是遥远的。如果道相距遥远的话，那么它就不是人之道，不能构成人的规定性。作为人之道，道与人也是不可分离的。"道也者，不可须臾离也，可离非道也。"人与道始终是共在的。如果道可以与人分开的话，那么它就成为了人的身外之物，是可以被人利用或者是被抛弃的工具。但这种与人不可分离的道对于人究竟意味着什么？道是一般事物的规定性，它使一个事物成为一个事物。同时，道也是人的规定性，它使一个人成为一个人。这也就是说，作为一个人就是一个有道的人，而不是一个无道的人。

既然道是人的规定，那么它就是人的看护者。但道自身的本性无声无色，故对于人的看护从来也不是厉声厉色。即使是在人无所感觉的地方，道也默默地看守着人的一言一行，让人行走在正道上。"是故君子戒慎乎其所不睹，恐惧乎其所不闻。莫见乎隐，莫显乎微，故君子慎其独也。"

论国学

一个事物为人所不睹和为人所不闻有两种可能性。一种是事物自身无声无色，无法让人感知；另一种是事物虽然有声有色，但人由于自身的原因而没有感知。就人没有感知到事物而言，可能是我和他人都没有感知到，但也有可能是我感知到而他人没有感知到，或者相反，是他人感知到而我没有感知到。不管情况如何，但道都能感知到。这在于道自身无声无色，它不仅在有声有色的地方在场，而且也在无声无色的地方在场。故道不仅在事物显明的时候能显现自身，而且在事物隐微的时候也能显现自身。根据这种情况，人就要审慎，让道看守自身的本性，要与道同在，而不要背道而行。《中庸》特别强调了慎独。独是孤独。它是指人从社会共同体的关联中分离出来，失去了各种人伦规范的约束。当人和他人在一起的时候，他需要考虑他人的眼睛的注视和耳朵的听闻。他要么是诚实的，要么伪装是诚实的，欺骗他人。但当人是一个人的时候，他没有他人的监督，而只有自身的守护。他当然也可能诚实，但也有可能不诚实。此时，他不用欺骗他人，而只用欺骗自己。因此，一个人独在的时候比与人共在的时候是更危险的时候，他更容易偏离道和背离道。慎独就是对于人处在孤独时刻的警惕。一个小人独在时会放纵自己欲望；但一个君子独在时却仍然需要限制自己的欲望。为何如此，这是因为道在此也在场。道不仅在人共在的时候在场，而且也在人孤独的时候在场。道会观察并区分人在孤独的时候是否是君子或者小人。如果人做到了慎独，按道的规定去思考、言说和行动的话，那么他也就无愧于道了。"故君子内省不疚，无恶于志。君子所不可及者，其唯人之所不见乎！"人之所不见或者所不闻的地方也有道的看护。在这个特别的地方，小人既不知道且不行道；但君子既知道且行道。这正是君子超过小人的地方。

虽然道是人的看护者，但它既遍及一切人又超出一切人。一方面，道遍及一切人。它周遍天地，贯通天人。不管人之间有何差异和等级，道对于所有的人都是相关的。另一方面，道超出一切人。不仅最低级的愚人不能通达，而且最高级的圣贤也无法把握。"君子之道费而隐。夫妇之愚，可以与知焉，及其至也，虽圣人亦有所不知焉。夫妇之不肖，可以能行焉；及其至也，虽圣人亦有所不能焉。"道既显现又遮蔽。就道的可知性和可行性而言，不仅圣人可知和可为，而且愚夫愚妇亦可知和可为。这在于圣人和愚人都有认识和行为的能力，他们之间的差别不过是大小不同而已。就道的不可知性和不可行性而言，不仅愚夫愚妇不可知和可为，而且圣人亦不可知和可为。这在于愚人只能触及道的浅近部分，而圣人虽然能通达道的高深部分，但他也非全知全能。道虽然内在于人性，但也超出人性，甚至是人性所不可企及的。道不仅超出了人，还超出了天地。"天地之大也，人犹有所憾。故君子语大，天下莫能载焉；语小，天下莫能破焉。"道非天地之大小可以度量。于是，道可以说成是天下的最大的，也可说成是天下最小的。道是天地最高的，也是天地最深的。作为如此，道既贯穿于日常生活之间，也超越于天地自然之外。"君子之道，造端乎夫妇，及其至也，察乎天地。"

虽然道遍及一切存在者和人类，但不同的存在者有不同的道，不同的人也有不同的道。《中庸》将人类之道主要区分为君子之道和小人之道。儒家从来注重人的规定。它不仅区分人与动物，而且区分人自身。但《中庸》的根本不是人与动物的区分，而是人与自身的区分，在此就是君子与小人的区分。君子和小人的差别可谓多矣，但最主要的是他们与道的关联的不同。"故君子之道，黯然而日章；小人之道，的然而日亡。"如果说君子和小人都共同拥有道的话，那么君子之道虽然平淡，但日益彰显，小人之道虽然光耀，但日益消亡。故君子是有道之人，而小人是无道之人。

那么，君子之道有何具体表现呢?《中庸》对此有很多描述。君子是一个有智慧、有德性的人。有智慧就是知道大道是如何发生和流行的，有德行就是沿道而行，按照道的规定去生活。君子之道特别体现在人我关系上，即如何对待自己和如何对待他人。一方面，君子本诸其身。"君子之

论国学

道，辟如行远必自迩，辟如登高必自卑。"在此，所谓近处和低处就是自身，所谓远处和高处就是他人和世界。一个简单的道理是：由近及远，由低到高。这就是从自己到他人。人不仅要本诸自身，而且要反诸自身。当人与他人交往而出现问题的时候，人要寻求自身内在的原因，而不是寻找他人外在的原因。另一方面，君子要宽恕他人。"忠恕违道不远，施诸己而不愿，亦勿施于人。"忠是忠实于自身的本性，恕是宽恕他人的存在。当人宽恕他人的时候，人就是承认并允许他人自身独特的存在。人不要将自己的意愿强加给他人，而让他人让自身的欲望去存在。君子之道不仅是由己及人，而且是由人及天的过程。"君子之道：本诸身，徵诸庶民，考诸三王而不缪，建诸天地而不悖，质诸鬼神而无疑，百世以俟圣人而不惑。质诸鬼神而无疑，知天也；百世以俟圣人而不惑，知人也。是故君子动而世为天下道，行而世为天下法，言而世为天下则。远之则有望，近之则不厌。"这里所阐释的君子之道不仅是自身之道，而且是遍及天地人之道。它不仅是人可以行走的道路，而且也是天行走的道路。此外，一个君子不仅知道和行道，而且自己就是道的表现，成为了世界的法则。

虽然君子之道不同于且高于小人之道，但它自身还包括了差异，尚需要区分。与一般的君子之道不同，圣人之道是一个特别的君子之道。甚至可以说，圣人之道是君子之道所能达到的最高境界。"大哉！圣人之道洋洋乎！发育万物，峻极于天。优优大哉！礼仪三百，威仪三千。待其人然后行。故曰：苟不至德，至道不凝焉。故君子尊德性而道问学。致广大而尽精微。极高明而道中庸。温故而知新，敦厚以崇礼。是故居上不骄，为下不倍；国有道，其言足以兴；国无道，其默足以容。"所谓圣人不是一个一般的人，而是一个特别的人，是天人之间的一个王者。这在于他能通天人之际。一方面，圣人怀有至德，以此能通达至道。另一方面，至道不是降临于他处，而只是降临于至德的圣人。圣人能倾听天地自然的声音，并将这种声音的意义传达给人。作为一个圣人，他既追求道德，也探讨学问。但在历史上，人们曾为"君子尊德性而道问学"发生争论。有的强调尊德性，而有的则强调道问学。其实，君子之道无所偏废，是尊德性而道问学的统一。因此，他既是一个仁者，也是一个智者。作为如此，圣人既达到最广大的地方，也深入到最细微的处所；他既位于高明，也处于中庸。可见，圣人与天地同体，和万物合一，而贯通一切。

《中庸》在论述君子之道的时候，不仅阐释了其一般本性，而且也说明了其具体的规定。君子对于道的认识和实践并非一种神秘的玄虚的经验，而就是日常生活世界的生存，就是与他人的交往。《中庸》将君子之道分成了五达道，三达德。"天下之达道五，所以行之者三。曰：君臣也，父子也，夫妇也，昆弟也，朋友之交也，五者天下之达道也。知，仁，勇，三者天下之达德也，所以行之者一也。"

五达道是五种通达的道路，亦即五种普遍的人际关系。它分别包括了国家、家庭和朋友几个层面。但它基本是家国同构，国家是家庭关系的扩大化。在这些关系中，每一关系的两者之间实际上存在差异和等级序列。一般而言，关系方的前者是规定者，而后者是被规定者。但如何实现这五达道？关键是关系中的每一方都遵守这个关系的既有的约束，而成为其自身。正如一般所说的君君臣臣、父父子子等。这就是说，君就是君，臣就是臣，父就是父，子就是子。每一个人都要按照其本性去作为。

三达德是在实行五达道时所要求的三种普遍的德性：智慧、仁爱和勇敢。它们是一般人性最主要的美德。三达德不仅为中国思想所凸显，而且也为一般人类思想所强调。但《中庸》所说的三达德主要是人在现实生活中、尤其是在人伦关系中所表现出的美德。它们是一个人对待他人时的德性。因此，知就是知人，爱就是爱人，而勇也是勇于去做一个君子，而不是做一个小人。《中庸》还指出了如何实现三达德。好学能获得智，力行能达到仁，而知耻能变得勇。好学是学习知识。但不仅是学习关于一般事物的知识，而且是学习关于道的知识。一个懂道的人就是有智慧的人。力行是实践仁爱。人们不仅爱自己的亲人，而且爱天下的人。一个行仁的人当然是一个仁者。知耻是知道耻辱。人知道什么是应该做的和什么是不应该做的。明白了这个界限，人就会对于该做的事勇敢而为。一个敢于行为的人就是一个勇者。

《中庸》在五达道和三达德之外，还陈述了治理天下国家的九经。九经就是九个主要纲要。"修身也。尊贤也，亲亲也，敬大臣也，体群臣也。子庶民也，来百工也，柔远人也，怀诸侯也。修身则道立，尊贤则不惑，亲亲则诸父昆弟不怨，敬大臣则不眩，体群臣则士之报礼重，子庶民则百姓劝，来百工则财用足，柔远人则四方归之，怀诸侯则天下畏之。"九经作为治国的纲要包括了两个基本方面。一方面是被治理者，另一方面是治理者的治理本身。被治理者从自己出发，经家庭，到国家，最后到天下。它由己及人，由近到远，由小到大。治理者的治理本身虽然都表现了仁爱的同一性，但对于自己和不同的他人的态度和行为具有一定的差异性。九经是一个从修身、经治人、到治国家天下的过程，具有明显的程序性和可操作性。但其中修身是根本。这在于修身就是修道，就是走在君子之道上。

2. 中庸

《中庸》探讨了道的一般本性，但它认为其一般本性不是其他什么，而就是中庸自身。因此，道不是此种道或彼种道，而就是中庸之道。

但在日常语言中，中庸常被误解。它一般被认为是一种没有是非判断的折中的态度，或者是一种平常的和平庸的状态。总之，中庸的日常用法并不具备积极的意义，而只有消极的意义。当人们要确定一种是非判断的时候，他正是要放弃中庸；当人们要成为卓越和优秀的时候，他正是要突破中庸。

与日常语言的用法不同，儒家思想对于中或者中庸赋予了特别的内涵。最早儒家注重了中或者中庸的方法论意义，认为它摆脱了左右偏见，是一种不偏不倚地把握事物本身的方法。但孔子则把中庸看成了德的显现。它不是一般的德，而是至德，也就是道自身的本性。在上述基础上，《中庸》继承和发展了中庸之道，在本体和方法两个方面均予以了阐释。一方面，中庸是道自身的根本本性，它贯穿天道和人道；另一方面，中庸是人存在于世的方法，它规定并指导了人们的生活、思想和言说。

但中庸就其自身而言究竟有什么含义？中一般指中央、中心、中间等。这往往会被理解为与边缘相对的核心。如果对事物区分为核心和边缘的话，那么这不免落入了二元论的窠臼。但中庸的中并非如此，所谓的中是正中或中正。中意味着它不是事物之外，而是事物自身。当一个事物如其自身的本性去存在的时候，它就是中。同时，当人们对一个事物如其自身而把握的时候，这也是中，而且具体化为切中。在我们分析了中的意义之后，还要分析庸的意义。虽然庸一般和平庸相关，甚至还会关联到庸俗，但这并非是庸的本意。庸真正的意义是平常的和普遍的。正是如此，它才变形为可能成为平庸的和庸俗的。庸的普遍性不仅是空间意义上的，而遍及天人，而且是时间意义上的，而成为永久。于是，庸就是普遍性和永恒性的结合。这种普遍性和永恒性不是其他什么事物的特性，而就是中的本性。由此而来，中和庸是相互规定的。中是庸的中，庸是中的庸。按照对于中和庸的如此理解，无论是就它们各自分别而言，还是就所谓中庸之道整体而言，就是指事物自身的普遍性和永恒性的道。

因此，中庸首先要理解为事物的本体。所谓本体就是事物自身存在的根本，它使一个事物作为一个事物成为可能。中既然是正中和中正，那么它就是事物自身的根本。于是，中就是本体。

中庸作为本体不仅表现为天地万物的本体，而且表现为一个实现的顺序和过程。中庸就是实现中庸。"中也者，天下之大本也；和也者，天下之达道也。致中和，天地位焉，万物育焉。"中是指事物中正的本性，也

论国学

就是事物的根本，故也是天地的根本。和是指各种事物之间的和谐共存。事物之间的存在有多种可能，如差异、对立、同一等。但唯有和谐是唯一通达的大道。和谐的事物既是差异的，又是统一的。致中和是指事物达到了中正和谐的状态，也就是实现了中庸之道。当中庸之道实现的时候，事物就实现了自身本性。由此，天是天，地是地，各得其所。天地生成万物，让万物各是其所是。

既然中庸是作为天地万物的本体，那么它也是作为人的本体。何谓人的本体？对于《中庸》来说，人的本体就是人的人性。但人的人性的最直接的显现之处就是人心。因此，我们几乎可以说，人性就是人心，人心就是人性。那么，中庸如何表现为人性和人心的呢？《中庸》说："喜怒哀乐之未发，谓之中；发而皆中节，谓之和。"这里需要非常详尽的分析。

喜怒哀乐是人的基本情感，是人心对于人和事反应的最基本的表现形态。但当喜怒哀乐还未发的时候，人的心灵自身就无所谓喜怒哀乐。一个情感未发之心是虚静的、空灵的和透明的。心除了它自身之外，就没有任何东西，没有任何杂念。但正是一个没有污染的心才是纯粹的，是其自身，是其本性。一颗保持于自身的心是中正的，也就是合于其本性的，是合于大道的。

但一个已发之心就有所谓喜怒哀乐。当人们处于喜怒哀乐的情态之中的时候，人的情感就意象性地指向了所意向的人和事，为人物所喜怒，为人物所哀乐。事实上，喜怒哀乐必须区分。当它超出了自身度的时候，它不是和的。只有当它们合于它自身的度的时候，它才是和的。所谓的中节就是切中事物的节度。一方面，喜怒哀乐各自要合于自身的本性，该喜怒就喜怒，该哀乐就哀乐。不要喜变成了怒，哀变成了乐；另一方面，喜怒哀乐各自要保持一个度。它们要恪守自己的边界，喜怒就是喜怒，哀乐就是哀乐。这就是所谓的乐而不淫，哀而不伤。唯有如此，喜怒哀乐才能中节，才能合于中庸之道。

　　心的喜怒哀乐的未发和已发的状态的区分，在历史上被理解为心性和心情之别。于是，它们在心性论中成为了性与情的关系。《中庸》虽然区分了性与情，但并没有对于它们作高下之分，认为性是善的，情是恶的。事实上，性和情是不可分离的。性要表现为情，而情要合于其性。这也就是中和和中庸。《中庸》强调性情都要吻合中庸的规定。

　　在《中庸》中，中庸其次要理解为把握事物的方法。虽然中庸之道作为事物的本性贯穿于天道和人道，但只有当它在人的现实生活中成为人们把握事物的方法的时候，它才能真正地实现。然而，中庸之道却是非常难以贯彻的。这在于人们一般难以认识它的非凡意义，也很难依此而为人处世。可以说，中庸之道，其路曲折而多艰。是否遵循中庸之道也就成为了区分君子和小人的一个标志。"君子中庸，小人反中庸。君子之中庸也，君子而时中；小人之反中庸也，小人而无忌惮也。"君子之道就是中庸之道，而小人之道就是反中庸之道。

　　那么，中庸之道和反中庸之道的差别究竟立在何处呢？《中庸》说："道之不行也，我知之矣：知者过之，愚者不及也。道之不明也，我知之矣：贤者过之，不肖者不及也。人莫不饮食也，鲜能知味也。"中庸之道就是中道，而反中庸之道便是过和不及。

　　过和不及是相对于事物的中正本性。一个事物作为其自身是中正的，并有它存在的边界。正是在这个边界之中，一个事物才能够作为一个事物。中意味着事物立于自身的边界之中。而过则超过了事物的边界，走出了自身边界之外。因此，一个事物便不再是自身，而是成为了另外一个事物。不及则相反。它尚未达到事物自身的边界，而还没有触及其自身。可以说，它还没有成为该事物，只是事物的相关物。在这样的意义上，过和不及都没有切中事物。虽然它们是两种不同的甚至是对立的状态，但在没有成为事物自身的意义上，它们则是完全一致的。于是人们说，过犹不及。

过和不及的反中庸之道有它的具体表现。一方面是认识性，另一方面是行为性的。就认识性而言，有聪明和愚蠢。这里的聪明太过，而愚蠢则不及。它们要么看过了事物的本性，要么没有看到事物的本性。就行为性而言，有贤良和不肖。这里的贤良太过，而不肖则不及。它们要么做得太够，要么做得不够。总之，这里的智与愚、贤和不肖都不遵守中道，都不是真正意义上的智者和仁者，也就不是君子。

但君子所遵循的中庸之道则在认识和行为上始终和事物的本性保持一致。既非过，也非不及，而是依于中道。这就是说，如事物的本性那样去认识，也如事情的本性那样去行为。如此所为的中庸之道虽然只是简明之道，却是天下至高无上的大道。

3. 诚

道既表现为中庸之道，也表现为诚明之道。当道是道自身的时候，它就是中正的；当它真实地显现自身的时候，它就是诚明的。因此，道是既中庸也诚明的。

诚一般和人的心灵相关，如诚心诚意、诚恳、诚实等。我们说一个人是诚实的，这意味着，他言行一致，他的语言是真实的，既表达了他的心声，也吻合了他的行动。但就一个人的诚实而言，我们实际上还可以分出几种具体形态。首先是他的语言。他说的是真话，而不是假话。其次是他的心灵。他所表现出来的是真心，而不是假心。最后是他的行动。他是实实在在，而非弄虚作假。这些关于诚的语言意义虽然被普遍使用，但还不是《中庸》所说的诚的含义。

在《中庸》这里，诚是道的本性的规定。道是诚。这同时就是说，道不是不诚。但不诚意味着什么？不诚是虚假的。它不是事物自身本性的显现，相反是其遮蔽。作为一种假象，不诚看起来如此，事实上却并非如此；它看起来不是如此，事实上却就是如此。因此，假象是似是而非，似非而是。与此相反，诚就是真实无妄。道就是它自己，而不是它之外的其他什么东西。当道自身的存在是真实的时候，它就给其他的诚或者真的形态提供了基础。按照一般的观点，如果思想表达了真实的道的话，那么它便是真理；如果语言说出了真实的道的话，那么它便是真话；如果人走在真实的道路上的话，那么他就是真人。

但道作为诚必须显示出来，这就使诚和明建立了一个内在的必然的关联。如果道不明的话，那么它就是自身遮蔽和被遮蔽。所谓自身遮蔽，是指道自身不是万物，因而具有不可感觉、不可言说的特性；所谓被遮蔽，是指道自身被万物的各种现象所掩盖或者代替。道的遮蔽甚至会发展到这样的极端情形，以至于天下无道。与此相反，但当道是明的时候，它就将自身展示出来了。明作为显示有两种形态。一种是道自身的显明，它直接把自身昭示于天下，宣示给人，因此，是道明或者是诚明；另一种是人明白了道，觉悟了道，并将道说出来，因此，是明道和明诚。

于是，诚和明的关系便始终围绕着道与人的关系。但在这样的关系中，其相关者所处的地位是不一样的。诚明是道自身向人的显现，因此，是从道到人；相反，明诚是人对于道的显明，因此，是从人到道。诚和明的这两种关系在事实上是意味着性与教的不同。"自诚明，谓之性。自明诚，谓之教。诚则明矣，明则诚矣。"当自诚明的时候，是道自身的发生和作为，是本性的显露；当自明诚的时候，是人遵道而行，依道而为，是教化的结果。在这样的意义上，我们甚至可以将"性与教"和"诚与明"同等设置。这就是说，性就是诚，教就是明。不仅如此，"性与教"和"诚与明"还可以相互阐释。通过这种解释行为，它们自身的意义就进一步解放和释放出来。自诚明和自明诚的区别不仅表现在道与人的不同上，而且也体现在人本身的不同上。自诚明是圣人自然而然的行为。他完全从天性出发，将自己的真实本性显示出来。与此不同，自明诚是贤人学习、修养

189

而成。他改变气质，发明本心，由明德而后致诚。

《中庸》还根据天道和人道将诚的类型区分为诚者和诚之者。"诚者，天之道也；诚之者，人之道也。诚者不勉而中，不思而得，从容中道，圣人也。诚之者，择善而固执之者也。"这种区分类似于自诚明和自明诚的区别。所谓诚者，是指诚自身，是道的本性自然的直接的显示。与此不同，诚之者是指学习而获得诚，而达到和获得诚的特性。前者是先天的，后者是后天的；前者是不学而知而能的，后者是学后而知而能的。诚者和诚之者作为天道和人道的区分既体现在天人的差异上，也体现在人自身的差异上。由此人区分为圣人和贤者。圣人代表了天道的本性，而贤人则代表了人道的本性。

但人如何作为一个诚之者？如何达到自明诚？这实际上是一个如何致诚的问题。对此，《中庸》有详尽的论述。它始终将致诚落实到人的日常生活世界中，也就是人我关系、人天关系之中。致诚的关键是从人自身出发，也就是修身。"故君子不可以不修身；思修身，不可以不事亲；思事亲，不可以不知人，思知人，不可以不知天。"从修身出发，人要走向他人，并由此走向天地自然。一方面，由人及天；另一方面，由天及人。人与天之间的关系构成了一个奇妙的循环。

在这样一个天人世界里，人的致诚活动还可以更加具体化。《中庸》说："博学之，审问之，慎思之，明辨之，笃行之。有弗学，学之弗能，弗措也；有弗问，问之弗知，弗措也；有弗思，思之弗得，弗措也；有弗辨，辨之弗明，弗措也；有弗行，行之弗笃，弗措也。人一能之己百之，人十能之己千之。果能此道矣。虽愚必明，虽柔必强。"这里所说的学、问、思、辨、行等，大致可以分为知和行两个方面，也是人的日常生活与道相关的基本活动。但与一般不同的是，《中庸》强调人的知行要彻底。这就是说，学问思辨要明晰，行为践履要笃定。明晰是要穷尽事物的本性，把握它的真理。笃定是要贯穿事物的始终，达到它的圆满。知行要达到极端，也就是要达到道的根本。这也就人通过至诚达到诚自身了。

《中庸》认为，当人达到诚的境界的时候，他是对于自己和万物的完成。"诚者非自成己而已也，所以成物也。成己，仁也；成物，知也。性之德也，合外内之道也，故时措之宜也。故至诚无息。不息则久，久则征；征则悠远，悠远则博厚，博厚则高明。博厚，所以载物也；高明，所以覆物也；悠久，所以成物也。博厚配地，高明配天，悠久无疆。"诚者是与道为一的人，因此，是自己和万物一体的人。他不仅成己，而且成物。成己完成了自己，完善自己的善良本性。故成己是仁。成物是完成了万物，知晓万物存在的道理。故成物是智。但诚者的成物并非是去创造一个事物，而是让事物成为一个事物，而实现其自身的本性。诚者所为如同天地。于是，他可以载物、覆物，并最终能成物。

诚者不仅成己成物，而且作为圣人实现了天人合一。"唯天下至诚，为能尽其性；能尽其性，则能尽人之性；能尽人之性，则能尽物之性；能尽物之性，则可以赞天地之化育；可以赞天地之化育，则可以与天地参矣。"诚者不仅把握了自身的真理，而且也把握了天地人的真理。因此，他虽然只是作为一个人，却是如同天地一样依自然天性而为。在这样的意义上，诚者就是与天地并列的第三者。他不再是被天地所规定，而是和天地一起参与并推动万物的化生。于是"唯天下至诚，为能经纶天下之大经，立天下之大本，知天地之化育。"不仅如此，至诚如神，能够知道事物的发展。"至诚之道，可以前知。国家将兴，必有祯祥；国家将亡，必有妖孽。见乎蓍龟，动乎四体。祸福将至，善，必先知之；不善，必先知之。"至诚者能够敏锐地发现天地人的预兆，而洞晓事物自身所包括的秘密。但人之所以至诚如神，并非因为其他，而是因为诚者心诚，而心诚则灵，灵则神矣。在一个诚实的心灵之中，天地间的万事万物也会诚实地显现自身的本性。

第五章　道家——自然之道

　　道家是中国思想的主干之一。与儒家一样，道家思想的主题也是天人之际，也就是天道论和人道论。虽然儒道两家都探讨了道自身，但它们对于道的规定是完全不同的。如果说儒家道是诚，并具体化为仁义礼智的话，那么道家的道则是无，超出了仁义礼智；如果说儒家更重视人道的话，那么道家则更重视天道。于是儒道互补。但道家主要是作为儒家的对立面而出现的。道家反对儒家，甚至认为儒家的仁义之道是非道和无道。

　　道家的天道论的核心在于自然。自然不仅是自然界，而且是自然而然。它就是事物存在的本性。如此理解的自然不仅是真实，而且也是自由。道家的人道论是被天道论所规定的。其中的心性学说虽然没有如同宋明儒学一样被主题化，但也占据其思想中的重要地位。道家关于心性的理论主要就是要求虚心、静心。通过不、莫等否定性的行为，人达到其本性之无。无不是消极的，而是积极的。它甚至超出了这两者的对立，成为了存在的最高境界。

　　老子和庄子开创了原始道家。魏晋玄学的王弼、何晏等人对其进行了继承和发展。他们尤其建构了无的本体论。道家的思想影响了道教，特别是推动了唐宋道教的变革和创新。道教的内丹学说中的性命双修实际上就是道家思想中的心性论的主题化。不可否认，道家思想还影响了禅宗。道禅有别。道偏重身，禅偏重心。但道禅合一。这在于它们都强调心性中的无的经验。特别是在身心并重的口号下，人们更推崇禅道双修。

尽管道家有非常丰富的历史，但其核心思想仍然是老庄的智慧。它们分别记载在《老子》和《庄子》两书中。

一、《老子》

虽然中国传统思想都思考了道，但只有道家将道形成了自己思想的主题。正是因为如此，所以它才被称为道家。老子的《道德经》① 就是关于道本身的专门论述。它的影响已经上下数千年，东西几万里，深久而广大。

1.道自身与其他

但什么是道的意义？道的本意是道路，为人所行走。后来它不仅指人行走的道路，而且也指事物存在和发展运行的道路。因此，道常常被理解为万物的本性和规律等。与一般对于道的理解不同，老子所说的道并非是具体个别的此道或者彼道，而是道自身。但这个道自身又是如何的？

老子在《道德经》第一章对于道有一个简明的规定。"道可道，非常道；名可名，非常名。无，名天地之始；有，名万物之母。故常无，欲以观其妙；常有，欲以观其徼。此两者，同出而异名，同谓之玄。玄之又玄，众妙之门。"② 这实际上是老子思想关于道的一个论纲。其中，有与无相关于道的存在；观相关于道的思想；不可道和不可名相关于道的言说。通过如此，老子标明了道与存在的关系、道与思想的关系、道与语言的关系。正是在这三重关系中，道将自身作为自身揭示出来。

---

① 以下所引《道德经》或者《老子》的文本见陈鼓应：《老子注译及评价》，北京：中华书局，1984 年。但只标明章节。

② 第一章。

论国学

　　老子首先揭示了道与存在的关系。只要道是道的话，那么它就是存在的，而不是虚无的。"孔德之容，惟道是从。道之为物，惟恍惟惚。惚兮恍兮，其中有象；恍兮惚兮，其中有物。窈兮冥兮，其中有精；其精甚真。其中有信。"[①]道是德的规定，德是道的实现。故道是天地间最根本性的存在。道看起来是似有似无，若明若暗，神秘莫测。但道却真实存在着，有物、有象、有精和有信。作为存在，道不是显现为多，而是显现为一。这个一既不是作为整体之中的一，如一个事物或一个存在者，也不是作为事物整体的一切，构成了许多一的集合。同时，它也不是贯穿于万物的某个元素，成为了它们的共同性质，而是使事物成为可能的"统一"。这个统一是聚集的力量，它使事物统一于自身并成为统一体。只是通过道的一，天才成为了天，地才成为了地，万物才成为了万物。故老子说："天得一以清，地得一以宁"。[②]万物得一以生。

　　但作为存在的道既不能理解为天地，也不能理解为天地间的万物。道只是道自身。如果道自身区别于天地及其万物的话，那么它自身就是虚无。于是，道自身既是有，又是无，是有与无的同一，亦即存在与虚无的同一。

　　就存在维度而言，有无的同一性是道的本原性的规定，而所谓阴阳的同一性只是次要的规定。"万物负阴而抱阳"中的阴阳并不能等同于本原性的有无，不如说它们是在有中的进一步区分，亦即作为阳的有和作为阴的有，从而成为了有的两种模态。在阴阳的区分中，本原性的无被排除掉了。与此同时，作为无的有也隐而不现。但是有无的关系经常被阴阳关系所代替，这样道不是成为了有无之道，而是成为了阴阳之道。然而阴阳之道必须回复到有无之道中去。唯有如此，阴阳才能从有无的生成中获得力

---

① 第二十一章。
② 第三十九章。

量，并成为有的两种模态。

不过，老子所理解的道的存在即虚无和一般意义的有与无不可轻易混淆。按照惯常的理解，道的存在即虚无是形而上的，而一般意义的有与无是形而下的。形而上的存在即虚无超出了天地及其万物。老子认为天下万物生于有，但有生于无。这里的有就是无。但形而下的有与无却在天地及其万物自身之中。"三十辐，共一毂，当其无，有车之用。埏埴以为器，当其无，有器之用。凿户牖以为室，当其无，有室之用。故有之以为利，无之以为用。"①这里的车轮、器皿和窗户中的有无是天地间万物之中的有与无。它们只是万物内自身的区分。有作为一个物，不同于一个作为缺失的另一物亦即无。无在此表现为空无。它看起来无用，但却服务于有。

尽管作为道的无自身无法规定，但它却显现出来。它的显现活动不仅是与万物相区分，而且是与在万物之一的意义上的无相区分。因此无的显现正是它的否定，亦即对于万物的否定。然而，因为无不是作为某物去否定另一个某物，所以它实际上无法如同某物那样显现出来。这里不如说，它在自身的显现中自身遮蔽，亦即所谓的道隐无名。

不过，无自身对于万物的否定是次要的，根本的是无对于自身的否定。只有在自身的否定之中，无才能成为无自身，否则它将成为万物之一的特殊形态，亦即与有相对的无。在无自身的自我否定中，无一方面保持了与自身的同一，另一方面也确定了与自身的差异。于是，无自身的否定正是无最本原性的生成。在这种意义上，无自身不是死之无，而是生之无，这样它才是道的本性。因为无是生成，所以天下万物生于有，有生于无，所以虚静生动，形成万物。

如果事情是这样的话，那么道必须理解为生。生不是片面的有，也不是片面的无，而始终是有与无的对立。一方面，无转化为有，于是，有不

---

① 第十一章。

195

论国学

是从另一个有中生成出来，而是从无中生成出来，也就是从自身中生成出来。因此，它自身就是开端、基础和根据，排除了一个更本原的开端。另一方面，有回归于无，它不固守于自身，停止于自身，而是在向无的回复之中开始了新的有的生成。据此，道"生而不有，为而不恃，长而不宰"①。只有通过有与无永远的对立和转化，才有所谓的生生不息。在这种意义上，有与无的同一性成为了在自身之中的循环。

道自身的生成具体地表现在它创生万物。于是，老子认为道是天下母。"有物混成，先天地生。寂兮寥兮，独立而不改，周行而不殆，可以为天下母。吾不知其名，强字之曰道。"②道虽然不同于天地万物，但并不意味着与它们完全隔离。相反，道与天地万物发生关联。这种关联形象化为母子关系。道是天地之母。天地为道之子。母子关系首先是一种生育关系。"谷神不死是谓玄牝。玄牝之门，是谓天地根"。③道是虚无的，同时是神奇的。作为如此的道永恒生成。道如同神秘的母性生殖器官具有生育功能，它作为本原之地而生育了天地。生育不同于一般的生产制造。生产者和被生产者往往是分离的，但生育者和被生育者却是密切相连的。道与天地万物的关系正是如此。道在天地万物中显现自己。

从道生万物出发，老子描述了宇宙和世界的生成过程。"道生一，一生二，二生三，三生万物。万物负阴而抱阳，冲气以为和。"④道生万物既不同于上帝创造天地与人，也不同于绝对精神将自身外化为自然世界，而是显现为世界自身生成的过程。但如何描述这个过程？老子采用了一、二、三等的数字化的扩大和递增来说明这一过程。对此，人们试图将一、二、三作出具体的规定，给予一个具体的名称。但这可能陷入穿凿附会的危险境

---

① 第十章。
② 第二十五章。
③ 第六章。
④ 第四十二章。

地。事实上，老子借助于一、二、三不过表明，道生万物是从简单到复杂、从单一到杂多的过程。在这样的过程中，除了有生于无之外，阴阳的分化、互动和转化也是关键性的。它给万物赋予了具体的存在形态。但在道生万物的过程中，除了道自身之外，还有德、物和势等都共同发生作用。因此，老子说："道生之，德畜之，物形之，势成之。是以万物莫不尊道而贵德。道之尊，德之贵，夫莫之命而常自然。故道生之，德畜之；长之育之；成之熟之；养之覆之。"① 尽管万物的形成依靠多种因素，但道是最根本的。道不仅生育万物，而且还培养它们，看守它们。

　　道虽然有许多特性，但它的一个基本特性是自然。"故道大，天大，地大，人亦大。域中有四大，而人居其一焉。人法地，地法天，天法道，道法自然"。② 老子认为天地人要遵循道，而道不遵循其他任何东西，而只是遵循自然。但何谓自然？自然在汉语中主要有两个意义。它的一个意义是自然界。它是矿物、植物和动物所构成的整体。作为一个特别的动物，人甚至也包括于其中。它的另一个意义就是自然而然。这就是说，一个事物就是自己，是自己所是的样子。因此，自然就是自己的本性。在老子思想中，自然界的名字是天地万物，而自然则意味着自然而然和本性所是的样子。于是，当他说道法自然的时候，不是认为道依据一个外在的自然界，而是强调道依据自身，遵循自身。为何如此？这是因为道没有一个比它更高的本原，而是自己为自己设立根据。作为如此，道的存在便是道法自身，亦即道法自然。在这样的意义上，道法自然就是道根据自身的本性去存在。

　　当道法自然的时候，它便表现为虚静。虚与实相对。实是已实现的，而虚是未实现的。但正是在未实现中包括了能实现的动力和源泉。作为如

———————
① 第五十一章。
② 第二十五章。

此，虚是道的无的本性的一种形态。正是在虚中，道自身保持为自身，而不是自身之外的他物。道在成为虚的同时，也保持为静。这在于虚无的道不可能是动的，而只能是静的。宁静意味着道居住于自身，自身与自身处于同一之中。相反，躁动则是道的远离和失去。因此，老子强调静为躁君，并认为清静为天下正。

道也呈现为柔弱。柔弱是刚强的对立面。一般的观念是肯定刚强，否定柔弱。但老子却反对这种看法。它认为柔弱胜刚强。这是因为柔弱代表生命，而刚强代表死亡。在天地间，没有什么比水更具有柔弱的特性了。"上善若水。水善利万物而不争，处众人之所恶，故几于道"。① 水虽然是最柔弱的，不争的，处于最地下的地位，但也是最刚强的，最富有韧性的。于是，没有任何事物能够胜过水。此外，它自身没有生命，但却是生命之源。这样，它能成为道的一个喻象。

自然、虚静和柔弱的道还显现为无为。无为不是指无所作为，丧失了任何生命的活力，而是指没有违反自然的行为。因为道只是依据自然而为，没有反自然而为，所以它便是无为的。但道的无为正好顺任了天地万物的自然天性。无为是道的泰然任之，是让万物如其自身而存在。依照这种理解，无为比一般意义上的有为更有作为，是作为的最高形态。正是在这样的意义上，老子说道无为而无不为。这常常被误解为老子的阴谋术，亦即看起来什么也不做，但事实上却什么都做。然而，老子的思想是和阴谋术风马牛不相及的。阴谋术不仅是一种作为，而且是虚假的作为。但老子的思想的无为而有为揭示的不过是道本身自然的力量。

当然，道还有许多特性，但它们都有一个共同点，即相关于道自身存在即虚无的本性。如果我们强行将道的本性分为存在性和虚无性的话，那么老子所强调的不是存在性，而是虚无性。这在于，老子所说的虚无性的

---

① 第八章。

意义超过了一般的存在性，而存在性的意义相反不如虚无性。所谓自然、虚静、柔弱和无为都是源于道的虚无的本性。因此，老子的思想是以存在即虚无为本。

正是在对于道的本性如此理解的基础上，老子展开了人们一般所说的辩证法的思想，亦即一种独特的关于事物矛盾的对立及其相互转化的思想。老子将任何事物分成了矛盾的两个方面，如阳性和阴性、积极性和消极性、肯定性和否定性等。它们是相互对立的。这种矛盾现象遍及天地万物，包括自然、社会、心灵等。事物矛盾的两个方面虽然是对立的，但也是相互依存的。"天下皆知美之为美，斯恶矣；皆知善之为善，斯不善已。有无相生，难易相成，长短相形，高下相盈，音声相和，前后相随，恒也。"① 如果矛盾的一方不复存在的话，那么它的另一方也就随同消失了。但如果矛盾的一方产生的话，那么它的另一方也就一起出现了。因此，天地间没有单独的矛盾的一方或者是另一方，而始终是矛盾的双方共同存在。

但更重要的是，矛盾的对立面不仅是共同存在的，而且也是相互转化的。在种转化之中，事物从自己变成了为了其对立面。"曲则全，枉则直，洼则盈，敝则新，少则得，多则惑。"② 事物的发展之所以如此，是因为它自身作为矛盾的展开表现为一个过程，也就是从开端到终结，又从终结到开端，如此循环不已。

老子非常重视事物的这种转化，并认为它是事物发展过程中的必然。当一个事物最终走向否定性的时候，最先却呈现为肯定性的。"将欲歙之，必固张之；将欲弱之，必固强之；将欲废之，必固兴之；将欲取之，必固与之。是谓微明"。③ 这里的欲并不是人的意愿，尤其不是人的欲望，而

---

① 第二章。
② 第二十二章。
③ 第三十六章。

论国学

是事物的变化的趋向。因此，这里的肯定和否定的变化不是人的阴谋，而是事物的规律。在否定性之前的肯定性，老子认为是事物自身微妙的征兆。这在于事物自身的肯定性包括了否定性，而否定性也包括了肯定性。但老子更强调事物发展中的阴性、消极性和否定性，而不是阳性、积极性和肯定性。这是因为前者是事物的开端，而后者则是事物的完成。

然而，老子认为道的存在即虚无的本性事实上并没有一般矛盾的对立，因此，人们必须放弃固守矛盾的任何一端，而超出矛盾。"是以圣人处无为之事，行不言之教；万物作而弗始，生而弗有，为而弗恃，功成而弗居。夫唯弗居，是以不去。"[1]圣人的言行是没有矛盾的。他不是克服事物已经存在的矛盾，而是远离任何矛盾，不会产生任何矛盾。在这样的意义上，老子关于事物矛盾对立及其转化的思想不同于一般的辩证法。辩证法认为事物的矛盾在对立统一的过程中最后能够被扬弃，而老子认为事物发展的最初就应该达到没有任何矛盾的道本身。

在阐明道与存在的关系的同时，老子还揭示了道与思想的关系。道在自身的生成中必然走向思想。这是因为只有当道被思考的时候的，它才能向人显明自身。因此，道最终要在思想中发生。但思想和道的关系并非是简明的，而是复杂的。老子意识到了思想和道的关系的特性。他一方面讨论了道是否可以被思考，另一方面指明了道如何能够被思考。

道显然不是感觉的对象。所谓感觉的对象是那些存在于感性世界中的存在者，它们能诉诸人的感觉器官，而成为一般所谓的感性认识的材料。道是一，但既不是整体中的一个部分，也不是一个整体自身。作为如此存在的道自身是虚无。它不存在于时空之中，不可能成为人感觉的事物，是不可见、不可听和不可触摸的。老子说："视之不见，名曰夷；听之不闻，

---

[1] 第二章。

名曰希；博之不得，名曰微。"① 这种对感觉的拒绝正是对于将道视为万物的整体或者万物之一的否定。反之，它要求将道理解为无自身。"复归于无物。是谓无状之状，无物之象，是为恍惚"②。对于作为虚无存在的道，人们必须放弃感觉，超出感觉，寻找另外通达的道路。

同时，道也不是学识的对象。一般意义的学识、思想或者智慧都是背离道的，这在于它们是违反自然的、人为的，甚至是虚伪的。老子认为，智慧出有大伪。这里的智慧不是道的智慧，而是一般人的智慧。它是人为的谋划和策略。人们沉溺智谋，丧失了本性和本心。这种智慧只能误导人们，使其走到一条错误的道路上去。因此，圣人必须抛弃这种学识，使民绝圣弃智，无知无欲，从而让大道自身呈现。

老子认为一般意义的感觉和学识都不能把握道本身。除此之外，人凭借什么可以去体悟道呢？无论何种方式，人通达道自身的道路还是人的心灵本身。老子将人的心灵比喻成一面神秘的镜子，即所谓玄鉴或者玄览。镜子的本性就其自身而言是空的、无的，但能反映事物。如同镜子一样，心灵自身也是空无，但能思考事物。但心灵不是有形的，而是无形的。故心灵是一面神秘的镜子。虽然这个心镜就其自身而言是干净和光明的，能映照万物，但事实上却又被污染而具有瑕疵。瑕疵有各种各样的类型及其原因，但最严重的是心灵的自身遮蔽和污染。这就是人们长期怀有的先见、偏见和成见。从此出发，人们去观察万物。虽然他们自以为看到了事物的本性，但实际上没有看到事物的任何东西。于是，老子说："企者不立；跨者不行；自见者不明；自是者不彰；自伐者无功；自矜者不长。"③ 一切从自身意愿出发的思想和行为最终都是不可能达到其目的的。这在于自我的偏见阻碍了人理解和把握事物的本性。因此，老子要求涤除玄鉴，使

---

① 第十四章。

② 第十四章。

③ 第二十四章。

论国学

其无疵。由此让心镜回到光明的本性，而能映照万物，与道合一。这才是为道，而不是为学。为道和为学在根本上是不同的。老子对比了二者。"为学日益，为道日损。损之又损，以至于无为。无为而不为"。① 为学和为道都相关于人的心灵。心灵虽然本性是空无，但在现实中却为关于事物的知识所充满。为学就是要增多关于物的知识；为道就是要减少这种知识。为学是向外的，而为道是向内的。在为道的过程中，人让心灵虚静，而体悟到道的存在即虚无。作为最伟大的为道的人，圣人就是由外到内的。"不出户，知天下；不窥牖，见天道。其出弥远，其知弥少。是以圣人不行而知，不见而明，不为而成"。② 这在于天道在内不在外。因此，向内才是正道而行，向外则是背道而驰。

在知道的过程中，老子特别强调了观的意义。观就是看，但不是一般感官的看，而是心灵的看。观是洞见。对于天下的任何事物，老子反对从这一事物之外去观照它，而要求从这一事物自身去观照它。"故以身观身，以家观家，以乡观乡，以邦观邦，以天下观天下。吾何以知天下然哉？以此"。③ 这里，所观的事物发生了变化，从自身扩大到天下。但观照自身的本性未变，就是如实观照。如果说到观道的话，那么就是以道观道。但道自身是无与有的统一，故以道观道实际上也是以无观无，以有观有。"故常无，欲以观其妙；常有，欲以观其徼。"④ 从无观道之无，就可以看到其奥妙；从有观道之有，就可以看到其边界。这是以道观道的两种模态。正是在以道观道的过程中，道才能以自身而不是外物将自身呈现出来。以道观道就是知常。这就是知道了天下永恒和普遍的真理。知常曰明。因为人把握了永恒和普遍的真理，所以人获得光明的洞见和智慧。

---

① 第四十八章。
② 第四十七章。
③ 第五十四章。
④ 第一章。

在论述道与存在、思想的关系同时，老子还揭示了道与语言的关系。道在汉语的中的意义是多重的，其中最主要的就包括了道路和言说两种。在老子的思想中，道也具有这两种意义。不过值得注意的是，道的两种意义在老子思想中是分离的。这就是说，当道意味着道路的时候，它并不相关于语言。同时，当道表示言说的时候，它也不关涉道路。鉴于如此的区分，人们不能认为老子把道同时理解为道路和言说。

这实际上表明，道和语言之间存在一种无法克服的矛盾。道无法形成语言，它只是在语言之外。同时语言也无法表达道，它只能是道的遮蔽。为何如此，这在于道的存在即虚无的本性。而语言并非是道本身，它属于天地之间的万物的一种。当道被语言所言说的时候，它就不再是自身了。因此，道自身拒绝走向语言。道隐无名，道不自言。尽管如此，人们依然试图去言说这无法言说的道本身。但这如何可能？

首先，基于道不可言说的本性，老子认为要不言。他认为一切圣人就是行不言之教。知者不言。言者不知。如果人非要言说的话，那么他也要尽量少言说。希言自然。少说是合于事物本性的。人们还要尊重他所说的一切言语。这也就是贵言。

其次，虽然道本身的存在即虚无，不能表达，但语言还是要去言说不可言说的道。为了表达道的本性，语言就必须借助于具体事物。这使老子关于道的论述充满了各种比喻的言说。比喻不在于其形象本身，而在于其外。于是，比喻的形象是可言说的天地万物，但它的意义却是不可言说的道本身。

再次，因为道的本性是虚无性高于存在性，否定性高于肯定性，所以关于道的描述就必然违反日常语言的说法，是反言。"正言若反"在老子的文本中比比皆是。这需要人们与日常语言相分离，才能理解关于道不可言说的言说。

最后，老子强调言要真实，亦即成为信言。关于道的信言是一种自然

论国学

朴实的语言。"道之出口,淡乎其无味,视之不足见,听之不足闻,用之不足既。"①因此,它和一般所说的美丽的言辞是不同的。信言不美,而美言不信。

2. 无道

《道德经》在论说道的同时,也批判了道的对立面:无道和非道。无道和非道是对于道的否定。

按照老子的思想,道是普遍和永远存在的。既然如此,那么无道和非道的产生又是如何可能的呢?这在于道的存在即虚无,其本性自身是遮蔽和隐藏的。这导致人们与道失去了关联,并加剧了对于道自身的遮蔽和隐藏。于是,无道和非道便和道一样并行存在了。

事实上,人原初的现实给予性并不是道,而是自身的欲望。人的生命过程不过是欲望的冲动和实现的现实过程。但为了满足自身的欲望,人必须采用和改进各种工具或者技术。欲望和工具虽然可能被大道亦即智慧所规定和为其所指引,但也可能出现一种危险,即成为大道的对立面,变成无道和非道。

欲望有各种各样,但它的基本形态是人身体的,并表现为人的感官的感觉活动。如果人在欲望的实现的过程中接受了道的指引的话,那么人就能够意识到自身欲望的边界,并满足在此边界内的欲望。因为这种欲望是有限的,所以它是容易满足的。如果人们能知足之足的话,那么他就会常足了。知足正是对于人的欲望的边界的意识。同时这也意味着它否定了边界之外人的欲望。"镇之以无名之朴,夫将不欲。不欲以静,天下将自正"②。不欲是对于边界之外的欲望的压抑,同时正好保证了边界之内的欲

---

① 第三十五章。
② 第三十七章。

望的满足。正是在此基础上，人能固守并安宁于自身，行走在一条正确的道路上。

与此相反，如果欲望没有道的指引的话，那么它就可能成为对人的控制，使人变成了一个欲望之人，或者说，人就等同他的欲望。在欲望的过程中，一方面是欲望自身追逐欲望的对象，另一方面是欲望的对象刺激欲望自身。欲望的追逐和欲望对象的刺激可以相互作用，而形成一个恶的无限。于是，所谓的欲望便成为了贪欲。这种欲望不再只是身体的欲望，而是关于欲望的欲望，亦即关于欲望的意志。正是这种欲望的意志成为了不道，因为它不是人的存在的道路和道理。

在不受限制的欲望实现过程中，欲望就会在它满足的快乐同时呈现它的危害。这表现在感官及其感觉的活动上便是：感觉的对象支配了感官。感觉的对象甚至会破坏感官自身，因此，"五色令人目盲；五音令人耳聋；五味令人口爽；驰骋田猎，令人心发狂；难得之货，令人行妨。"① 更重要的是，欲望不仅能够伤害人的感官及其感觉，而且能够毁灭人本身。欲望将人引向的死亡之路，达到危险境遇。罪莫大于可欲，祸莫大于不知足，咎莫大于欲得。所谓罪恶在根本上就是对于人自身欲望的限度的突破，亦即破坏了规则。由此形成争夺和斗争，而最终害人害己。

欲望固然是不道，但是它将自身看做道，并且也被人看成道，因此它能够在天下行走。人们服文采，带利剑，厌饮食。事实上，欲望的激发和满足正是世界之道，人的历史不过是对于食色的不断追求和实现，以及由此引发的争夺和占取。

在否定欲望的同时，《道德经》还否定了工具和技术的意义。工具和技术虽然是欲望及其实现的手段，但在老子看来，它们在本性上是人为的，因此是违反自然的，也就是违反道自身的。

---

① 第十二章。

论国学

　　但在现实世界中，工具和技术却被广泛地利用，而大道却并不流行。这是因为技是欲望实现的手段，而道则是欲望的限定乃至否定。因此，如果从人的欲望出发的话，那么人将不是选择道，而是选择技。毫不奇怪，大道甚夷，而民好径。人们拒绝听从道。即使不是如此，他们也会认为道没有什么用处。相反，无道看起来是一个简明宽阔的大道。

　　正是基于这样的理由，人们推崇工具和技术。于是，工具和技术便不断地被发明、改进、创新、推广。现实世界似乎就是依靠工具和技术而存在和发展。但是，老子看到，技术不仅不能解决天下已有的问题，相反只能产生更新的问题，而导致天下大乱。"天下多忌讳，而民弥贫；人多利器，国家滋昏；人多伎巧，奇物滋起；法令滋彰，盗贼多有。"① 工具固然满足了人的已有的欲望，但又刺激了人的新的欲望。技术和欲望的结合便推进了无道的横行。

　　这种以欲望和技术结合的人类活动表现为人道，而与天道相对。天道是自然的，而人道是不自然或者是反自然的。老子区分了天道和人道，也就是自然与人为。"天之道，其犹张弓与？高者抑之，下者举之；有馀者损之，不足者补之。天之道，损有馀而补不足。人之道，则不然，损不足以奉有馀。孰能有馀以奉天下，唯有道者。"② 天道和人道完全是背道而驰的。天道顺任自然，而且让事物能在补充之中平衡发展。而人道则不然，它只是以技术为手段来满足人的欲望，而完全不顾事物之间的均衡，而使它们更加分化和对立。在此意义上，与天道相对的人道在本性上是无道的和非道的。

　　反对自然的人道也是反对虚静的，因此它是满足的。"持而盈之，不如其已；揣而锐之，不可长保；金玉满堂，莫之能守；富贵而骄，自遗其

---

① 第五十七章。
② 第七十七章。

咎。"① 事物的满足往往是事物自身的发展达到了其极限，这样，它便会走向它的反面，而否定自身。满足的事物同时也是躁动的。"重为轻根，静为躁君。是以君子终日行不离辎重。虽有荣观，燕处超然。奈何万乘之主，而以身轻天下？轻则失根，躁则失君。"② 躁动是事物逃离自身本性的活动。而人的躁动则具体表现为远离道的规定，追

明·曾鲸《吕仙像》

求欲望和工具。人不断地实现自身的欲望并激发新的欲望，同时人也不断发明和采用新的工具。这便使人永远处于躁动不安之中。

无道还呈现为柔弱的对立面：强壮。"人之生也柔弱，其死也坚强。草木之生也柔脆，其死也枯槁。故坚强者死之徒，柔弱者生之徒。是以兵强则灭，木强则折。强大处下，柔弱处上。"③ 强壮看起来超过了柔弱，但事实上后者是合道的，而前者是无道的。老子认为，它们之所以上如此，是因为在人和物的表现上，柔弱是生命的征兆，而刚强是死亡的特点。柔

① 第九章。

② 第二十六章。

③ 第七十六章。

论国学

弱具有永远的生命力，而刚强则是生命力的丧失。因此，老子认为，"善有果而已，不以取强。果而勿矜，果而勿伐，果而勿骄，果而不得已，果而勿强。物壮则老，是谓不道，不道早已。"① 强壮是事物的终结，而不是开端，故是违反道的。

与道的无为完全不同，无道是人为的，是有为的。不仅如此，无道的有为还发展到争夺。人们从自己的欲望出发，凭借工具的使用，而获得自身的利益。在一种极端的情形中，争夺还变成了战争。战争是无道的典型形态。它的欲望一般是国家的利益，而其工具则专门化为杀人的武器。"天下有道，却走马以粪。天下无道，戎马生于郊。"② 从有道到无道，工具或者器物自身的性质发生了根本性的变化。工具在有道是时服从于和平的生活，在无道时成为战争的帮凶。但战争的工具是杀人性命的，是凶恶的。"夫兵者，不祥之器，物或恶之，故有道者不处。"③ 战争的工具是效劳于无道的工具，故只有无道者用之，而有道者则弃之。"以道佐人主者，不以兵强天下。其事好还。师之所处，荆棘生焉。大军之后，必有凶年。"④ 由此看来，老子并不主张战争，而是坚决反对战争。

毫无疑问，不仅道家，而且儒家也会反对无道或者不道。但儒家之道是真正的道吗？对于老子而言，只有他所主张的道家之道才是真正的大道，而儒家之道并不是道本身，而是不道和非道。

为什么所谓仁义之道是不道？这是因为它们是大道毁灭后的产物。"大道废，有仁义；智慧出，有大伪。"⑤ 一方面，对于道德仁义自身要区分，亦即追问什么样的道德仁义。这里就要分辨真的道德仁义和假的道德仁义。另一方面，对于道德仁义之间的关联和演变也要予以揭示和梳理。

---

① 第三十章。
② 第四十六章。
③ 第三十一章。
④ 第三十章。
⑤ 第十八章。

"上德不德，是以有德；下德不失德，是以无德。上德无为而无以为；下德
无为而有以为。上仁为之而无以为；上义为之而有以为。上礼为之而莫之
应，则攘臂而扔之。故失道而后德，失德而后仁，失仁而后义，失义而后
礼。夫礼者，忠信之薄，而乱之首。前识者，道之华，而愚之始"。① 从
道经德仁义到礼的过程，一方面是大道的丧失，另一方面是欲望和技术的
增长。

如此看来，儒家的道德仁义往往是无道的伴随者。固然仁义之道与无
道相区分，并试图克服无道，但它却始终和无道不可分离。一方面，仁义
之道遮蔽和掩盖了人的无道，它使人回避它和忘却它。六亲不和导致孝慈，
国家混乱产生忠臣。人们只是注意到孝慈和忠诚，而没有看到六亲不和与
国家混乱。另一方面，仁义之道又诱惑了无道，激发了人的罪恶。因此，
仁义之道不能完善人性，只能败坏它。于是仁义的善却成为了它的恶，它
的动机和它的结果正好完全相反。它以假充真，同时以假乱真。问题的症
结不仅在于无道以有道的假象出现，而且在于人们没有觉察到这种假象。

3. 遵道而行

在人的面前，事实上呈现两条道路。一条是道，它通向生命；另一条
是无道，它通向死亡。遵道而行就是要否定无道而肯定道。

老子将道与无道之间的矛盾尖锐地突显出来。在道看来，道是道，无
道是无道；但是在无道看来，无道是道，道是无道。这样便形成了一种极
为典型的老子的语言表达方式。它一方面是同一性的，另一方面是悖论性
的。作为语言悖论，"道是无道"这种语言表达式实际上支配了老子的整
个文本。"明道若昧；进道若退；夷道若类；上德若谷；广德若不足；建德
若偷；质真若渝；大白若辱；大方无隅；大器晚成；大音希声；大象无形；

---

① 第三十八章。

论国学

道隐无名"。①这里，道是非道，德是非德，物是非物。在这种语言表达式之中，主语是就道而言，宾语是就无道而言。于是主语和宾语实际上在同一的语言表达式中代表了两种完全相反的观点。

当然，老子在极端的悖论形态中力图肯定道，否定无道，亦即拒绝一般的道。基于这样一种理解，被道所规定的天地和圣人的本性就不是仁，而是不仁。"天地不仁，以万物为刍狗；圣人不仁，以百姓为刍狗。"②这种不仁绝不意味着一种非人道主义，从而主张毁灭人性。相反，它意识到并且反对仁义这一人道主义自身所包含的矛盾，亦即它始终是欲望的伴随现象，由此它将导致自身的瓦解。于是不仁不仅是对于一般仁义的否定，而且也是对于它的超出。在对于仁义等无道的否定之中，思想到达道自身。唯有道才能让万物和人在有无之变中生生不息。

作为遵道而行，人必须要否定无道自身中所掩盖和诱发的欲望。"虚其心，实其腹，弱其志，强其骨。常使民无知无欲，使夫智者不敢为也。"③在此，必须对于欲望进行区分，亦即划定欲望的边界。心与腹、志与骨虽然都是人的身心的一部分，但存在根本的差异。它们之间实际上是人为和自然的分别，亦即人为的和自然的欲望的分别。自然的欲望是身体性的，如腹和骨等。它是一种生理现象，合于自然本性，是自然而然的。这样，实其腹、强其骨便是沿道而行。相反，人为的欲望在根本上由人作为而出，是人的心和志的产物。而且这里的心和志主要被理解为违背自然和反对自然，亦即背道而驰。在此意义上，人必须虚其心、弱其志。

这种否定是一个过程：首先是欲无欲；其次是无欲；最后是无，亦即无为。在欲无欲中，人固然试图消灭欲望，达到无欲，但这种消灭欲望本身仍然是一种欲望。于是，一种欲望和一种无欲的欲望形成了一种抗争。

---

① 第四十一章。
② 第五章。
③ 第三章。

这会导致身心的分裂和痛苦。但在无欲中，人要无欲的欲望逐渐消失，但无作为否定仍然面对它所否定的对象。只是在绝对的无中，欲望的痕迹才彻底被排除掉，人完全居于绝对的无之中。这种对欲望的否定同时意味着是对于道的回归。

在否定欲望的同时，遵道而行也要抛弃工具和技术。工具和技术不仅满足了人的欲望，而且也刺激了人的欲望。它是人远离大道的助推器。为了行走在大道上，人就要最大限度地减少对于工具的依赖。"小国寡民。使有什伯之器而不用；使民重死而不远徙。虽有舟舆，无所乘之，虽有甲兵，无所陈之。使民复结绳而用之。甘其食，美其服，安其居，乐其俗。邻国相望，鸡犬之声相闻，民至老死，不相往来。"①在老子大道流行的理想国里，工具和技术已经失去了根本意义。人们不仅放弃一般物质的器具，亦即一般生产和生活的工具，也要放弃文化的用具。人们安居于自身所属的国土，既没有敌人，也没有朋友，而与道同在。此外，老子特别批判了以文化形态出现的工具。"绝圣弃智，民利百倍；绝仁弃义，民复孝慈；绝巧弃利，盗贼无有。此三者以为文，不足。故令有所属，见素抱朴，少私寡欲，绝学无忧。"②圣智、仁义和巧利之所以妨碍大道，是因为它们一方面掩盖了人的欲望；另一方面引诱了人的欲望，不过是一种以真理形态出现的谎言。由此，对于它们的弃绝正是从谎言到真理亦即大道回复的开端。

对于欲望的限定和工具的抛弃是对于无道的否定，这是遵道而行的一个方面，它的另一方面则是对于道的经验和实践，也就是修道、行道和为道。

道虽然是自然之道，但也必须通过圣人之口被言说出来，而获得了语

---

① 第八十章。
② 第十九章。

论国学

言的形态。如果人们要修道的话，那么首先就要闻道。但人们对于道的态度实际上可以区分为三种不同的形态。"上士闻道，勤而行之；中士闻道，若存若亡；下士闻道，大笑之。不笑不足以为道"。① 上士不仅闻道，而且行道，与道合一；中士闻道似是而非，所闻之道若有若无；下士则完全否定和拒绝听从道的召唤。

在这样的关联中，作为一个为道之人就要将自身和众人区分出来。"众人熙熙，如享太牢，如春登台。我独泊兮，其未兆；沌沌兮，如婴儿之未孩；累累兮，若无所归。众人皆有馀，而我独若遗。我愚人之心也哉！俗人昭昭，我独昏昏。俗人察察，我独闷闷。众人皆有以，而我独顽且鄙。我独异于人，而贵食母"。② 这描述了我和众人的种种对立现象。它们无非表明，众人沉溺于世界的非道的生活之中，而我则尊重道、追求道，按照道的规定去生活。虽然一个修道的人在无道的世界中看起来是愚蠢的，但就他自身而言却具有超凡脱俗的伟大风貌。一个为道人凭借什么和众人区分出来呢？不是凭借他的其他特性，而是凭借他修道。

但为道者是如何去修道的呢？修道的关键是与道合一。"载营魄抱一，能无离乎？专气致柔，能如婴儿乎？涤除玄鉴，能无疵乎？爱国治民，能无为乎？天门开阖，能为雌乎？明白四达，能无知乎"。③ 与道合一要从人自身开始，也就是修炼人自身的精、气、神。修炼表现为一种否定的过程，排除对于精、气、神各种形态的遮蔽和污染。它同时也是肯定的过程，开启出精、气、神自身纯粹的本性，并且让精、气、神三者合一。当然，修道者并不只是固守于自身，相反，他通向人和天地。因此，修道者也与他人同在，与天地同在。

人通过修道而体道。体道是人亲身体验道的生成。这发生在身心合一

---

① 第四十一章。
② 第二十章。
③ 第十章。

212

的虚静之中。"致虚极，守静笃。万物并作，吾以观复。夫物芸芸，各复归其根。归根曰静，是谓复命。复命曰常，知常曰明。不知常，妄作凶。知常容，容乃公，公乃全，全乃天，天乃道，道乃久，没身不殆"。① 当人达到了极端和绝对的虚静的时候，这便敞开了人与万物间的神秘的通道。一方面，万物在虚静中显示自身的本性；另一方面，人可以静观到万物自身的存在。这就是与道合一的经验。就万物的显现而言，它回到了自身的本根，故是归根。这也是它们和平地居住于自身的家园，故是宁静。这也是它们回复到自身的本性，故是复命。这也是它们实现了永恒性和普遍性，故是常。就人的明道而言，知道了物的永恒性和普遍性才是真正的明道。人由此能无所不容，坦然大公，无不周全，与天合一，与道合一。一个人唯有体道才能终生地守护自己。

　　一个与道合一的人就是一个得道的人。一个得道的人就是一个有德的人。所谓德正是道在人身上的实现。但人如何追求道而获得德呢？这依赖于人自身追求道德。"故从事于道者，同于道；德者，同于德；失者，同于失。同于道者，道亦乐得之；同于德者，德亦乐得之；同于失者，失亦乐得之。"② 正如人与物相互作用一样，人与道德也相互生成。道德回应人积极和消极的活动。当人亲近道德的时候，它也亲近人；当人远离道德的时候，它也远离人。但一个为道者将修德不仅实现于自身，而且扩大到他人乃至世界。"修之于身，其德乃真；修之与家，其德乃馀；修之于乡，其德乃长；修之于邦，其德乃丰；修之于天下，其德乃普。"③ 从自身，经过家、乡、邦，乃至到天下，是道德实现的不断扩大化和普遍化的过程。

　　既然一个为道者与众人不同，那么他具有一个什么样的真实形象？

---

① 第十六章。
② 第二十三章。
③ 第五十四章。

论国学

"古之善为道者，微妙玄通，深不可识。夫唯不可识，故强为之容：豫兮若冬涉川；犹兮若畏四邻；俨兮其若客；涣兮其若凌释；敦兮其若朴；旷兮其若谷；混兮其若浊；澹兮其若海；飂兮若无止。孰能浊以静之徐清；孰能安以动之徐生。保此道者，不欲盈。夫唯不盈，故能蔽而新成。"① 这不是对于为道者本性的规定，而是对于他的形象的描述。这种描述大多采用了比喻的手法。其中有的是常见的人类行为，有的则是普遍的自然现象。但它们无非表明，为道者一方面是内敛的，另一方面是外向的；他既是有限的，又是无限的。但为道者在根本上是体悟和实践大道自身的动与静，由浊到清，由安到生。这其实就是把握了大道自身的存在即虚无的生成本性。故为道者自身能生生不息，新而又新。

老子将为道者不仅比喻为众多自然现象，还比喻成一个特别的年龄的人——婴儿。"含德之厚，比于赤子。毒虫不螫，猛兽不据，攫鸟不抟。骨弱筋柔而握固。未知牝牡之合而全作，精之至也。终日号而不嗄，和之至也。"② 一般认为赤子是弱小的且无知的生命。但他却是具有自然本性而没有被文明熏陶的人。他与道保持直接的关联，获得了非凡的德性。一方面，他得到了道的保护，而不受其他生物的伤害；另一方面，他自身具有奇特的力量，充满了足够的精气。当然，一个赤子在根本上也谈不上是一个为道的人，同时，一个为道的人在事实上也不是一个赤子。但他们有一个共同点，具有自然赋予的道德。故老子将为道者比喻成赤子。但他们之间仍有根本的差异。一个赤子还不是成人，只是保持了自身原初的尚未丧失的自然性，但在其成长过程中随时有可能被丧失。一个为道者却不再是赤子而是成人，在其丧失了其本来的自然性之后还能保持其自然性。故一个为道者是一个不再是赤子之后的赤子。但道家的赤子不同于儒家的赤

---

① 第十五章。
② 第五十五章。

子。后者具有良知良能，本心和本性，仁义道德，但前者只是具有自然的虚静之心，超出了仁义道德。

在老子看来，一个为道并得道之人正是圣人。他自身所具有的德性就是道自身的特性。因为道本身是自然的、虚静的、柔弱的和无为的，所以圣人也是自然的、虚静的、柔弱的和无为的。当然，这些特点还可以具体化为许多人格特征。

显然，圣人被天地的自然之道所规定。"天长地久。天地所以能长且久者，以其不自生，故能长生。是以圣人后其身而身先，外其身而身存。非以其无私邪？故能成其私。"① 圣人作为一个特别的人，是无我无私的，而完全与天地自然之道一体。他体悟和听命天地自然之道，并由它来指引自己的生活。于是圣人能与天地之道一样地长久。

但圣人不仅与天地发生关联，而且与民众发生关系。在天地人的结构整体中，圣人占据了非常独特而重要的位置。他是天地与人的中介。他要将天地的自然之道传给大众，让他们遵道而行。这就是圣人治天下的伟大事情。但如何治理？唯一的就是依照自然之道，无为而治。这种无为成为了圣人的基本规定。圣人处无为之事，行不言之教。为无为，事无事。这里的无为不是不做任何事情，而是否定在违背大道的意义上的各种人为的行为。同时它也不能等同于任何片面的消极或者片面的积极活动。它是道自身的自然而为，并且它让人和万物任其本性而为。因为这种无为是最本原的生成，是最高形态的有为，所以无为而无不为。基于此，"圣人不行而知，不见而名，不为而成"。②

在无为而治中，圣人与民众一体。"圣人无常心，以百姓心为心。善者，吾善之；不善者，吾亦善之；德善。信者，吾信之；不信者，吾亦信

---

① 第七章。
② 第四十七章。

论 国 学

之；德信。圣人在天下，歙歙焉，为天下浑其心，百姓皆注其耳目，圣人皆孩之"。① 圣人无我，将人化为我。同时，圣人无论善与不善者，皆以善待之，让其成善；信与不信者，也皆以信待之，让其成信。这在于圣人的善是至善，超出了一般的善与不善；圣人的信是至信，超出了一般的信与不信。圣人之道是自然之道，没有人为的分别。故他能让天下之人的心灵达到浑然纯一，让其神情恢复赤子状态。圣人不仅爱人，而且爱物。"圣人常善救人，故无弃人；常善救物，故无弃物。"② 圣人之爱遍及一切，把它们从无道的危险中拯救出来，而存在于道中。他让一切人守护自身的人性，而成为人，一切物保持自身的物性，而成为物。

《道德经》对于中国精神历史的影响无比深远。它所主张的自然无为的精神一向是作为儒家"礼乐文化"的对立面，为中国人性的自由建构起了关键性的作用。自近代以来，它也开始对于西方产生影响。西方人一方面用它来对比基督教，因为它不同于"神启宗教"，是一种沉醉于自然的精神和智慧；另一方面，人试图用它来克服西方自柏拉图以来的形而上学的传统所产生的弊端。

二、《庄子》

作为老子思想的继承和发展，庄子③ 的道家思想显得更加丰富和精细。如果说老子是一个充满睿智的老者的话，那么庄子则是一个怀抱幻想的少年。特别是他以逍遥游所阐释的自由的思想可谓前无古人，后无来者，成为了千年中国知识分子的精神理想之一。

---

① 第四十九章。
② 第二十七章。
③ 以下所引《庄子》文本见陈鼓应注译：《庄子今注今译》，北京：中华书局，1983 年。但只标明其所在的篇目。

1. 道

　　庄子思想的根本主题仍然是道。但他是如何规定道的呢？他认为，道有情有信，无为无形。道虽然是真实的存在，但不是如同一个物那样的具体的存在者。因此，人们必须注意道与万物之间的区分。如果道不是万物的话，那么它也就不存在于某种特定的时间和空间之中。"在太极之上而不为高，在六极之下而不为深，先天地生而不为久，长于上古而不为老。"① 太极是最高处，六极是最低处。它们是空间的最远的边界。天地创生和上古开端是最远古的开始。它们是时间最早的边界。但道越过了空间和时间的边界。它比最远的空间还要远，比最早的时间还要早。但道不仅超出一般的空间性和时间性的边界，而且在根本上是没有时间性和空间性的。因此，道是无法用空间性和时间性去描述它的本性的。作为一个不在具体时间空间中的存在，道也没有感性特点，如形体和声音等。于是，道也无法用具体的存在者的特性去比附。

　　因为道不同于万物的存在，所以它是虚无。但道的虚无性如何自行呈现出来？这是通过虚无与存在的区分而实现的。庄子通过对于一般存在性的开始的否定而达到虚无性的开始，而敞开虚无自身。"有始也者，有未始有始也者，有未始有夫未始有始也者。有有也者，有无也者，有未始有无也者，有未始有夫未始有无也者。"② 虚无是对于存在的否定。但否定自身不能成为一个物。当否定自身有如此可能的时候，它自身也要被否定。这就是说，否定不仅要否定他物，而且要否定自身。只有如此，否定才能彻底地揭示绝对的虚无，也就是道。道虽然也是一个开始，但它不是一般的存在的开始，而是比它们更加本原。与存在的开始相较，道更是一个存

---

① 《大宗师第六》。
② 《齐物论第二》。

论国学

在着的"未始"，也就是一个存在着的虚无。虽然道是最根本的"尚未开始"，但却孕育着自身的开始。

作为如此，道自身存在着。"自本自根，未有天地，自古以固存。"① 道自身作为自身的根据。这意味着道没有在它之外的任何一个存在者作为自身存在的根据。如果道还有一个外在的根据的话，那么它就要回溯到一个比它更本原的开端。于是，道就不可能作为最初的开端。当道以自身作为自身的依据时，它不仅是自身的开端，而且也是最初的开端。但道如何为自身建立根据？道是道，只是它自身而已。它自然而然。因此，庄子道的根本意义就是自然。道不仅为自身建立根据，而且也为天地万物建立根据。作为开端，道生天生地。由此，生育万事万物。

庄子描述了从道到物乃至到人的演化过程。"泰初有无，无有无名；一之所起，有一而未形。物得以生，谓之德；未形者有分，且然无间，谓之命；留动而生物，物成生理，谓之形；形体保神，各有仪则，谓之性。性修反德，德至同于初。同乃虚，虚乃大。合喙鸣；喙鸣合。与天地为合。其合缗缗，若愚若昏，是谓玄德，同于大顺。"② 这个过程可以分解为如下几个阶段。第一，无。它是道的虚无性存在形态。它是最根本的开端，不仅是虚无的，而且是无法命名的。第二，一。它是道的存在性存在形态。一虽然存在，是有，但不是一个作为众多之一的存在者，而是没有区分的混沌为一。第三，德。它意指事物获得了道的本性，作为自身而生成出来。第四，命。事物虽然没有形体，但已有阴阳二气的区分。它作为气，流行无间。第五，形。气是不断运行的，但聚集在一起就成为物，并且形成自身的独特形体。第六，性。在事物发展的最后和最高的阶段，它不仅获得了形体，而且还灌注了精神。事物的精神尤其指人的精神。但人

---

① 《大宗师第六》。
② 《天地第十二》。

的精神通过修炼却能返于泰初，合于大道。一方面是从道到人，另一方面是从人回到道。这构成了一个循环。

在道生万物的过程中，道自身虽然具有虚无的本性，但同时又存在于万事万物之中。一方面，道无一所在，不是一物；另一方面，道无所不在，遍及万物。于是，道具有一种非凡的普遍性。为何如此？这正在于道生育万物。此种生育关系是特别的。道并不与万物相分离，不如说，它自身贯穿于万事万物之中。道是覆载万物者。如果道包容万物的话，那么万物都是有道的。既然如此，那么道就存在于各种差异的事物之中。不仅不同的事物是有道的，而且相互对立的事物也是有道的。同时，道也存在于各种具有等级序列的事物之中。不仅高级的事物是有道的，而且低级的事物也是有道的。

天下的万事万物都具有道。这究竟意味着什么？如果说道就是自然的话，那么事物具有道就是具有自然，亦即具有自身的本性。这就是说，万物自身的存在是依照自身的本性而存在的。在这样的意义上，天地万物，道通为一。

据此，庄子主张万物是齐一的。虽然庄子也承认事物是有差异的，甚至是矛盾对立的，但他认为这只是单面的、暂时的和不确定的。事物之间的比较源于彼此的对立，但这种对立是相对的，而不是绝对的。"物无非彼，物无非是。自彼则不见，自是则知之。故曰彼出于是，是亦因彼。彼是方生之说也，虽然，方生方死，方死方生；方可方不可，方不可方可；因是因非，因非因是"。① 因此，人不可执著于彼此之分，非此即彼，或此或彼，这样只能顾此失彼，不可能把握事物自身。事实上，每一个事物就其自身而言都是独一无二的，无法比较的。在这样的意义上，所有的事物都是齐一的、平等的。

① 《齐物论第二》。

论国学

庄子认为不仅那些有差别的万物是齐一的，而且那些有差别的物论也是齐一的。虽然物就其自身而言是无差异的，但是人们从不同的角度去观察它时便会获得不同的观点，形成不同的物论。"以道观之，物无贵贱；以物观之，自贵而相贱；以俗观之，贵贱不在己。以差观之，因其所大而大之，则万物莫不大；因其所小而小之，则万物莫不小；知天地之为稊米也，知毫末之为丘山也，则差数睹矣。以功观之，因其所有而有之，则万物莫不有；因其所无而无之，则万物莫不无；知东西之相反而不可以相无，则功分定矣。以趣观之，因其所然而然之，则万物莫不然；因其所非而非之，则万物莫不非"。① 人们对于物的观察有不同的立场和视角，它们分别是道、物、俗、差、功、趣等。其中，以物观物并非一种摆脱了人的偏见的如实的观照，而是一种以某物为中心而以他物为边缘的观法。以俗观物则反其道而行之。人们不是根据物自身去看物，而是根据世俗的观点去看物。以差观物是以大小的尺度来衡量物。以功观物是以有无的尺度来衡量物。以趣观物是以是非的尺度来衡量物。在这种种不同的立场和视角当中，物的意义发生了根本的改变。但这些物的观点都是相对的，而不是绝对的。就以物观物而言，每一个事物都会认为自己是贵的，他种物是贱的。故每一个事物都有贵贱。就以俗观物而言，一个物是否好坏不在物自己，而在世俗。当世俗的看法变化以后，物的好坏也改变了。故每一个事物都可贵可贱。就以差观物而言，每一个事物既有它的大，也有它的小。故物与物的大小是不可比较的。就以功观物而言，但每一个事物既有它的有用之处，也有它的无用之处。故物与物的功用之处是不可比较的。就以趣观物而言，但每一个事物既有它的是，也有它的非。故物与物的是非是不可以比较的。只有以道观物才是对于事物的如实观照。在道的视野里，每一个事物都按其本性存在，故各得其道，各得其所。物就其自

---

① 《秋水第十七》。

身而言保持其自身，没有贵贱差异之分。基于这样的观点，各种不同观点的物论的争论是没有必要的。它们必须取消彼此的对立，回到物与道的关联上。

在通过讨论道与万物的关系来确定道的意义的同时，庄子也通过区分道与欲来显示道的本性。人是欲望的存在。人的现实生活就是追求欲望的满足。目欲视色，耳欲听声，口欲察味，志气欲盈。正是因为欲望是人的存在的本性，所以人的价值的设定都是以欲望的满足为标准的。"夫天下之所尊者，富贵寿善也；所乐者，身安厚味美服好色音声也；所下者，贫贱夭恶也；所苦者，身不得安逸，口不得厚味，形不得美服，目不得好色，耳不得音声。"① 虽然欲望有很多种类，但基本上是人的身体性的，具体表现为五官的享受。人们所乐者为有所欲之乐，所苦者为无所欲之苦。

虽然欲望不能绝对禁止，但庄子认为欲望也绝对不能放纵。"人之所取畏者，衽席之上，饮食之间；而不知为之戒者，过也。"② 人的基本的欲望就是食欲和性欲。它们是人们最必须的和最平常的欲望，故是不可彻底消灭的。问题的关键在于，确定食欲和性欲的边界。这个边界其实不是人为确定的，而是自然本身确定的。这就是说，道给欲望划定了边界。人必须戒除伤害性命之情的欲望，相反，人可以满足合乎性命之情的欲望。食欲和性欲虽然是人之常情，但也包含了巨大的危险。知道并恪守其边界者是合于道的；不知道并破坏其边界者是不合于道的。

庄子不仅区分了道与欲，而且区分了道与技。技不同于道。道是自然，技是人为。技作为人的能力是人改变自身和事物的手段和工具。作为如此，它在人类生活中发挥了一定的作用。庄子描写了很多技艺高超的人。他们都非同凡人，身怀绝技。

---

① 《至乐第十八》。
② 《达生第十九》。

论国学

但庄子并非绝对推崇技艺或者手段，不如说，他反对对于技术的膜拜。原始机械的运用是人的一大发明，是技术发展的关键性的一步。机械可以充当人的外在的手脚，帮助人解放自己的身体，更好地从事劳动。虽然机械有如此的有用之处，但庄子认为它自身包含了一种危险。"吾闻之吾师，有机械者必有机事，有机事者必有机心。机心存于胸中，则纯白不备；纯白不备，则神生不定；神生不定者，道之所不载也。吾非不知，羞而不为也。"① 机械与一般器具的不同在于，它是机动的和机巧的。当人用机械去从事某种活动的时候，他就会去算计和谋划，这样甚至会发展为巧伪，亦即让人投机取巧。这就是庄子所说的机械的危险之处：它产生机事并产生机心。一个机心是人为的，非本然的。它无法接受道，不能为道所指引。因此，机械的好处刚好是它的坏处。

庄子虽然认为技可能有害于道，但也认为技可能服务于道。这里的关键在于道规定技。"臣之所好者道也，进乎技矣"。② 这意味着，不是技高于道，而是道高于技。于是，道要指导技，技要达到道。如果技没有道的指引的话，那么它不仅可能危害道，而且也可能限制自身的发展。如果技有道的指引的话，那么它不仅可以成为道的工具，而且也会推动自身的进步和完善。只有当技术合于自然之道的时候，它才能宛若鬼斧神工，出神入化。虽然技不同于道，但技不是非道之技，而是有道之技。"能有所艺者，技也。技兼于事，事兼于义，义兼于德，德兼于道，道兼于天。"③ 技作为人的能力和物的器具，都必须置于事物的关联之中。但一个事物有其义理，而义理有其德，德有其道，而道自身就是作为天的自然本身。这表明，道才是技的最终根据。只有当技居于道之中的时候，它才真正为自身建立了根据。

---

① 《天地第十二》。
② 《养生主第三》。
③ 《天地第十二》。

庄子最后还指出了道与非道的对立。道是自然的，非道是反自然的；道是合于人的性情的，非道是戕害人的性情的。"故尝试论之，自三代以下者，天下莫不以物易其性矣。小人则以身殉利，士则以身殉名，大夫则以身殉家，圣人则以身殉天下。故此数子者，事业不同，名声异号，其于伤性以身为殉，一也"。① 小人、士、大夫和圣人是天下不同身份的人。他们追求不同的欲望，采取不同的手段。尽管如此，他们在反道上是完全一致的，亦即以物易其性。物是欲望和技术之物，性是合于大道之性。以物易其性，就是让欲望和技术超出了道的规定，并以自身为目的。但欲望和技术的膨胀并非是无限的，而是有限的。它们无法超出人的身心的天然的大限。当欲望和技术以各种名义实现之时，正是人的性情伤害之日，也是大道消失之日。

道与非道的对立还表现为天道和人道的不同。天道是天地之道，人道是人类之道。天地之道是自然的，是道本身。人类之道是非自然的，是人的欲望和技术的活动。"何谓道？有天道，有人道。无为而尊者，天道也；有为而累者，人道也。主者，天道也；臣者，人道也。天道之与人道也，相去远矣，不可不察也。"② 庄子将天道和人道区分为无为和有为、君道和臣道。虽然它们都可以说成是道，但在实质上却是两种根本不同的甚至对立的道。它们两者是背道而驰。因此，人要区分天道和人道，并选择天道，放弃人道。

对于庄子而言，最典型的非道形态就是作为他的思想上的敌人——儒家的仁义道德。庄子标明了他和儒家在在一些根本问题上的差异。"吾所谓臧者，非仁义之谓也，臧于其德而已矣；吾所谓臧者，非所谓仁义之谓也，任其性命之情而已矣；吾所谓聪者，非谓其闻彼也，自闻而已矣；吾

---

① 《骈拇第八》。
② 《在宥第十一》。

論国学

所谓明者，非谓其见彼也，自见而已矣。"① 仁义之所以是非道的，这是因为它是人为的，甚至是虚伪的。德和性命之情之所以是合道的，这是因为它是自然的，是人本有的。聪明不是听到和看到任何外在的现象，而是能听到和看到人自身的本性。所谓人自身的本性正是为道所规定的，一种自然的性情。庄子还批判人们对于大道的破坏。"夫残朴以为器，工匠之罪也；毁道德以行仁义，圣人之过也"。② 从朴到器，是从自然到人为；从道德到仁义，也是从自然到人为。它们都是从道到非道的转变。虽然道家和儒家都讲仁义道德，但它们所具有的意义是不一样的。道家是自然的，儒家是人为的。对于道家而言，是道德仁义。其中，道德规定了仁义；对于儒家而言，是仁义道德。其中，仁义规定了道德。正是在这样的意义上，儒家是毁道德以行仁义。

2. 知道

根据庄子的观点，虽然道是存在的，而且作用于人，但道不可知。"道不可闻，闻而非也；道不可见，见而非也；道不可言，言而非也。知形形之不形乎！道不当名。"③ 一方面，道不诉诸人的听觉、视觉和语言言说；另一方面，人的听觉、视觉和语言言说无法通达道。为何如此？这在于道的存在性即它的虚无性。但人的感觉、思想和言说等都是存在性的，而不是虚无性的。因此，道拒绝走向人的感觉、思想和言说。同时，人对于道的任何感觉、思想和言说都不可能显示道，而只能遮蔽道。

在这样的关联中，人们必须注意语言、思想与道的区分。"世之所贵道者书也，书不过语，语有贵也。语之所贵者意也，意有所随。意之所随者，不可以言传也，而世因贵言传书。世虽贵之，我犹不足贵也，为其贵

① 《骈拇第八》。
② 《马蹄第九》。
③ 《知北游第二十二》。

非其贵也。故视而可见者，形与色也；听而可闻者，名与声也。悲夫，世人以形色名声为足以得彼之情。"①这建基于对于语言的一般性的理解。文字是语言的记录，语言是思想的表达，而思想是关于存在的思考。在庄子这里，书是语言文字的书写，语言是思想的记录，意就是关于道的思考，而意之所随则是无法言说的道自身。但一般人却没有注意到语言并不能表达道本身，而以为语言文字就是道本身。然而，语言文字是永远无法去描述那不可言说的道本身的。

　　庄子认为，语言虽然不是道本身，但却和道有密切的关联。语言和道可以看成是一种手段和目的的关系。"荃者所以在鱼，得鱼而忘荃；蹄者所以在兔，得兔而忘蹄；言者所以在意，得意而忘言。吾安得夫忘言之人而与之言哉！"②为了达到目的，人们必须借助于手段。但一旦目的实现之后，人们就要抛弃手段，而不能错把手段当做目的，而遗忘了真正的目的。作为手段与目的的关系，语言与思想的关系也要作如此的考虑。这就是说，一方面是以言得意，另一方面是得意忘言。不仅如此，意和意之所随的关系也是如此。当人们思考了道之后，就要放弃思考本身，而直接体悟那不可思议的道本身。在此，语言不能越过自身的边界。否则，它不再是作为手段，而成为了以自身为目的的存在。当语言越过自身边界的时候，道本身则被遗忘了。

　　庄子虽然认为道不可知和道不可说，但仍然强调要去认识道。"知天之所为，知人之所为者，至矣。知天之所为者，天而生也；知人之所为者，以其知之所知以养其知之所不知，终其天年而不中道夭者，是知之盛也。虽然，有患。夫知有所待而后当，其所待者特未定也。庸讵知吾所谓天之非人乎？所谓人之非天乎？且有真人而后有真知。"③庄子认为，知道

①　《天道第十三》。
②　《知北游第二十二》。
③　《大宗师第六》。

论国学

天人之道是知识的最高境界，但人们要真正实现是非常困难的。这在于知识要吻合于所知道的事物，但事物自身是变化的。故知识很难确证其真理性。但知识的关键是获得真理，也就是成为真知。但真知如何可能？庄子认为真知的产生最终依赖于人成为真人。但真人意味着，人生存于道的真实存在之中。

然而，在现实中人并不处于道之中，而道也不处于显现之中。"道恶乎往而不存？言恶乎存而不可？道隐于小成，言隐于荣华。故有儒墨之是非，以是其所非而非其所是。欲是其所非而非其所是，则莫若以明。"①道的遮蔽有两种可能。一种是道的自身遮蔽，另一种是道被他物所遮蔽。庄子在此指出，道的遮蔽在于人的思想的成见和语言的虚伪。它们阻碍了人自身认识道，同时也会让道本身隐而不现。为了获得关于道的真知，人必须消解思想自身对于道的遮蔽。这不仅意味着让小知成为大知，让片面的知识成为全面的知识，而且意味着绝对消灭知识自身内在的任何的意愿和能力，而让人的思想消融在道的真实存在之中。由此可以说，不是知识可以知道，而是无知才可以知道。庄子说："无思无虑始知道，无处无服始安道，无从无道始得道。"②这里的无是否定。通过如此，人们达到虚无。在虚无中，人们不仅可以知道，而且可以得道。

但如何消解知识而达到无知呢？庄子认为其根本的道路就是坐忘。"堕肢体，黜聪明，离形去智，同于大通，此谓坐忘。"③坐忘可以直接地解释为静坐而心亡。人的心灵一般总是记得一些事情，如关于自己身体的存在，关于世界的各种观念，包括功名利禄、仁义道德等。但它们阻碍了人们去认识道本身。坐忘就是忘掉这一切。人们不仅要忘掉外在世界及其观念，而且要忘记自己。人不仅要忘掉身体，而且也要忘掉感觉和心灵自

---

① 《齐物论第二》。
② 《知北游第二十二》。
③ 《大宗师第六》。

身。唯有如此，人才能虚心接纳道，并与道合一。

与坐忘一样，心斋也是通往无知的道路。斋戒的本意是不茹荤腥，不饮酒等。这些饮食本身具有一定的刺激性，过量和长久的食用能激起人的欲望，败坏人的身体和性情。因此，对于一个修道的人或者是试图保持身心健康的人来说，持守斋戒虽然不是充分的，但却是必要的。不过，庄子所说的不是饮食的斋戒，而是心灵的斋戒。所谓心斋就是让心灵不受外在事物的污染，而保持自身的纯净。在这样的意义上，心斋在根本上否定性的。"汝齐戒，疏瀹而心，澡雪而精神，掊击而知！"① 心斋是去掉心灵的污秽，如同对于有害事物的疏通、洗涤和消灭一样。

但心斋除了否定性的一面之外，还有肯定性的一面。事实上，否定性和肯定性是同时发生的。所谓的否定性是清除心灵的遮蔽，所谓的肯定性就是显现心灵的本性，并敞开和接受道。"若一志，无听之以耳而听之以心，无听之以心而听之以气！耳止于听，心止于符。气也者，虚而待物者也。唯道集虚，虚者，心斋也。"② 庄子所说的听不仅只是一般的听觉，而且也是倾听和接纳。耳听是外在的，心听是内在的。气听无内外，是虚无的。庄子要求人要专注于自身的心志，既不要让耳朵感觉外在事物，也不要让心灵接触外在事物，而是要听之以气。正是当人的心灵如同气一般是虚无的时候，人才能倾听道。这在于道自身是虚无的，它只在虚无中来临和显现。由此可见，心斋产生了一颗空灵的心。通过去掉心灵的遮蔽，它一方面让心灵回到了心灵自身，另一方面也让道去掉了障碍而在心灵中显现自身。"若正汝形，一汝视，天和将至；摄汝知，一汝度，神将来舍。德将为汝美，道将为汝居。汝瞳焉如新生之犊而无求其故！"③ 人通过端正形体而让天然出现，通过专一心志而让精神在场，由此也是让道德来临。

① 《知北游第二十二》。
② 《人间世第四》。
③ 《知北游第二十二》。

论国学

其中的端正就是去掉不正，专一就是清除杂念。这正是心斋否定和肯定的两面。

一个斋戒的心不仅是虚的，而且也是静的。对于人的心灵由动到静的转变这一现象，庄子将它比喻成从流水到静水。"人莫鉴于流水而鉴于止水，唯止能止众止。"① 流水波涛汹涌，无法呈现万物；唯有止水平静，方能映照万物。其实，心灵如水。不是躁动，而是宁静的心灵才是心灵的真正本性。一个躁动不安的心始终在追逐外在事物，并为其所困。只有宁静的心灵才能回到自身并安居于自身，并能如实观照万物。宁静是人的心灵的本性。"圣人之静也，非曰静也善，故静也；万物无足以铙心者，故静也。"② 心的宁静就不是为了他物，而是为了自身。但真正的宁静并非是心灵无干扰的原初状态，而是心灵能不为外物所动而固守自身。这种宁静是心灵最伟大的力量，它能使自身宁静。心灵真正的宁静是心灵使之宁静。

庄子将人宁静的心灵自身形象地比喻为明镜。"水静则明烛须眉，平中准，大匠取法焉。水静犹明，而况精神！圣人之心静乎！天地之鉴也，万物之镜也。夫虚静恬淡寂漠无为者，天地之本，而道德之至，故帝王圣人休焉。休则虚，虚则实，实者备矣。虚则静，静则动，动则得矣。静则无为，无为也则任事者责矣。无为则俞俞，俞俞者忧患不能处，年寿长矣。夫虚静恬淡寂漠无为者，万物之本也。"③ 宁静的水能成为一面镜子，映照万物。而宁静的心灵也能成为一面镜子，知晓世界。这在于宁静不仅是人的心灵的本性，而且也是天地之道的本性。只有当人们将自身的心灵变成一面镜子的时候，他才能通达万物。一方面，宁静的万物之道在人宁静的心灵里呈现自身；另一方面，人的心灵不受万物的干扰，而保持为自

---

① 《德充符第五》。
② 《天道第十三》。
③ 《天道第十三》。

228

身。"至人之用心若镜，不将不迎，应而不藏，故能胜物而不伤。"① 人的心灵和万物之间镜子般的反映关系既不是被动的，也不是主动的，而是一种超出了主被动模式的自由的关系。

虽然坐忘和心斋可以在瞬间实现，但庄子认为它们需要在长期的时间中才能完成自身。这是一个包括了若干环节的体道的过程。"吾犹告而守之，三日而后能外天下；已外天下矣，吾又守之，七日而后能外物；已外物矣，吾又守之，九日而后能外生；已外生矣，而后能朝彻；朝彻，而后能见独；见独，而后能无古今；无古今，而后能入于不死不生。杀生者不死，生生者不生。其为物，无不将也，无不迎也；无不毁也，无不成也。其名为撄宁。撄宁也者，撄而后成者也。"②

体道的过程可以分解为如下几个步骤。第一，外天下。将世界置之度外。第二，外物。将周遭的事物置之度外。第三，外生，将自己的生命置之度外。第四，朝彻。一旦豁然开朗而彻悟。第五，见独。洞见那独一的存在。第六，无古今。消除了古今区分的时间。第七，入于不死不生。人达到了道自身。道超出了有生有灭的相对性，而呈现了无生无灭的绝对性。这是庄子所描述的人经验道的过程。它基本上可以分为前后相续的两个方面：否定性和肯定性。就否定性而言，人从否定世界经否定万物再到否定自己。这是一个由外到内步骤。就肯定性而言，它既是人的心灵的虚化，也是大道的来临。

3. 成道

根据庄子的思想，人与道的关系不仅是知道，而且也是成道，也就是得道。一个得道的人有一个特别的名字：真人。道本身是真实不虚的。它

---

① 《应帝王第七》。
② 《大宗师第六》。

论 国 学

不仅是真理，而且也是真实的存在。一个被道所规定的人，就是一个处于真之中的人。真人不仅知道真理，而且生存于真实的存在之中。

一个真人当然不同于那些一般的人，也就是世俗之人。在庄子的眼中看来，一般的人沉溺于世俗的生活之中，只是追求满足自身的欲望，并玩弄一些技巧。他们并没有与道相处，这就是说，他们只有欲望和技术，而没有道。但道是真。一个没有道的人就不是真人，而是一些虚假之人。

虽然真人不是一般的世俗之人，但也并非一些非世俗之人。庄子把他们归结为五类人：山谷、平世、朝廷、江海、道引之士。山谷之士愤世嫉俗，砥砺心志；平世之士宣讲仁义，修身养性；朝廷之士追求功名，实现治道；江海之士隐逸山泽，栖息旷野；道引之士吹嘘呼吸，延长寿命。他们为何不是真人？这在于他们借助于一独特的手段，达到一独特的目的，并没有依道而行。与此相反，一个真人必须抛弃这些不同的手段和目的，而只是唯道是从。"若夫不刻意而高，无仁义而修，无功名而治，无江海而闲，不导引而寿，无不忘也，无不有也，澹然无极而众美从之。此天地之道，圣人之德也。故曰，夫恬淡寂漠虚无无为，此天地之本而道德之质也。故圣人休焉，休则平易矣，平易则恬惔矣。平易恬惔，则忧患不能入，邪气不能袭，故其德全而神不亏"。① 一个真人虽然没有任何特定的手段和目的，但却无手段而拥有手段，无目的而达到目的。这在于真人遵循道德而顺任自然。天地之道是真实之道，为真人充当了手段并实现了目的。真人由此成为了真人。

既然真人与一般的人相区分，那么他具有何种独特的形象？庄子在《大宗师》中对于真人有许多描述。第一，真人心态自在。他超然物外，不为外在事物的成败得失而高兴而痛苦。无论外在事物如何变化，也无论外在事物如何可能伤害自身的生命，他都能保持自身绝对的宁静。第二，

---

① 《刻意第十五》。

真人身体安宁。他无论睡眠和清醒，都无忧无虑。与常人相比，他乃至有超人的生理特性。第三，真人行为自如。他不喜欢生，也不厌恶死，超出生死之外，完全接受和顺任事物自身的发展和生灭。第四，真人天人合一。他和天地相通，与大道一体。

庄子将真人还称为德人和神人。"德人者，居无思，行无虑，不藏是非美恶。四海之内共利之之谓悦，共给之之谓安；怊乎若婴儿之失其母也，傥乎若行而失其道也。财用有馀而不知其所自来，饮食取足而不知其所从，此谓德人之容。"①德者，得也。德人就是一个得道之人，得到了天地之道。一个被道所规定的人，就如婴儿般自然天真。他无思无虑，完全和天地万物合为一体。神人与德人既有有相同的地方，也有不同之处。"上神乘光，与形灭亡，此谓照旷。致命尽情，天地乐而万物销亡，万物复情，此之谓混冥。"②神人则是显现了道德的光芒，虚明而空旷。在神人的光芒中，万物回复到其本来面目，达到其混沌的状态。神人的神秘之所在就是其光明如同幽暗，其幽暗如同光明。

庄子还将真人称为至人。"夫至人者，上窥青天，下潜黄泉，挥斥八极，神气不变。"③至人是最高的人，也就是达到最极端的人。他能游走在天地的极限，走在最高处、最深处和最远处，也就是天地最极端的边界。虽然这个边界是有与无的边界，生和死的边界，但至人毫不畏惧。这在于他与道同在，在深渊中没有根基处建立根基。

庄子还将真人称为圣人。"天地有大美而不言，四时有明法而不议，万物有成理而不说。圣人者，原天地之美而达万物之理，是故至人无为，大圣不作，观于天地之谓也。"④作为与一般人不同的人，圣人是一个伟大

---

① 《天地第十二》。
② 《天地第十二》。
③ 《田子方第二十一》。
④ 《知北游第二十二》。

的人。但圣人的关键之处在于，不是从人出发，而是从天出发。他体悟到了自然的道理，并实践如此的道理。因此，他不用有为，而是无为。

在庄子那里，真人、德人、神人、至人和圣人等指的都是同一个人，也就是得道和成道之人。所谓的道正是自然之道。但得道之人的这些名字也有不同的意义。它们实际上分别描述了得道之人本性的各个方面。

尽管真人是一个非同寻常的超人，但只要他是作为一个真正的人的话，那么他就是作为一个现实的存在者。他具有肉身，与世俗之人一样饮食男女，并且还要与他人交往。这就是说，真人也生活在现实世界之中。于是，便产生了如下的问题：真人如何在现实世界之中去存在？如果真人完全沉溺于现实世界的话，那么他就是俗人，而不是真人；如果真人超出现实世界的话，那么他虽是真的，但不是人。面临这样的难题，庄子提出了一个解决的方案：游于世界之内。

世界对于庄子来说并非一个自由之地，人生在世是生存于各种枷锁之中。它们就是人们前天具有和后天设定的各种关系，如父子关系和君臣关系等。它们无时不在地束缚了人的天性。同时，现实世界还确定了各种形态的价值标准，区分什么是是，什么是非。这些价值标准规定并限制了人的存在方式。

虽然庄子认为现实世界是非自由的，但并不完全拒绝和反对它，而是承认并接受其给予性。"知不可奈何而安之若命，唯有德者能之。"① 在这点上就显示出真人和俗人的根本不同。一般的人也许对于自己的生活从来没有意识和觉悟过，根本不知现实的可奈何和无可奈何。人们也许知道了无可奈何，同时还要去反抗它和克服它。但庄子认为一个真人就应该将不可奈何的现实看做命运的安排一般。不管人们同意与否，命运始终是人的限定。不过，真人并不被现实的命运所牵引，而是要与不可奈

---

① 《德充符第五》。

何的现实相区分，而保持人自身的自由。这在于真人是一个有德者，一个有道者。

与道同在给庄子游于世界之内的态度奠定了一个坚实的基础。"独与天地精神往来而不敖倪于万物，不谴是非，以与世俗处"。① 真人之所以能在世界之内保持自身的自由，这在于他有道的守护。天地精神让真人能立于自身，而不依赖于他者。同时，真人既不让自身成为高于万物的主宰，也不让成为它们的奴仆，而是与它们建立了一种朋友般的关系。真人不仅对于道和物的关系如此，而且对于他人的关系也是如此。既然真人不以世俗而是以道来观世界，那么他就不仅会齐同物，而且会齐同物论，超出各种差别的观点。在这样的意义上，各种是非观念是没有意义的。从此出发，真人便能顺应世人，游戏人间。"圣人不从事于务，不就利，不违害，不喜求，不缘道；无谓有谓，有谓无谓，而游乎尘垢之外。"② 游戏人间毕竟是有限的，而不是无限的。从游戏人世间必然走向游戏人间外。

游戏于世间和游戏于世外是两种根本不同的游戏。庄子将前者比喻成在有用和无用之间的模糊运作，将后者说成是超出有用和无用之外的绝对自由活动。"周将处乎材与不材之间。材与不材之间，似之而非也，故未免乎累。若夫乘道德而浮游则不然。无誉无訾，一龙一蛇，与时俱化，而无肯专为；一上一下，以和为量，浮游于万物之祖；物物而不物于物，则胡可得而累邪！"③ 世间有其固定的尺度，即有用和无用。如果在世间游戏的话，那么人就是在有用和无用之间寻找其活动空间。但这仍然有其危险。超出世间就是超出了世间有用和无用的尺度。如果在世间外游戏的话，那么人就完全和道德合一，达到了绝对的自由。因此，对于庄子而

---

① 《天下第三十三》。
② 《齐物论第二》。
③ 《山木第二十》。

论国学

言，实际上有两种不同类型的真人。一个是现实的，另一个是理想的。前者游戏于世界之内，后者游戏于世界之外。

庄子将游于世界之外称为逍遥游，也就是绝对自由自在的游戏。他描述了几种不同类型的人的行为，而借此凸显逍遥游的自由特性。"故夫知效一官，行比一乡，德合一君，而徵一国者，其自视也亦若此矣。而宋荣子犹然笑之。且举世而誉之而不加劝，举世而非之而不加沮，定乎内外之分，辩乎荣辱之境，斯已矣。彼其于世未数数然也。虽然，犹有未树也。夫列子御风而行，泠然善也，旬有五日而后反。彼于致福者，未数数然也。此虽免乎行，犹有所待者也。若夫乘天地之正，而御六气之辩，以游无穷者，彼且恶乎待哉！故曰：至人无己，神人无功，圣人无名"。①

第一种人是被某一特定的生活世界限定的人，他们是不自由的。第二种人已将自身和世界相区分，而不为世俗的价值评判而所动。但他仍然是不自由的。这是因为他和世界是对立的，同时，他的内心还有内外和荣辱的差异。第三种人已经完全超出了现实世界，达到了自然世界，御风而行。但他还不是完全自由的。这在于它仍然依赖于物，为物所限。虽然这个物是不可见的，但却还是可以感觉到的。他还不是真正的逍遥游。

毫无疑问，逍遥游不是在世界之内而是在世界之外的游戏。这个游戏的地方是一个自然的世界。在游戏中，真人乘天地之正，而御六气之辩。这里既没有人我的对立，也没有物我的对立。它甚至既没有了人与我，也没有了物与我。不如说，在逍遥游中，真人实现了天人合一的美好理想。"天地与我并生，而万物与我为一。"②在天地自然的世界里，真人的

---

① 《逍遥游第一》。
② 《齐物论第二》。

234

逍遥游一方面游无穷，他超出了时间和空间的限制，也就是无时间和无空间；另一方面是无穷游，他不断地否定自身游戏的有限性，达到无限性。正是在游无限和无限游的逍遥游中，真人表明自身是一个与道合一的人。

第六章　禅宗——心灵之道

在道家和儒家之后，中国历史又产生了以慧能的《坛经》[①] 为代表的禅宗智慧。

但汉地为何在原始儒家和道家之后接受了佛教？这是因为中国人对于一种不同于儒道思想的新的智慧充满了兴趣。智慧是关于人及其生活世界的认识。关于生活世界，虽然人们有多种描述和分类，但一般可以分成自然、社会和心灵三个方面。虽然儒道思想对于这三个方面都有不同程度的涉及，但它们仍有自己的重点。众所周知，原始儒家的主题是社会，原始道家的主题是自然。这也就是说，心灵在原始儒家和道家思想中并没有主题化。但人是一个有心灵的存在者。人们除了对于自然和社会把握之外，还渴求对于心灵自身的深入探求。心灵的本性是什么？它是如何作用人的存在及其世界的？这是需要人们追问的问题。正好印度佛教本身就是一种心灵的宗教，它已经提供了关于心灵的系统的思考。自传入中国之后，它就广被人们所接纳。

佛教在汉代就已经引入了中国。先是小乘佛教，后是大乘佛教。但大乘成为了中国千年佛教思想的主体。为什么中国思想主要接受的不是小乘，而

[①]　以下《坛经》的引文主要采用通行的宗宝本，载于《佛教经典精华》，北京：宗教文化出版社，1999 年。但只标明章节。

明·宪宗《达摩》

论国学

是大乘？这一直是一个饶有兴味的问题。一般认为，汉地本身就具有大乘气象。所谓小乘之人只是追求自身解脱，达到罗汉果位。而大乘之人却能自觉觉人，愿意普度众生，达到菩萨境界。这种大乘思想的确在中国的儒道思想中已经得到了充分表达。如儒家的仁爱天下，道家的泛爱众物等等。因此，从儒道思想出发，中国人很容易接受大乘佛教思想，宣传菩萨精神。

当然，大乘佛教在汉地的传播经历了一个过程。首先是空宗的介绍，然后才是有宗的弘扬。不管是空宗，还是有宗，中国人的佛教实践主要是采取了两种途径。其一是读经。它是对于印度佛教经典的翻译、理解和阐释。当然，中国对于印度思想的把握不可避免地先行具有一种解释学的先见，用中国已有的语词和思想去理解印度佛学。在对于佛经的阅读过程中，人们不乏对于佛教基本教义进行各种不同的解释，由此形成了不同的派别。其二是禅定。一般认为，没有禅定，便没有觉悟可言。因此，禅定不仅是获得智慧的必要手段，而且是开启智慧的唯一途径。

禅宗作为佛教的一个派别，当然承认和接受了印度佛教的基本教义。它不仅认为自身是大乘佛教的一个宗派，而且还将自己的源头直接追溯到佛祖释迦牟尼那里。"世尊在灵山会上拈花示众。是时，众皆默然。唯迦叶尊者破颜为笑。世尊曰：吾有正法眼藏、涅槃妙心、实相无相、微妙法门、不立文字、教外别传，乃嘱摩诃迦叶。"[1] 这也许只是一个美丽的传说。但这表明禅宗是一个正宗的佛教派别，与佛祖的正统的思想一脉相承。佛祖在佛教的开端处就主张以心传心，唯论明心见性。而禅宗作为佛教后来历史上的一个派别，不过是将佛祖已有的思想发扬光大了。禅宗凸显了心的本性力量，故称为佛心宗或者心宗。

但禅宗有别于一般的印度佛教。与印度佛教的基本教义相比，禅宗去掉了其神秘性和思辨性，成为了一种生活世界的智慧。不仅如此，禅宗也

---

① 《五灯会元》卷一。北京：中华书局，1984 年。

不同于一般中国的佛教。唯识宗主要深入细致地论述了人的意识如何产生和迷误，同时人又如何转识成智。天台宗倡导圆顿止观去体悟事物的即空即假即中，亦即圆融三谛。华严宗则显示了觉悟者已经证悟的如来藏清净体。与它们不同，禅宗凸显的是个体的心灵在瞬间中直接了悟自身的本性。此外，唯识等宗虽然是中国的佛教，但还具有浓郁的印度色彩。与之迥异，禅宗是中国对于印度佛教最具创造性解释后的独特产物。它融合了儒家和道家的思想，适应了中国人独特的生存、思考和言说方式。因此，禅宗是典型的中国的智慧。

也正是如此，禅宗弥补了中国精神结构中的缺失，丰富了心灵的维度。在禅宗产生之后，中国思想的主干就是儒道禅三家。于是，不再是儒道互补，而是儒道禅互补。这才有人们所说的据于儒、依于道和逃于禅的存在方式。一个人可以同时兼修儒道禅三种，也可以只是专修其中之一。禅宗显然开辟了一个新的精神空间。人们不仅能够生存于世间之内，而且可以超出世间之外。更神奇的是，人能够即世间而超世间，以出世来入世。

但禅宗在中国的发展经历了一个过程。

自汉代佛教传入中国以来，禅定作为佛教的戒定慧三学之一已经得到了广泛的传播。小乘和大乘的各种禅定法门均被研究和实践。但禅宗的真正的准备阶段是从南朝的达摩东来。作为禅宗的初祖，他凸显了禅定在佛教修行中的特别作用。不过，真正意义的禅宗是有唐朝的慧能创立的。正是他将禅作为禅定之禅变为了智慧之禅。

其后唐宋的禅宗发展为五家七宗，主要有临济和曹洞等。虽然它们在思想上也有所创新，但主要是在接引学人方面建立了自己的门庭施设。同时，禅宗还相继出现了文字禅、默照禅、看话禅，其法门越来越丰富。最值得重视的是，一方面，禅宗不仅吸收了儒道的思想，而且也包容了其他的佛教派别，由此出现了禅净双修、禅净密合一。另一方面，禅渗透到人的整个生活世界和精神领域，影响到人的方方面面。

论国学

明·钱毂《定慧禅院图卷》

  但就整个禅宗历史而言，其根本性的智慧主要凝聚在慧能的《坛经》之中。《坛经》在历史上有众多版本。但其中最早的版本为敦煌本，最流传的版本为宗宝本。宗宝本显然不是慧能一人的言说，而是禅宗历史上众多智者的言说。可以说，宗宝本《坛经》是禅宗历史集体智慧的结晶。此外，它在解释学上具有最广泛的接受史和效果史。

一、《坛经》

1. 禅作为智慧

  慧能的禅宗既不倡导片面的读经，也不主张单一的禅定。因此，禅宗之禅不是禅定之禅，而是智慧之禅。在这样的意义上，禅宗是中国佛教史和思想史上的一次伟大的创新。但创新并不意味着绝对地抛弃过去，不如说，它是对于过去的回归。但回归不是对于过去的简单的重复，而是对于

过去的转化和创新。对于慧能而言，那个过去的传统既包括了印度佛教的空宗和有宗，也包括了中国的儒道思想。

禅宗首先直接继承了涅槃有宗的佛性思想。有宗主张一切众生皆有佛性。不仅对于那些善人，而且对于那些恶人，佛性都是永远长存的。佛性是人的不生不灭的内在本性。据此，任何人都有觉悟成佛的可能性。这种佛性论为禅宗成为一种大众和平民佛教奠定了理论基础。

禅宗其次也采用了般若空宗的中观思想，也就是不二或者无二。不二法门是大乘佛教的一般的思维方法。"佛法是不二之法。"① 这一法门否定了人们非此即彼的思想方式。它既不是一般语言所断定的某一方面，也不是这一方面的对立面，当然也不是这两者的综合而产生的第三者。毋宁说，它是在这种语言的描述之外的。它非此非彼，亦此亦彼。它强调，事

_____

① 《自序品第一》。

物的实相既非有，也非无，如非有非非有。同时，事物的实相既是有，也是无，如色不异空，空不异色；色即是空，空即是色。不二法门不仅克服了人们认识上的片面性，而且也引导人们在修行上走向中道，消解了世间和出世间的绝对差异和距离。

作为中国化的佛教，禅宗还运用了儒家的基本思想。儒家的心性理论可以直接通达禅宗的佛性论。儒家认为人人皆可成尧舜，禅宗主张人人皆可成佛。这两者具有惊人的一致性。同时，儒家是关于人的现实世界的学说，它制定了各种道德伦理规范。这些也和禅宗的戒律有近似之处。"心平何劳持诫，行直何用修禅？恩则孝养父母，义则上下相怜。让则尊卑和睦，忍则众恶无喧。"① 在这样的一种规范中，人一方面约束自己的心行，另一方面遵守人际关系的既定秩序。这虽然是一个儒家的道德要求，但也能成为一个真正禅者的身心规范。

比起儒家而言，禅宗更具道家的色彩。人们甚至认为，禅宗就是道家化的佛教，是大众化的老庄思想。这当然有多种原因。道家反抗世俗世界的桎梏，追求自由自在的人生，采用玄学化的思想和言说。这些都可以在禅宗身上找到或显或隐的影子。

不管禅宗在何种程度上受到印度和中国传统思想影响，但它都是一种独特的创造性的智慧。其创造性的关键点在于：它对于佛教的基本理论——戒定慧三学重新进行了革命性的解释。

戒学作为三学之一，指的是佛教徒的规范、戒律。它一般分为止持戒和作持戒两大类。止持戒是否定性的，也就是说，人不应当做什么。作持戒是肯定性的，也就是说，人应当做什么。戒律事实上确定了一个佛教徒存在的边界，它具体化为善恶的区分：诸恶莫作，众善奉行。这包括了身体、心灵和言说等方面。当然，佛教的众多戒律还可分为小乘和大乘戒律等类型。

---

① 《决疑品第三》。

慧能虽然接受了佛教的戒律，特别是大乘菩萨戒律的基本思想，但他以作为自性的佛性对于它们重新进行了解释。一般的戒律执著于某种外在的规范，是有相戒。而慧能主张以佛性为戒体。佛性自身是内在的，实相无相。故以佛性为戒体的戒律是无相戒。

慧能的无相戒主要不是对于佛教戒律条文的重新阐释，而是使人皈依佛教的受戒活动由外在化变成内在化。它主要包括下列几个方面：无相忏悔、四弘誓愿、无相三归依戒等。

忏悔是人通过外在的仪式来认清自己身、语、意的罪过。这一般要求人普请礼赞十方诸佛名号，诵经咒，在佛像面前念忏悔文并发露忏悔。但慧能认为忏悔的根本不是其外在形式，而是在于其内在的念头。忏悔是除去人自己内在的杂心。

四弘誓愿是大乘佛教中菩萨上求菩提、下化众生的决心。它分别是：众生无边誓愿度，烦恼无边誓愿断，法门无尽誓愿学，无上佛道誓愿成。这相关于众生、自我、法门和佛道四个方面。但慧能认为四弘愿的关键最终在于自心和自性。因此，"自心众生无边誓愿度，自心烦恼无边誓愿断，自性法门无尽誓愿学，自性无上佛道誓愿成。"[1]这就把一种外在化的意愿变成了一种内在化的意愿。

三归依戒要求信众归依佛、法、僧三宝。佛是佛祖，法是佛法，僧是僧人。他们都以外在形态存在着。但慧能认为佛是觉、法是正、僧是净。它们都相关于人的自性和自心。因此，三归依戒由外在的归依变成了内在的归依。

与戒学一样，定学也是佛教的三学之一。所谓的禅定是指心灵专注一境的修炼活动及其状态。但事实上，禅定作为一种修行的方式存在于佛教之外的许多宗教实践之中。在印度，一些外道就非常重视禅定，如瑜伽

---

[1] 《忏悔品第六》。

等。佛教只不过是更凸显了禅定的意义并将其系统化了。在中国，儒家和道家关于心的修炼功夫实际上也具有禅定的相似特性。正是因为如此，所以唐宋以后儒家的静坐、道家的内丹、禅宗的禅定能够相互借鉴。当然，只是在佛教中，禅定才形成了主题，并具有非常重要的意义。

禅定虽然合在一起，但禅与定仍有一定的差异。禅是静虑，是观照内心；定则是心不散乱而止于一处。作为心灵自身净化的过程，禅定事实上包括了止和观两个方面。

为了心灵的修炼，佛教采用了一系列的禅法。小乘佛教一般将禅定划分为四禅八定的修行层次。四禅分别是：离生喜乐、定生喜乐、离喜妙乐和舍念清净。八定除了四禅的四色界定之外，还包括四无色界定。它分别是：空无边处定、识无边处定、无所有处定和非想非非想处定。大乘佛教则发展了更多的禅定的方法，如念佛禅、实相禅。在中国佛教实践中，人们也使用了一些禅法，最突出的如五门禅法（数息观、不净观、慈悲观、因缘观、界分别观）、止观双修等。

禅宗以禅命名，容易给人误解，仿佛它只是凸显了戒定慧中的禅定。事实上，禅宗之禅与禅定之禅相关，但并非就是禅定之禅。

首先，慧能认为禅宗的根本问题不是禅定。它"惟论见性，不论禅定解脱"①。既然禅宗所追求的是心灵的觉悟，那么它只有通过心灵而不是身体的修行来实现。但一般所说的禅定只是被狭隘地理解为单纯的身体的静坐行为。虽然身体的修炼为心灵的觉悟可以提供一定的条件，但它并不能直接解决心灵自身的问题。正如慧能所质疑的："道由心悟，岂在坐也。"②

其次，禅宗当然也肯定禅定对于佛教修行的重要作用，但并不认为禅定就等同于坐禅或者静坐，而是认为它要遍及于人的日常生活世界的一切

---

① 《自序品第一》。
② 《宣诏品第九》。

行为、思想和言说之中。"一行三昧者，于一切处行住坐卧，常行一直心是也。"① 人的日常生活世界的禅定化就是人一心一意地从事任何事情。这种禅定才是真正的禅定。

最后，如此规定的禅定就不再是身体的静坐，而是心灵的觉悟。慧能将禅定解释为心地法门："外离相为禅，内不乱为定。"② 因为它是心灵本性的呈现，所以它不是有相的，而是无相的。"无所从来，亦无所去，无生无灭，是如来清净禅。诸法空寂，是如来清净坐"③。如此理解的禅定是直接通达诸法的真实本性的。

在对于禅定的解释中，慧能已经引入了关于禅定和智慧的关系的探讨。一般认为，定慧有别，因定生慧，或者因慧生定。但慧能的禅宗反对这种关于定慧惯常的看法。他认为定慧体一不二，同属一起。它们的关系犹如灯与光的关系。"有灯即光，无灯即暗，灯是光之体，光是灯之用。"④ 灯是光之灯，光是灯之光。一方面，灯在光之中显现自身为灯；另一方面，光是灯发出和照耀的光芒。于是，定是慧之定，慧是定之慧。这表明禅定和智慧要相互规定。但在事实上，慧能要求智慧最终去规定禅定。

但什么是智慧本身？佛教所说的智慧是对于诸法破除了一切迷情妄相的真知，也就是真理。因为它与世间的智慧（也就是聪明）不同，所以人们一般采用梵语的"般若"一词。一般而言，它可以分为实相般若（佛所达的诸法如实之相）、观照般若（理解并亲证佛所说的道理）和文字般若（佛所言说的亲证的实相）等。无论是对于小乘佛教，还是对于大乘佛教而言，般若都具有特别的意义。在戒定慧三学中，慧学无疑是最重要的。智慧的修习有其次第，它们分别为闻所成慧、思所成慧、修所成慧和证所成慧等。

---

① 《定慧品第四》。

② 《妙行品第五》。

③ 《宣诏品第九》。

④ 《定慧品第四》。

论国学

　　与一般佛教对于智慧的理解不同，慧能所说的智慧又具有自身独特的内涵。他在解释"大智慧到彼岸"时，把一切归于心的本性。他认为大就是心空，如同虚空一样；智慧就是心对于万事万物的认识；到彼岸就是克服了生灭的变化，达到了无生无灭的诸法实相。虽然智慧是特别的、伟大的，但智慧并不神秘。慧能将它还原到人的日常生活世界之中。"一切处所，一切时中，念念不愚，常行智慧，即是般若行。一念愚即般若绝，一念智即般若生。"①智慧就存在于人生命时时刻刻的一念之中。但这特别的一念可能是智慧的，也可能是愚蠢的。智慧就是作为智念与愚念相区别并保持自身的觉悟。

　　但根据慧能的观点，心就其本性而言不仅拥有智慧，而且就是智慧。他认为，世人性净，犹如青天。"智如日，慧如月，智慧常明。于外著境，被妄念浮云盖覆自性，不得明朗。故遇善知识，闻真正法，自除迷妄，内外明彻，于自性中万法皆现。"②这是一个比喻说法。它描述了这样一个过程：首先人的本性是清净的，其次妄念遮蔽了人的本性，最后通过去蔽顿悟成佛。但这一过程实际上并不漫长，不过是一念之间，也就是以智慧之念克服愚蠢之念。

　　对于佛教的戒定慧三学，慧能反对人们对于它们只是作外在的规定。其中最典型的是神秀的解释。他说："诸恶不作名为戒，诸善奉行名为慧，自净其意名为定。"③神秀将戒定慧分开，定是一种心灵的净化，戒和慧则是人的行为规范，具体化为遵守善恶的伦理道德标准。与此不同，慧能将它们全部置于心地和自性的基础之上。他说："心地无非自性戒，心地无痴自性慧，心地无乱自性定。"④心地或者自性就是智慧的本源之地，甚至就

---

① 《般若品第二》。
② 《忏悔品第六》。
③ 《顿渐品第八》。
④ 《顿渐品第八》。

是智慧本身。无非、无痴和无乱就行。慧能不仅用心地或者自性规定了智慧，而且也去规定了戒律和禅定。因此，慧能将戒定慧三学完全内在化了和心灵化了。通过这种变革，禅宗成为了中国历史上一种新的智慧之学。

2. 自性即佛

佛教的戒定慧三学集中于一个核心的问题：人如何学佛并成佛？当然，这首先必须回答：佛是谁？佛究竟意味着什么？禅宗的智慧的伟大之处在于，它把佛不仅理解为佛性，而且理解为人的自性。

与世界上任何的一神教或者是多神教不同，佛教中的佛不是在任何意义上的上帝或者是神灵，不管他们是自然神还是人格神。佛意味着觉悟，也就是人觉悟了人生和世界的真理。因此佛也就是佛性。那些觉悟了的人之所以被称为佛，是因为他们被佛性所规定。释迦牟尼正是一位历史上的觉悟者。他虽然是一位圣者，但他不是神，而是人。甚至他自己也认为，诸佛世尊，皆出人间，非由天而得。既然佛是觉悟，那么学佛和成佛的关键便也是觉悟。

任何一种派别的佛教都主张对于佛的信仰。印度和中国历史上的一些佛教派别甚至有将佛外在化和偶像化的倾向。佛成为了释迦牟尼佛或者其他佛。这些佛又变成了偶像。与此相适应，对于佛的信仰变成了对于释迦牟尼佛或者其他佛的崇拜，甚至是对于佛的偶像崇拜。但禅宗与之相反。佛或者佛性绝对不是人之外的其他什么东西，而就是人自身本来就已经拥有的自性。因此，禅宗反对迷恋任何外在的佛，而是要求发现内在的佛或者佛性，从而使自己成为佛。

但何谓自性？一般而言，所谓性就是本性，是事物存在的规定。据此本性，一个存在者就是这一个特别的存在者。而所谓自性则更突出了事物存在自身的规定。自性就是事物自身的本性，也就是存在自身所是的特性。一方面，自性让这一个存在者区别于其他存在者；另一方面，自性让这一

论国学

个存在者成为其自身。在佛教中，自性还有一系列的其他名字：法性、实性、本性、如来藏，如此等等。但在慧能那里，自性具有独特的意义。它不是指诸法的自性，而是指人的自性。甚至可以说，在大千世界中，矿物、植物和动物是没有自性的，只有人才是有自性的，也就是有佛性的。

为什么自性不是万物的自性而只是人的自性？在世界整体中，人是一个特别的存在者。唯有人才有心灵，甚至人就是心灵。人的一切存在活动不仅显现为心灵的活动，而且在根本上被心灵活动所规定。虽然心是复杂的、多变的，但心的本性却是唯一的和永恒的。它是本心、真心、真如心、自性清净心。当人的心灵意识到自身的本心的时候，这个心便是觉悟之心。但人不仅意识到自己的心灵，而且意识到自己的存在，并意识到自己的本性或者自性。因为自心可以觉悟自己的自性，所以可以说人是知道自己作为自性存在的存在者。人有心灵而知道自己的自性，并拥有自性；万物没有心灵而不知道自己的自性，并没有自性。

一般而论，性与心是不同的。性是存在的规定，心是人的规定。但禅宗所理解的性与心是同一的。它们都和人相关。性是人性，心是人心。在人身上，它们相互作用。性生发了心，而心通达了性。在这样的关联中，性就是心，心就是性。自性就是自心，自心就是自性。心与性两者甚至可以合二为一，称为心性。禅宗的革命性在于，它不仅将佛的佛性理解为人的自性，而且将人的自性解释为人的本心。这就是说，每一个人自身就具有佛性。于是成佛的问题便不是一个一般世界的问题，而是人的问题，而且是一个人此时此地的问题，并且主要表现为一个人瞬间的心灵的问题。

慧能将佛性直接理解为人的自性。这就是说人的自性完全具有佛性的特点。他曾感叹道："何期自性，本自清净！何期自性，本不生灭！何期自性，本自具足！何期自性，本无动摇！何期自性，能生万法！"[1]为何慧

---

[1] 《自序品第一》。

能对于自性有如此深深的惊讶？这在于人们一向认为佛性与自性有别。佛的佛性是光明的，人的自性是污染的。人们从来没有发现自性的伟大。慧能在觉悟后亲证了佛的佛性和人的自性无二。他由此赞美自性的美好。

所谓自性本自清净，是指它没有原始无明的污染、遮蔽，以及由此而来的无穷烦恼和痛苦，而是纯洁的、透明的。对于自性，神秀的偈语尚未体悟其自身。他认为："身是菩提树，心如明镜台。时时勤拂拭，勿使惹尘埃。"①神秀的问题在于，他将身心实体化，对于自性把握为有，而没有理解为空。同时，他只是要去掉污染，而没有能体悟清净。与此完全不同，慧能说出了自己另外完全不同的心得："菩提本无树，明镜亦非台。佛性常清净，何处有尘埃？"②慧能除了指出自性或者佛性本身是无相的外，更强调了它自身是清净的、没有污染的。因此，对于自性的通达并不是各种外在的修行，而是内在本性的觉悟。

所谓自性本不生灭，是指自性非有为法，无生灭相。自性是人的实相，是不二的实性。"无二之性，即是实性。实性者……不断不常，不来不去，不在中间，及其内外，不生不灭，性相如如，常住不迁，名之曰道。"③佛性不是如同一个物是存在于时间和空间之中的，因此，它并不具备任何时间性和空间性。相反，自性就是涅槃妙心。涅槃不是死亡或者圆寂，而是不生不灭。这里的不生不灭不是将灭止生，以生显灭，而是本无所生，也无所灭。它是超出了生灭轮回的圆满。

所谓自性本自具足，是指它自身是完满无缺的，具有佛或佛性的一切功德。佛就是觉悟。首先是自觉。佛证悟了自己不生不灭的真如本性。其次是觉他。佛慈悲为怀，普度众生，以自己的智慧来教化迷情，让他人发菩提心，达清净地。最后是觉满。佛不仅上求菩提，而且下化众生，悲智

---

① 《自序品第一》。
② 《自序品第一》。
③ 《自序品第一》。

双运，福慧双足，因此功德圆满。

所谓自性本无动摇，是指它是宁静的，能保持自身的同一和纯净。如果人心存妄念的话，那么它就会随境动摇。这就是说，心既没有规定己，也没有规定境，而是反过来被境所规定。境的生灭便会导致心的生灭。与此相反，自性却是本无动摇。这意味着它毫无妄念，保持自身，不随境迁。

所谓自性能生万法，是指它能让万法作为万法而显现。"自性能含万法，名含藏识。若起思量，即是转识。生六识，出六门，见六尘，如是一十八界，皆从自性起用。"①万法是指一切存在者。它正是依靠自性或者自心从遮蔽而走向敞开的。如果没有自性的话，那么便没有万法；如果有了自性的话，那么便有了万法。一切万法不离自性。这表明了万法唯自性，万法唯心。

慧能对于自性的五点揭示实际上可以分为两个方面。一方面，本自清净、本不生灭和本自具足是就自性自身的本性而言；另一方面，本无动摇和能生万法则是就自性和万法的关系而言。前者主要是自性的空性，后者主要是自性的实性。这两个方面正好显示了自性的"不二"特性，亦即非空非实，亦空亦实。

慧能的禅宗认为每一个人都有如此神奇的自性。这就为人们学佛和成佛提供了内在的可能性。"菩提自性，本来清净，但用此心，直了成佛"②修道的关键是心灵呈露本性。这是成佛的唯一且简明的大道。

3. 迷误

虽然自性或者佛性常在，但它却又常被遮蔽。为何如此？正是因为每人天生就具有佛性，所以他才有可能迷失和遮蔽佛性。对于一个没有佛性

---

① 《付嘱品第十》。
② 《自序品第一》。

的存在来说，它既不可能拥有佛性，也不可能失却佛性。因此，人的佛性及其遮蔽是具有内在关联。

慧能认为，佛性之迷误就是人清净的本性被污染，仿佛是青天被浮云所遮盖一样。这并非一个个别的事件，而是一个普遍的事实。那些具有自性的大众一般都处于其自性的迷误之中。根据这种情况，人的自性存在一个原初的悖论，亦即两种对立的现象。一方面，人的自性并不是原始无明，而是清净的；另一方面，人的自性又不是完全不受他物的影响，而是无时不处在迷误之中。不过，自性的清净是内在的、必然的和永恒的，而自性的迷误是外在的、偶然的和暂时的。但自性的迷失却形成了无明、烦恼和种种罪过。

人自性的迷失在根本上表现为人的自心的迷失。这就是说，心灵自身蒙蔽了自身或者被他物蒙蔽了自身。这是如何发生的？心迷在于起念，在于人产生了意念。当然所谓的意念并不是意味着一般的意念或者是任何一种意念，而是一种与

清·石涛《罗汉图》

251

论国学

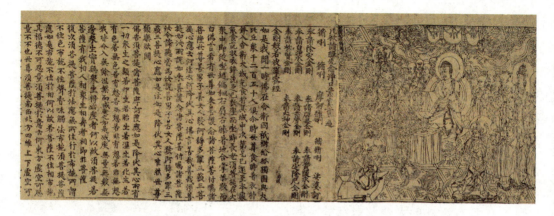

唐《金刚经》

正念不同的邪念。这里的起念指的正是邪念的生起。佛教所说的邪念不是其他什么念头，而就是三毒，亦即贪嗔痴。贪是贪欲，是对于外在事物的渴求和占有；嗔是愤怒和仇恨，是要伤害甚至是要消灭他人或者他物；痴就是无明，是无知或者是误知。当人的心灵产生这三种邪念的时候，人的自性就隐而不现了。

但心灵为何会产生迷失呢？这在于当心灵起念的时候，它的意向是指向外在事物的。一旦心灵为外在事物所支配，它就会失去其自身的本性。这也就意味着自心的迷失。禅宗将它表述为著境，也就是心游履攀缘于外在事物并被它们所影响。佛教对于心和物所构成的世界更具体地表达为所谓的五蕴、十二处、十八界。五蕴是世界所构成的五种因素，即色、受、想、行、识。十二处是指六尘和六根根。六尘为色、声、香、味、触、法；六根为眼、耳、鼻、舌、身、意。十八界是在十二处的基础上加上相应的六识，即眼识、耳识、鼻识、舌识、身识、意识。但当心受制于物的时候，它就会被物所束缚，并被物所遮蔽。这就是慧能所批判的外迷著相。

但外迷著相不仅表现为一般的自性的迷失，而且表现为人们在学佛和成佛的道路上的迷失。这就是说，人们虽然发现了自性的迷失并试图返回自性，但这一寻找自性的过程也会发生外迷著相。只是人们没有觉悟自身，不知道自己处于迷误之中。

一般追求觉悟的过程就是大小乘佛教所共同主张的戒定慧三学。如果人们如慧能那样将戒定慧三学理解为自性或者佛性的话，那么他将走向自性觉悟的道路。反之，人们不仅误解了佛教的基本学说戒定慧，而且也导致了自性的迷失。这有种种不同的表现。

第一，人们将戒律不是理解为无相的，而是理解为有相的。佛教有很多教规，借此将佛教徒从非佛教徒中区分出来。但仅仅遵守外在的规定，并不能使人达到心灵的觉悟。相反，对于规则的被动服从也许只是成为了一种空洞的无意义的行为。

第二，人们的禅定不是心灵的觉悟，而是身体的静坐。这种静坐以身体的修炼取代了心灵的开启，以空心无思、常坐不动置换了日常生活的随缘任运、来去自由。它实际上是一种对于身心的损害。只有当禅定和智慧结合的时候，它才能使人达到自性。

第三，人们追求智慧时不向内求，而向外求。于是，一种对于智慧的追求变成了一种对于愚蠢的向往。慧能多次指出，佛即佛性或自性。因此，求佛不能向外，而要向内。但很多人却把佛性等同于佛的偶像，并把自性的觉悟误解为偶像的崇拜。同时，人们只是注重读经，相信由此可以获得无上菩提。但慧能认为，口念般若，不认自性般若，这是愚不是智。另外，对于般若口念心不行，不过是如幻如化、如露如电。

除了戒定慧之外，大乘佛教还主张有与小乘佛教所不同布施、忍辱和精进等，它们合称六度。其中，布施是六度之首。这是因为布施体现了大乘佛教普度众生的慈悲情怀。但慧能认为，造寺度僧、布施设斋只是修福，而不是修道。在修道和修福之间存在着天壤之别。修道亦即修炼功德。那么什么是真正的功德？慧能强调："念念无间是功，心行平直是德；

论国学

自修性是功，自修身是德。"①修炼功德是修炼人的自性和自心。但人们往往将修福代替了功德。"迷人修福不修道，只言修福便是道。布施供养福无边，心中三恶元来造。拟将修福欲灭罪，后世得福罪还在。但向心中除罪缘，各自性中真忏悔。"②修福之人并没有修炼人的心性，也就是没有修炼功德，故依然处于深重的迷误之中。

慧能指出，自性的迷误不仅有外迷著相，而且有内迷著空。在修道的过程中，虽然人们能意识到一切有相的虚幻性，并克服对于它们的执著，但也会陷入另外一种情形之中，即执著于一种空洞的心灵。那些著空之人甚至反对文字，反对经文。这种极端的做法不仅否定了佛所言说的智慧，而且也自相矛盾，否定了自己任何言说的可能。慧能认为这不过是一种邪见而已，因为它并没有显现心性，而是遮蔽了心性。"不见一法存无见，大似浮云遮日面。不知一法守空知，还如太虚生闪电。"③这种空依然是一种有。据此，著空之人并没有达到对于自性的觉悟。

4. 无念作为否定

人的迷误虽然有很多方面，但关键在于其迷念，也就是人自身心灵的迷失。针对这种情况，对于迷误的克服就不是借助其他什么方法，而只是依靠消除心灵的迷失。

慧能指出："菩提般若之智，世人本自有之，只缘心迷，不能自悟。须假大善知识，示导见性。当知愚人智人，佛性本无差别，只缘迷误不同，所以有愚有智。"④虽然人人都有自性，但迷误的人没有发现它，所以是愚蠢人；反之，开悟的人获得了它，所以是智慧人。愚人之所以是愚

---

① 《决疑品第三》。
② 《忏悔品第六》。
③ 《机缘品第七》。
④ 《般若品第二》。

人，是因为他不能自悟。当他要觉悟自性的时候，就必须借助于智者的开导，然后达到自己觉悟。

与愚人的迷误不同，智者是明心见性的人。但智者之所以能够觉悟，是因为佛已经将无上菩提智慧说了出来。《法华经》说，诸佛世尊，唯以一大事因缘故出现于世。所谓一大事，慧能认为不是其他什么事物，而就是佛的知见，也就是佛的无上智慧。关于佛的知见，一般都分为开、示、悟、入四个方面，也就是开启、显示、证悟和契入。慧能认为，所谓佛的知见的开、示、悟、入不是外在于人的自性的，而是内在于人的自性的。它正是人的自性的开、示、悟、入。诸佛世尊出现于世，是为了众生自性的开、示、悟、入；同样，智者的开导，也是为了愚者自性的开、示、悟、入。

但那些迷误的人们如何才能真正觉悟呢？这唯有去掉迷误，也就是去掉心灵的遮蔽。它具体表现为："屏息诸缘，勿生一念。"① 慧能将它表述为"无念"，并且认为是禅宗自己最基本的修行法门。

对于无念，慧能作了三个方面的具体规定，亦即"无念为宗"、"无住为本"和"无相为体"。所谓的"宗"、"本"和"体"都具有相同的意味，是指事物的根本。无念、无住和无相同为禅宗修行法门的根本，且三者都具有一个共同的特性：否定。否定作为一种心灵的活动，就是去掉心灵的遮蔽，从而显示真实的自身。虽然无念、无住和无相都具有否定的特性，但它们之间也有差异。如果说无念、无住主要是对于心的否定的话，那么无相则主要是对于境的否定。

无念一般会被理解为没有心灵的活动，如同石头和植物一样，正如人们所说的心如死灰。但这是对于无念的极大的误解。人作为一个有生命的存在在根本上也是一个具有心灵活动的存在，因此，人不可能为了达到

① 《自序品第一》。

255

论 国 学

心灵的无念而消除其心灵活动本身。慧能说："若只百物不思，念尽除却，一念绝即死，别处受生，是为大错。"① 这种无念不是心灵的觉悟或者新生，而是它的彻底死亡。

真正的无念是"于念而不念"。慧能说："于诸境上心不染，曰无念。于自念上，常离诸境，不于境上生心。"② 这无非表明，无念仍然是心灵的活动，但它不执著于万物，也就是不被外物所遮蔽。在这一语境中，所谓的念是指被外物污染之念，而不是纯洁之念。所谓无念就是要消除被外物污染之念，而达到纯洁之念。"不思善，不思恶，正与么时，那个是明上座本来面目。"③ 这并非否定善恶的实际区分，而是强调心灵要远离善恶的对立。纯洁之念不仅要排除恶念，而且要排除善念。这在于一种善念也会导致其对立面恶念的出现。故纯洁之念是超出善恶之外的。

所谓的纯洁之念就是禅宗所追求的真如本性。这样，无念既是无恶之念，也是真如之念。"无者无何事，念者念何物？无者无二相，无诸尘劳之心；念者念真如本性，真如即是念之体，念即是真如之用。"④ 在此，念和真如建立了一种内在的体用关系。一方面，真如不是无心灵的，而是有心灵的；另一方面，念不是杂念，而是纯念，也就是真如之念。

由此可以看出，念包含了两种对立的语义：杂念和纯念。因此，无念也就具有两种不同的意义。当念是杂念的时候，无念就是否定这种念头；当念相反是纯念的时候，无念就是显示这种念头。当然，在慧能那里，无念更主要是在消除杂念的意义上说的。

如果说无念是否定人的心灵的杂念的话，那么它就是要人们不要起念。起念是在真如之念外另生杂念。它是心外生心，念外生念。慧能说：

---

① 《定慧品第四》。
② 《定慧品第四》。
③ 《自序品第一》。
④ 《定慧品第四》。

"若言著心，心元是妄，知心如幻，故无所著也。若言看净，人性本净，由妄念故，覆盖真如，但无妄想，性自清净。起心著净，却生净妄，妄无处所，著者是妄。净无形相，却立净相，言是功夫。作此见者，障自本性，却被净缚。"①慧能在此从妄净两个方面都否定了起心看心。人的心是虚妄的，一旦起心看心，就会妄念产生；同时人的本性是清净的，一旦起心看心，也只会净外加妄。因此，关键是保持本性的清净，同时保持心灵回归到本性。

无念一方面是不起念，另一方面是不住念。"无住者，人之本性，于世间善恶好丑，乃至冤之与亲，言语触刺欺争之时，并将为空，不思酬害，念念之中，不思前境。若前念今念后念，念念相续不断，名为系缚。于诸法上，念念不住，即无缚也。"②住念是指人执著于自己已升起的心念之中，并被它所束缚。无住就是人摆脱对于心念的束缚，而达到自由。一旦人能达到心念的无住，便能瞬间体悟人的清净的本性。心不住法，道即流通。

与无念、无住主要作为对于心念自身的否定的同时，无相则着重于对所遇的境相的否定。什么是无相？它是指于相而离相。"外但离一切相，名为无相。但能离于相，即法体清净。"③所谓的相就是与心灵相对的各种事物。它除了包括人之外的各种境界之外，还包括人自身的行为、思想和言说等。被相所胶着也就是起相和住相。与此相应，所谓无相也包括了两方面的意义：一方面是不起相，另一方面是不住相。慧能不仅强调人们要克服对于境相的执著，而且认为自己所有的禅宗修行都是"无相行法"。

如果说"无念"主要是从否定方面而言，那么"开悟"则主要是从肯定方面而言。但无念就是开悟，开悟就是无念。这在于无念是去蔽，开悟

---

① 《妙行品第五》。
② 《定慧品第四》。
③ 《定慧品第四》。

宋·周季常《五百罗汉》

是显示。但去蔽就是为了显示。慧能说："悟无念法者，万法尽通。悟无念法者，见诸佛境界。悟无念法者，至佛地位。"① 诸法的实相就是自性，诸佛的境界就是智慧。由此，人证得无上菩提的圣果：明心见性。"见性之人，立亦得，不立亦得，去来自由，无滞无碍，应用随作，应语随答，普见化身，不离自性，即得自在神通，游戏三昧，是名见性。"② 一方面，人去明心见性，另一方面，对人心明性见。

慧能的无念法是从迷悟到觉悟的根本转变。"著境生灭起，如水有波浪，即名为此岸。离境无生灭，如水常通流，即名为彼岸。"③ 于是，无念法作为禅宗的法门是从此岸到彼岸的大智慧。

这种转变只是发生在一念之间，也就是心的瞬间。因此，禅宗在本性上是一种顿悟法。"前念迷即凡夫，后念悟即佛。前念著境即烦恼，后念离境即菩提。"④ 这意味着，人不仅是可以成佛的，而且从凡夫到佛的提升的过程并不是一个漫长的修行过程，而是刹那间的事情。这样一种顿悟成佛说是对于佛教历史上关于成佛学说的一次根本性的革命。小乘佛教认为人通过修行只能证得阿罗汉果，达到个人的解脱。人不可能成为菩萨，更不可能成为佛。与此不同，大乘佛教以成佛为目的，自觉觉人。但菩萨的修行是一种渐修，并有着极为复杂的次第阶级。虽然它也承认顿悟，但它认为渐修始终是顿悟的基础，而顿悟只是发生在渐修的最后次第。有别于历史上的佛教，慧能的无念法是对于自性的顿悟，因此，"自性自悟，顿悟顿修，亦无渐次。"⑤ 这是心念的转变。这便为芸芸众生每时每刻的觉悟和成佛敞开了一条广阔而方便的道路。

---

① 《般若品第二》。
② 《顿渐品第八》。
③ 《般若品第二》。
④ 《般若品第二》。
⑤ 《顿渐品第八》。

论国学

5. 即身成佛

所谓的顿悟成佛实质上意味着人能即身成佛，也就是能肉身成道，成为肉身菩萨。成佛不是未来的事情，更不是死亡后的事情，而是现实的，且是此时此地当下的事情。当人自身成为佛的时候，那么所谓的佛自身的意义就需要重新理解和解释。

大乘佛教认为，佛有三身、即法身、报身、化身。法身也是法性，是佛教真理亦即佛法凝聚而成的佛身，也是佛完全证入法性而与之无别的佛身；报身是指佛通过无量利己利人的善行而获得报答的相好庄严的佛身；化身或者应身是指佛为下化众生随各种机缘而变化显现的佛身。法身佛是毗卢遮那佛，报身佛是卢舍那佛，化身佛即应身佛是释迦牟尼佛。在佛教信仰中，三身佛往往被外在化。他们或者是一个神灵，或者是一个觉悟的人，或者是一个被雕刻的偶像。

但慧能认为，佛经所说的法、报、化三身佛不在人的心灵之外，而就在心灵之中。三身佛就是人的心灵的三种变化形态。他从自性即佛出发，对于三身佛予以了阐释。

第一，清净法身佛是人已经具有的自性。"世人性本清净，万法从自性生。思量一切恶事，即生恶行，思量一切善事，即生善行。如是诸法，在自性中，如天常清，日月常明，为浮云盖覆，上明下暗，忽遇风吹云散，上下俱明。"① 与一般佛教一样，慧能认为佛的法身或者法性是清净的。但慧能的独特之处在于，他将佛的清净法身变成了世人的清净自性。法身就是自性。它一方面是清净自足的，另一方面却能生起万法。因此，法身在世人身上就会有显现和遮蔽。一旦去掉遮蔽，自性就会显示出来。

第二，圆满报身佛是自性的实现。"善恶虽殊，本性无二。无二之性，

----

① 《忏悔品第六》。

名为实性。于实性中，不染善恶，此名圆满报身佛。"①圆满报身佛并不是佛的修行所获得的相好庄严的报答，而是自性超出了善恶，显现了自身的不二本性，也就是自性的圆满实现。达到实性就是实现了佛性，亦即圆满报身佛。

第三，千百亿化身佛是自性的变化。一般理解的化身佛是佛随机度人的各种形象，但慧能把他解释为由心念思量所呈现的去恶扬善的法相。"若不思万法，性本如空，一念思量，名为变化。思量恶事，化为地狱，思量善事，化为天堂。"②心随善生善，随恶生恶。所谓千百亿化身佛不过是心在现实世界中的千万种变化而已。当然，法有善恶，但心要去恶得善，且最后超出善恶。世人恶中生善，便是自性化身佛。

为了让人们更好地理解自性三身佛，慧能还作了更简明的解释。所谓清净法身是人的性；圆满报身是人的智，千百亿化身是人的行。同时，慧能对于三身佛之间的关系作了如下描述："法身本具，念念自性自见，即是报身佛。从报身思量，即是化身佛。"③三佛都在人的自性自身。他们不过是自性的不同的阶段和形态的表现而已。所谓皈依三身佛就是归依自己的自性。这种归依的过程也就是人自己成为佛的过程。

慧能用自性不仅说明了佛的三身，而且还揭示了佛的四智。

印度的瑜伽行派和中国的唯识宗认为，万法唯识。但人的烦恼八识借助修行可以转化成佛的四种智慧。前五识（眼耳鼻舌身）转成任运无碍的"成所作智"，第六识（意识）转成毫无分别的"妙观察智"，第七识（末那识）转成视诸法没有高下的"平等性智"，第八识（阿赖耶识）转成清净圆明的"大圆镜智"。通过转识成智，人便证得了佛果。但唯识宗转识成智的过程有着循序渐进的次第。它首先必先去掉外法而归识，然后转变

---

① 《忏悔品第六》。
② 《忏悔品第六》。
③ 《忏悔品第六》。

论国学

识而成智。

但慧能所理解的佛的四智如同佛的三身一样，都是人的自性的不同显现。"自性具三身，发明成四智。"① 如果离开了自性，所谓佛的三身就是有身无智，而佛的四智也会是有智无身。慧能说："大圆镜智性清净，平等性智心无病，妙观察智见非功，成所作智同圆镜。"② 四智虽然彼此具有差异，但它们在最根本上却是清净无病的自性本身。同时，人获得佛的四智并非是由外到内、由浅入深的过程，而是超然顿悟，豁然开朗的瞬间。

对于禅宗而言，在人自身成为佛的同时，世界也成了净土。

净土是纯净的国度，是极乐的世界。它一方面是菩萨自身修行所得的报土，另一方面是佛为普度众生所现的化土。中国的净土崇拜有多种，但主要是相信西方净土，也就是弥陀净土。但此净土存在于远离现实世界的遥远的西方。人们必须一心不乱地持诵"南无阿弥陀佛"，也就是皈依无量光佛、无量寿佛。在临终时能受到阿弥陀佛的接引，而往生西方净土。这种净土不仅就其自身的存在及其方位而言是有相的，而且就其与现实世界的距离也是有相的。同时，人生活在净土不是生前的事情，而是死后的事情。

与此不同，慧能的净土不是有相的，而是无相的，也就是唯心净土。他认为，净土既不存在于与东方不同的西方，也不存在于与现实世界相距甚远的国土。所谓的净土和秽土一样都存在于人的心灵自身。因此，当人们渴求生存于净土的时候，就必须回到人自身，自净其心。随其心净则佛土净。直心是道场，直心是净土。当人的心灵净化之后，人所生活的现实的世界也就成为了一个净土。人居住于此，并感到了安乐。根据慧能这种心灵化的解释，净土就是此地，生存于净土就是此时。人也就能够即身成佛。

---

① 《机缘品第七》。
② 《机缘品第七》。

第七章　自然性

关于中国的智慧，我们首先对它进行了知识结构的分析。此知识结构对应于人的生活世界的结构。这具体化为关于存在、思想和语言三个层面的思考。中国智慧的存在观是，人生存于天地人三者合一的世界之中。人的存在的展开样式表现为欲望、技术和大道的游戏活动。中国智慧的思想观是，思想是关于存在的思想。知正是知道，而知本身就是观照。中国智慧的语言观是，语言是言说那不可言说的道本身。其次，我们对于中国的智慧进行了历史文本的解读。这主要以儒道禅三家作为典范。儒家的文本相关于社会，道家的智慧相关于自然，而禅宗的智慧相关于心灵。它们正好构成了关于生活世界的整体的思考。现在，我们试图对中国智慧的本性进行综合性的把握。

一般而言，对于一种事物本性的获得也就是其规定的完成。但一种事物的规定的完成又是在它与其他事物的区分中来实现的。如果中国的智慧在此寻找其规定的话，那么它必须与其他民族的智慧形态相区分。但中国与哪些民族具有相关性而具有与之可比较性呢？这需要我们环顾中国智慧的邻居。人们很容易发现日本、印度、西方在历史的不同阶段与中国的相关性，从而也导致去比较它们之间的差异性。人们通常认为，日本文化是耻感的，印度文化是苦感的，西方文化是罪感的，而中国文化是乐感的。这种把握有其合理的地方，但没有切中事情的根本。事情的根本只是在

论国学

于：谁或者什么规定了那个事情本身。显然，人对于人生和世界苦和乐的感觉并不是存在的规定者。这里需要追问的倒是：谁或者什么规定了这种种不同的感觉。

我们在这里不考虑中国的智慧与其他众多民族智慧形态的关系，而只是比较它与一个特别的近邻的关系。它不是一个一般的邻者，而正是西方。这在于自近代以来，西方和中国的命运息息相关。

人们认为，西方的智慧是神性的。这是一种与事物相吻合的判断，也几乎成为了一个共同的认识。但它需要更进一步的说明。西方的世界是天地人神的四元世界。当然，在西方不同的时代里，其世界具有不同的形态。首先是神具有不同时代的意义。神在古希腊是诸神，在中世纪是上帝，在近代是人内在的神性。其次是天地具有不同时代的意义。天在古希腊是诸神游戏的场所，在中世纪是上帝的居处，在近代则是作为自然律规定的对象。与天不同，地一直保持为人的生活所在。人则被理解为理性的动物。他一方面不同于神灵，另一方面不同于动物。在这样的四元世界中，神规定了天地人。特别是在基督教的智慧中，上帝是天地和人的创造者，天地和人是上帝的创造物。

与西方的神启的智慧相比，中国的智慧在根本上是一种非神性的智慧。作为一种独特的智慧，它是一种自然性的智慧。中国的世界没有神的维度。它不是天地人神的四元结构，而是天地人的三元结构。天是天空，是太阳和月亮运行的场所。虽然如此，但它也具有道德和宗教的意义。地是大地，是众生居住的地方。人则是天地之心和万物之灵。在中国的天地人的三元世界中，天是规定性的。

如果说西方的智慧追求人神合一的话，那么中国的智慧则追求天人合一。在中国的智慧中，天就是天性、天然，也就是自然或自然性。天或者自然性并非中国智慧诸多特性中的一种特性，而是其基本本性。但什么是自然或者自然性？这值得人们深思。

264

一、何谓自然性

自然不仅在现代汉语而且在古代汉语中就得到了广泛的运用。它由自和然两个字构成。自意味着自身、自己、非他物、非他样的；然意味着样子或者状态。自然就是事物自身所是的样子。如此理解的自然就是存在的本性，亦即自然而然。于是，它可以指称道。道是自然。这就是说，道是其自身，它自己建立根据并且说明根据。

不过，自然一词在古代汉语中的运用是复杂的。它没有单一的词性，而是具有多样的词性。自然既可以作为名词，也可以作为动词，还可以作为形容词和副词。名词性的自然就是指本性。如老子所说的"道法自然"。名词性的"自然"的现代汉语的形态可表述为"自然性"。动词性的自然是指自然地去存在。如老子所说的"我自然"。动词性的"自然"的现代汉语的形态可表述为"自然化"。形容词的自然是指事物具有自然的特性。如一般所说的"自然的形态"。形容词性的"自然"的现代汉语的形态可表述为"自然的"。副词的自然是指自然地从事某种活动。如一般所说的"自然地微笑"。副词性的"自然"的现代汉语的形态可表述为"自然地"。由此可见，在不同文本的上下文关联中，自然一词虽然看起来词形一样，但实际上具有不同的词性。

自然一词除了具有不同的词性外，还指称不同领域的存在者。当自然相关于不同的存在者时，其意义也发生了变化。

当自然指天地万物时，它意味着自然界。它指一切存在者。它是矿物、植物、动物所构成的整体。自然界之所以被称为自然，是因为它自己就是如此。它没有为什么。它既没有原因，也没有目的。这里的自然区别于人类自身所建设的文明生活。在这样的意义上，自然是非人类的，而人类是非自然的。自然和人类构成了世界中的两大主体。

当自然指人的行为时，它意味着自然而然，率性而为。人不做作，不

论国学

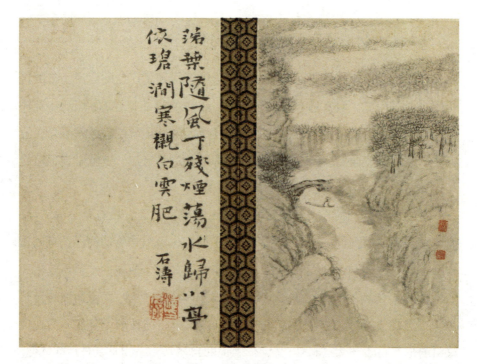

清·石涛《山水册页》

拘束，不呆板，不勉强。这里的自然区别于人为。人为则是充满了算计、谋划，乃至阴谋。

当自然指人的心灵时，它意味着天性或者本性。它是天生的性情，如所谓的赤子之心。这里的自然区别于虚伪。虚伪则是掩盖了心灵的真实本性，是一种假象。

虽然如此，但在中国古典思想中，自然一般只具有两重主要的意义。一是本性自然，或者是天性自然；二是天地自然。本性自然就是道或者存在，天地自然就是物或者存在者。虽然这两者有根本区别，但也有内在关联。本性自然最直接和最主要地显现在天地自然中。这使人们经常把两者经常混淆在一起，把自然同时理解为本性和天地。当人们说天性自然的时候，往往说的是天地自然；当人们说天地自然的时候，又往往说的是天性自然。天性自然和天地自然往往混淆在一起。

　　除了中国思想对于自然的一般理解外，儒道禅对于自然也还有不同的阐释。

　　儒家的自然就是天。一方面是天性之天，另一方面是天地之天。天构成了儒家思想的基础。孔子的天命论将天命置于至高无上的地位。天命就是天的命令和规定。孔子所谓的天具有宗教、道德、自然等多重意义。它是人的存在的支配者。人相应地要畏天命和知天命。同时，孔子的仁爱说也带有明显的自然的色彩。仁爱的核心是亲子之爱。这种爱建立在父子的血缘的基础上。而血缘关系在根本上就是一种自然关系。孟子将自然理解为人的天性和本心。本心是人本来就有的，是天赋予人的。良知、良能是不学而知，不学而能。它们就是仁义礼智。人们存心养性的目的不过是防止人的本心丧失和扩充人的本心的开端。

　　宋明儒学虽然派别众多，观点不同，但其实都是对于天地本原的解释不同。正是天道论的差异导致了心性论的差异。

　　张载的气论认为太虚即气。太虚聚则成气，气散则为太虚。这实际上是肯定了天地的存在性，而非虚无性。在此基础上，他提出了天地之性，而相对于气质之性。人往往由于气质之性的遮蔽而不能明心见性，故必须穷理尽性，而显露本有的天地之性。

　　程朱理学中的理正是天理。二程认为，天理是自然的，不因外在而改变自己。它在天地为天道，在人则为人性。人性就是人之天理。性的具体化无它，而是仁义之性。仁是以天地万物为一体。据此，人要识仁，浑然与万物同体。朱熹认为所谓的天地的开端就是无极而太极。这避免了片面的有和片面的无。太极是理气一体浑成，理不离气，气不离理。理构成万物的性，气形成万物的形。朱熹由此也建立了他的心性论。性为心之体，情为心之用，心主性情。而心灵自身区分为道心和人心，亦即天理和人欲。故有存天理、灭人欲之说。

　　陆王心学中的心就是本心。本心其实正是天心。陆九渊的本心是人的

论国学

四端之心，也就是天地赋予人的心灵。同时，人皆有是心，心皆有是理，心即理也。此心具有普遍的意义，故它是大心和同心。它超出了空间和时间的限制，与宇宙同体。王阳明坚持了心即理的观点。心之本体就是性，性就是理。在此，心、性和理三者合一。心实际上就是人的良知良能。

道家直接把道自身理解为自然。这是贯穿原始道家到新道家的一条主线。老子说，人法地，地法天，天法道，道法自然。道是天地人的规定者，但道自己规定自己。所谓道法自然，就是道依据自身的本性而存在。这意味着，道作为自然没有任何外在原因和目的。它消除了任何一种第一创造者的思想。同时，道作为自然是自己存在的原因和目的。它是自己发生和变化的过程。道的实现就是自然本性的实现。庄子也把道的本性理解为自然。它自本自根，是自身的基础和根据。虽然道超越于天地，但它又显现于天地万物之中。新道家们认为大道的本性就是自然。它们以无为本，但自然就是无，就是本，是最真实的存在。一方面，自然给名教一个基础。这就是所谓的名教本乎自然。名教虽然不同于自然，但也来源于自然。另一方面，自然是名教的目的。人要崇本息末，而这就是越名教而任自然。道家所理解的自然不仅作为道的本性，而且遍布天地万物。在自然界，自然就是天地的运行，万物的生灭消长。在社会，自然就是循道而行，自然而然，淳朴和谐。处无为之事，行不言之教。在心灵，自然就是心与神处，形与性调，静而体德，动而通理。

禅宗把心的本性理解为自然。达摩的禅法凸显了心的意义，但只有慧能的革命才将禅定之禅变成了智慧之禅。人的自性和自心是智慧的本原，也就是解脱成佛的唯一道路。这里，禅宗所说的人的心灵是人本来就有的心灵，也就是自然的心灵。但只是马祖道一才将清静心转化为平常心。他认为平常心是道。所谓平常心就是无造作，无是非，无取舍，无断常，无凡无圣。马祖将成佛之道不仅理解为心灵之道，而且理解为平常心之道。平常心是保持了心灵自然本性的心。既然如此，修道无须观空入定，而要回到日常生活世界的衣食住行、接人待物。在这样的意义上，挑水砍柴，无非妙道。

根据上述分析，儒道禅虽然都认可自然的一般意义，即本性自然和天地自然，但各有不同的重点。儒家的自然偏重于人伦，道家的自然偏重于天地，而禅宗的自然偏重于心灵。

二、自然作为存在的规定

中国古典思想所理解的人的存在并不是一个孤独的自我意识的存在，或者是作为主体与客体相对立的存在，而就是存在于世界之中。人与世界并非主体和客体的关系，而是交融一体的。人在世界之中就是人在天地之间。这表现为人天地人三者的合一。

在天地人的世界中，相对于人而言，天地是预先给予的。在人类产生之前，天地已经存在。在人类产生之后，天地的运行也不以人的意志为转移。天是人的规定者，而人不是天的规定者。

作为预先给予的天地没有任何一种外在的根据和原因。天地是自然而然的。人们无须问天，追问它产生的最终根源。中国思想也没有设想出一个造物主来创造天地，开天辟地，而形成一个创造物。相反，人们认为天地是自身形成的。天地来源于自身。

同时，天地也没有目的。天地的历程并不指向一个特定的目的。在这个目的地，天地作为一个物质世界的低级阶段会被扬弃，而被一个精神世界的高级阶段所取代，成为一片净土。相反，天地始终保持自身，让自身处于生生不息的状态之中。

天地以自身为原因和目的，亦即作为对于自己的存在的规定。日升日落，既不源于什么，也不为了什么。它只源于自己，也只为了自己。百花生长，既不为谁绽放，也不为谁凋谢。它只为自己绽放，只为自己凋谢。

论国学

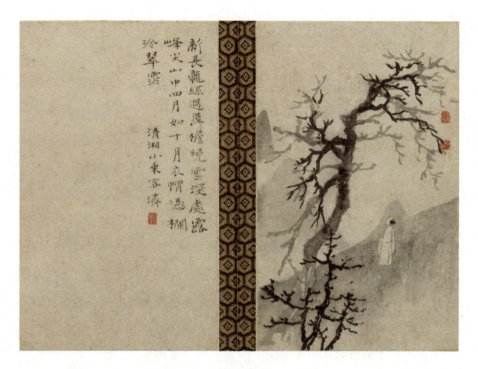

清·石涛《山水册页》

天地不过是伟大的空间和时间的循环和轮回。它一方面走出自身，另一方面回归自身。它是一个奇妙的圆环。

作为如此存在的天地，它一方面是自然界，另一方面自然而然，按本性而存在。在这样的意义上，天地是自然界和自然而然的两种意义的统一。

天地虽然没有外在的根据，但它却为人的存在提供了根据。于是，天地一方面规定自己的存在，另一方面规定人的存在。天地对于人的规定是多方面的。

第一，天规定了人的身体。

人的身体是血肉之躯。人不仅不同于矿物和植物，而且不同于一般的动物。如果说人是一个动物的话，那么他也是一个特别的动物。尽管如此，但中国思想认为，人与天地同质。天地是大宇宙，人是小宇宙。天、地、人三者虽然形态不同，但在根本上是一致的，皆由气合而成。气是天地人最基本的元素。

人的生命是天地的产物，是大自然发展的最高阶段。有天地而后有万物，有万物而后有男女。人一旦出现在天地之后，并不是脱离天地而成长，相反，始终与天地在一起。人的生命的每时每刻的维系都依靠自然的各种给予。鼻子呼吸空气，嘴巴接受水和食物，身体沐浴在阳光之下等。正是通过人的身体与自然的能量的交换，人才能保持自身的生命的成长。即使是人的死亡，也是自然之事。人的生死就是气聚气散，只是自然生灭现象中的一种而已。

人的身体不仅与天地同质，而且与天地同构。人和天地一样具有阴阳二元结构。天有阴阳，即乾坤；人也有阴阳，即男女。人与天地还具有五行相生相克的关系。天有金木水火土，人也有金木水火土。

既然人的身体与天地同质同构，那么人的身体也与天地变化相应。天地之气的变化会引起人的身体的变化。同时，天地的阴阳五行的变化也会引起人的阴阳五行的变化。因此，中国关于身体的思想强调人的身体的活动始终要与天地的日夜和四季的变化同步。

第二，天规定了人的心性。

中国思想的宇宙论与人性论不是绝对分离，而是有着密切关联。宇宙论是人性论的基础，人性论是宇宙论的延伸。一个吻合天道的人性正是人的天性和本性，相反，不吻合天道的人性违背了人的天性和本性。

儒家的孔子所说的仁就是人的天性。仁源于人的血亲之爱。这种爱不是神性之爱，而是自然之爱。孟子所谓的良知良能不学而知，不学而能。它是天赋予人的本心。宋明儒学致力于性与天道的探讨。其最主要的贡献是重建了宇宙论和心性论，并直接地建立了人的本性与天道的关联。人的本性亦即善性、仁性。它与天道、天理不仅相通，而且合一。天地之大德曰生。此德在天为天道和天理，在人为人性和人心。于是，一个仁者一方面能以天地万物为一体，另一方面能亲亲而仁民，仁民而爱物。

道家认为人的纯粹的心灵是赤子之心。它虽然是人类的心灵，却是天地之心和自然之心。这在于赤子之心不是虚伪的、矫饰的，而是自然的、天成的、原初的。它保持了天地赋予人类的自然的本性。

禅宗主张佛不是外在的偶像，而就是人觉悟的心灵。觉悟并非一种神秘的外在存在者的赋予或者启示，而就是发现人自己本来就有的性和心。此心是人自身已有的心，也可以说成是天性和天心。人一旦明心见性，就能觉悟成佛。

第三，天规定了人的生存。

所谓生存就是人生活在世界上让其生命力展开的存在样式。中国人的生存不是以上帝或者神灵作为生存的规定，而是以自然为其最高原则。《周易》认为，天生神物，圣人则之；天地变化，圣人效之；天垂象，见吉凶，圣人象之。天显明了一条道路，圣人知道了它，并将它告知人民。儒家认为文明礼乐都是由天而来。孔子说，唯天为大，唯尧则之。道家更是强调天与人的自然性特性。老子和庄子都主张人要按照自然之道去存在。

人生存在世界中无非与人打交道，与物打交道。自然的原则便在人与物两方面获得了具体的规定。就与人打交道而言，中国的思想强调无为。特别是治理国家时，人们应遵循"无为而治"。老子要求人们要"处无为之事，行不言之教"。就与万物打交道而言，中国的思想主张顺生。人们应遵循自然本有的运行规则，让动植物生长，而不是改造和征服自然。孟子强调，如果遵守自然的时令，按照天地的本性去劳作的话，那么人们就会获得自然的丰富的食粮和资源。

第四，天规定了人的境界。

境界是一个地方。生存的境界可以理解为生存所能到达地方、境地或者界限。既然如此，境界就可大可小，可高可低。虽然人们对于境界的类型作出了种种区分，但基本的境界可以分为三种。第一种是同于世界的。人与世界中的人和物无差别地在一起。第二种是超出世界的。人远离了世界中的各种关系和规定。第三种是既出世又入世的。人既在世界之内，又在世界之外。生活在第一种境界中的人是一些世俗之人。他们只是追求功利的满足。生活在第二种境界中的人是一些脱俗之人。他们期待与神合一，或者达到世界之外的某种境地。生活在第三种境界中的人是中道之人。他们出入在世界之内和之外。中国思想理想的境界或者最高的境界是第三种类型。它们既反对混迹于世，也反对遗然离世。这在于中国的世界并非一般的人的世界，而是天地人的世界。一方面，人生在世就是生活在人我之间。人不能离开他人而孤立地生存。另一方面，人生在世是存在于天地之间。人不能超出天地而独立地存在。因此，中国智慧的最高境界一方面是人道的，另一方面是天道的。既人道且天道相应地就是既入世又出世。

儒家的理想境界一般即所谓"孔颜乐处"。所乐者何也？所乐者"道"也。道乃天命。与此相应，孔子的境界不过是畏天命、知天命，而顺乎天命。孟子将此表达为我与万物的一体化。万物即我，我即万物。知此即乐。新儒家更具体地阐释了仁作为人与万物为一体的境界。所谓仁不仅是人我合一，而且也是物我合一。在这样的意义上，仁不仅是一种爱人的美德，而且也是天人合一的境界。

道家的理想境界要求人的生存放弃人为，如同自然。老子认为自然只是生成。它不是占有，而是放弃。庄子要求离形去知，同于大通。天地与我并生，万物与我为一。在这样的境界中，人完全和自然融合在一起，成为了自然的一部分。

根据上述分析，中国智慧中所讲的自然和天离人不远。天就在人的身中，天就在人的心中，天也在人的生活世界的存在中。当人知天并顺天而行的时候，就是达到了天人合一的境界了。

论国学

三、自然性思维

自然性不仅规定中国人的存在，而且规定了其思想。这使中国思想在根本上具有自然性的特点。

就思想自身而言，它具有一个结构。此结构一般包括了三个要素：思想者、思想过程和思想的事情。在中国思想中，思想者是被天地规定的。他是天地之心和万物之灵。当思想者作为思想者时，他不是一个生产者和构造者，而只是一个静观者。思想的过程表现为观的过程。它包括了去蔽和显现。去蔽是去掉心灵自身的遮蔽，显现是让事物自身显现出来。思想的事情就是天地万物之理。在思想结构中，思想的事情亦即世界万物之理是规定性的。它不仅规定了思想者，而且规定了思想过程。在世界万物之理中，我们可以区分出自然之理、人类之理和一般之理。但自然之理较人类之理具有无可比拟的优越性，而一般之理首先表现在自然之中，而不是人类之中。

自然之理是直接呈现的，是自明的。如天圆地方，天尊地卑等。天地之道就是这样，它没有为什么。它无须证明，无须论证。这是因为天地就是开端、基础和根据。我们无法找到天地之外的开端。如果我们还追问天地的开端的话，那么只能陷入虚无。这会使思想成为一种空洞的游戏。

如果天地之理具有如此的本性的话，那么它作为所思之物就直接地显现于思想之中。在这样的关联中，不是思想去构造所思之物，而是所思之物规定思想。因此，思想的任务就是接受所思之物的规定。在思想中所呈现的所思之物就是天地自然的道理。

在自然性思想中，此天地之理是人类之理的根据。天地之理自身没有外在的依据，而是自身为自身建立依据。但它为人类建立依据。这就是说，人的存在、思想和言说都必须在天地中建立依据。凡是合乎天地之理的，就是存在的；凡是不合乎天地之理的，就是不存在的。

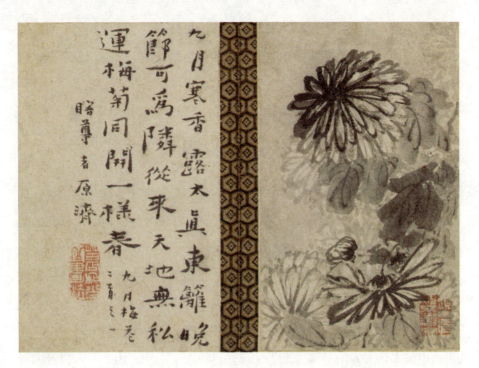

清·石涛《山水册页》

　　但这里存在一个疑问：天地之理何以可能成为人类之理的根据？人们之所以将天地之理设定为人类之理的根据，是因为其预先断定了天人相似。但事实上，人和天固然有相同的地方，但也有不同的地方。天人并非完全同质同构。自然的矿物和人类的精神就完全不可比拟。因此，天的道理不能简单地成为人的道理的依据。但中国思想从来没有对此追问。

　　中国思想设定天理是人理的基础，由此人们就可以从天理推导出人理来。天如何，人也如何。天具有某种属性，人也具有这种属性。如由天尊地卑，推导出男尊女卑。这种类比性的思维成为了中国传统的主要思维模式。

　　既然类比性思想注重天理给人理提供基础，那么问题的关键就在于揭示天理。但天理一般都是自行显示的，因此，它不要演绎推理和归纳推理，不要证明和论证，而只要对于天理自身的描述。描述就是将天理直接

论国学

地表达出来，而不是间接地说明。如天尊地卑就是简明地敞开了天的本性和地的本性，而不是从演绎和归纳而来的一个结论。毋宁说，天理是直接呈现并被直观的。

因为描述天理所涉及的事物多为天地万物，如日月星辰、草木走兽，所以中国思想并非纯粹概念性、抽象性的，而是诗意性和形象性的。这使中国的思想性文本大多具有哲理诗的特点。于是，中国的思想往往处于概念和诗意、抽象和形象之间。一方面，它让物显示理，让形象抽象化。如老子所说的"水利万物而不争"。另一方面，它让理化为物，让抽象形象化。如老子所说的"上善若水"。

中国思想既借助于外在的自然事物，也借助于内在的自然事物。所谓内在的自然事物不是其他什么东西，而就是人自身的身体。相应地，中国的自然性思想又特别地表现为身体性思想。

中国人认为人的身体得之于父母，且得之于天地。因此，人自身的身体就是一个小天地，就是一个小自然。在这样的意义上，身体是天理的显现之地。根据这种观点，中国思想在思考天地之理的时候，除了观察天地日月、大地山河、飞禽走兽之外，还观察人自身。通过观察人自身和万物，人们把握了天理，亦即阴阳之道。

正是作为天理的显现，人的身体成为了理解自然和人的通道。

中国思想用身体比喻自然现象。天地也有大脑、躯干和四肢。如果根据一般的形象和功能的类似性的话，那么人们可以说山脉是脊梁，江河是动脉，森林是肺，湖泊是肾。如果根据阴阳学说的话，那么天是父亲，地是母亲；太阳是男性，月亮是女性。如果根据五行学说的话，那么东方和春天相关于肝，南方和夏天相关于心，中间和长夏相关于脾，西方和秋天相关于肺，北方和冬天相关于肾。如此等等。由此可以看到，天地万物是一个大身体。甚至可以说，天地是人的无机的身体，或者是人的身体的无机的部分。

同时，中国思想用身体比喻社会现象。一个社会组织构成了一个有机的整体，其结构和功能也仿佛人的身体一样。特别是各种形态的政治组织更凸显了其身体的意义。例如，领导者是首脑，其下属是左右手，还有一些人员扮演着腿脚的角色。当政治身体化时，身体也政治化。由于首脑在结构中具有关键的意义，他们的生死决定结构的生死。于是首脑如帝王在生也就是在世时，人们希望他万寿无疆；在死时，人们希望他永垂不朽。不仅如此，首脑的身体要经过特别处理，让其死后如生。与此不同，那些手脚般的人们在结构中是可以被置换的，他们的生死的意义并不重要。据此，他们的身体的生或者死也就无足轻重了。

除了上述的情形之外，中国思想还用身体比喻精神现象。各种思想文本虽然形态复杂，但都具有如同身体一样的特性。特别是文学艺术作品，人们把它几乎看成一个具有生命力的身体。一些身体性的艺术如舞蹈、戏剧等当然如此，一些非身体性的艺术也是如此，如诗歌和其他文学作品、绘画、书法等。人们对于这些艺术现象的分析往往借助于身体的结构和功能。其实，人的身体也是复杂多样的，但就其大端无非就是形和神，或者更具体化为筋骨皮和精气神等。一个好的艺术作品，不仅能表达形，而且能表达神，是形神兼备。

身体性思维具有一个特别的意义。它将不可理解的变成可理解的，将不可表达的变成可表达的，将不可言说的变成可言说的。一般来说，许多自然、社会和精神现象是不可理解、表达和言说的，但人的身体却是可理解、表达和言说的。这在于身体是人自身已经拥有且最平常和熟知的。一旦人们用身体去描述自然、社会和精神现象的时候，便找到了通往其奥妙的通道，使之成为可理解、表达和言说的。

在自然性和身体性思维的基础上，中国传统思想还发展了一种历史性思维。历史是人类生存发展的历程，并表现为从古到今的变迁。中国的历史除了开天辟地的创世神话外，主要是中华文明的发生和发展的历史。它

论国学

包括了从三皇五帝到各个朝代的轮替。中国传统思想非常注重历史。人们甚至认为儒家的基本经典六经皆史。事实上，如《周易》以一种特别的形式表述了一部自然史和人类史。中国思想之所以注重历史，是因为在古今的关系中，古代能为今天提供根据。

中国的历史性思维首先表现为古代的人为今天提供依据。古人当然指的不是一般的人，而是那些特别的人，其中尤其是圣人。圣人之所以是圣人，是因为他自身是替天行道、代天立言的人。同时，他介于天地与大众之间，将天地之道传授给大众。圣人曾经给古代提供了基础，当然也能为今天提供基础。基于这样的理由，中国思想在陈述道理的时候，往往援引古代的圣人的言行作为其依据。

历史性的思维其次表现为古代的事为今天提供依据。事或者事件是人与物的交集的发生。一个历史性的事件往往会导致历史的中断和开端，而形成划时代的大事。这些历史事件的发生本身包括了道理，即它是合于天道的或者是不合于天道的。因此，古代的事情能为今人提供借鉴。当今人从事某件事情的时候，他可以以史为鉴，而理解这件事情的合理性和非合理性。在具体的论述中，历史性的事件往往作为典故而成为被时间证明的论据。

中国传统思想往往是自然性的思维和历史性的思维的统一。一个判断不仅来源于天地，而且来源于历史。天成为了人的依据，古成为今的依据。但这就束缚了思想自身的发展。它无法脱离天为人建立根据，也无法脱离古为今建立根据。

四、天人之言

自然性也规定了中国人的言说方式和写作方式。

言说和写作的语言都表现为文本。文本可能是一句话、一段话或者一篇文章。它或者是思想性的，或者是文学性的，另外还有日常性的。中国思想性的文本主要是儒道禅诸家的著作，是议论文；文学性的文本主要是诗词歌赋、戏剧和小说等；日常性的文本主要是格言、谚语等。

　　但任何一个文本都是由其基本的意义单位——语词构成的。汉语语词所依附的载体——汉字不是一种拼音化的文字，而是一种象形写意的文字。这使汉语语词自身便包括了物象和意象的特性。物象一般就是天地间的万物，日月、山川、草木和飞禽走兽等。物象大都有从形象化到符号化的过程，其中运用了简化、变形、组合等方式。意象是思想所构筑的形象。虽然它并不直接存在于现实世界中，但需要借助天地万物来表达，也就离不开自然的物象。汉字语词这一独特本性当然使中国的思维的语言表达被自然所规定。这就是说，它的基本语词直接就是自然界的图像或符号，或者是它的衍生形态。

　　中国思想对于语词的运用也是非常独特的。它的一些基本语词，亦即关键词，如概念、范畴等，都缺少一些基本的定义，而代之以现象的描述。在各种现象中，自然现象又占据主导地位。如儒家的仁。孔子并没有规定仁是什么，而是说仁者爱人。同时在对于仁者和智者的比较中，他指出仁者爱山，智者爱水。又如道家的道。老子认为它不可言说，而只能勉强地言说它。道可以在一些自然现象中显现自身。再如禅宗的智慧或者佛性。慧能解释道，智如日，慧如月，智慧常明。于是，我们可以看到，中国思想对于其核心语词一般都是借助于自然事物予以说明。由此便形成了以比喻为主要修辞手段的语言表达方式。在一些经典文本中，"如同"、"仿佛"、"似乎"和"好像"等词频繁出现。在这些语词的一端是被说明的事物，另一端则是用来说明的事物。这些事物基本上是自然现象。比喻的言说是中国思想自然性语言表达的典型方式。

　　在中国思想中，自然性语言表达式还贯穿于其文本结构中。在一些文本中，人们一般先言说自然，再言说人事。根据这种情况，这些文本结构

论国学

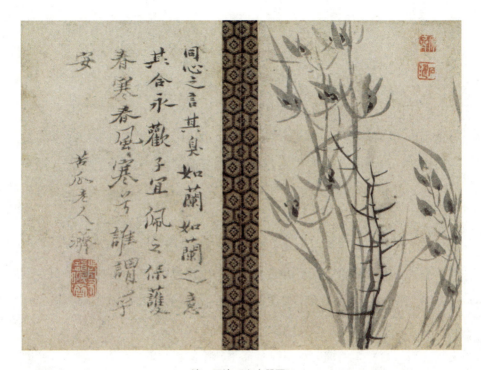

清·石涛《山水册页》

可称为天人结构。文本的天人结构实际上是存在的天人合一和思想的天人建基的投射。

一般思想性的语言文本直接地表达思想。它一方面言自然之理，另一方面言人类之理。

儒家的文本结构发展经历了一个过程。《论语》是语录体，它记录了孔子及其弟子的言行。其话题大多是针对某个事件。它具有随机和随意的特点。与此不同，《孟子》是对话体，它是孟子和人们的讨论和争辩。它是真理和谬误的斗争。其间，主题性的问题会凸显出来。在这两种原始儒家的经典文本中，天人结构尚隐蔽于其中。但此后的儒家文本的天人结构则非常显明。《周易》的卦序就是从天地阴阳到人类男女，同时其解说的文字也是从天道到人道。至于宋明儒学将其主题确定为天人关系，并构建了宇宙论和心性论。于是，其文本结构便凸显了关于天的言谈与关于人的言谈。

道家的文本在天人结构的表现方面比儒家更加突出。这在于，道家比儒家更极端地将天人关系作为了自己思想的主题。虽然老子和庄子的文本形态不同，前者是诗歌体，后者是散文体，但其言说结构很相似。一般而言，它们首先是言天之道，然后是言人之道。当然，人之道可以区分为圣人之道和常人之道。圣人之道是顺从天道的，而常人之道是违背天道的。

至于禅宗的文本看起来是言明心见性的，似乎没有天人结构。其实不然。在慧能的《坛经》中，天人结构是隐蔽于文本之中的。一方面，佛性和自性是作为人的天性存在着，它只是被人为地遮蔽。因此，觉悟就是去蔽。另一方面，佛性和自性是不可言说的，它需要借助事物、特别是自然物来表达。不过，人们一定要注意这种表达的工具性。在禅宗后来的发展中，文字禅把佛性与语言的游戏推向了极端。各种形态的禅宗文本明显地借助自然现象说明禅理。花开花落，云卷云舒。人们用天地万物说明心灵的无限禅意。

与思想性语言的文本不同，文学性语言尤其是诗意性语言的文本似乎与思想无关，只是写景抒情。其实不然。它们是关于人的存在和世界的本性的直观，因此是思想最亲密的朋友。如唐代诗人中的杜甫是诗圣，他抒发了儒家的仁爱之情；李白是诗仙，他吟唱了道家的自由精神；王维是诗佛，他言说了禅家的寂静之音。可见，他们的诗歌充满了儒道禅的思想。

中国文学的主体是诗歌。诗歌虽然可以分为抒情、叙事和戏剧等类型，但言情却是其根本性的。但中国的诗歌一般不是直接言情，而是借景抒情。于是写景和抒情就成为诗歌文本的核心。写景一般就是写自然之景，如天地山川、春花秋月。抒情就是抒发人类之情，如人的喜怒哀乐、生死离别。在一些古典诗词、如唐诗宋词里，文本的上半部分是写景、下半部分是抒情。这几乎成为了一个基本的文本程式。

除了诗歌文本的天人结构之外，诗歌写作的手法也是充满自然性的。

论国学

清·任熊《屈原像》(纨扇)

传统诗歌的创作都讲赋比兴等。赋是直陈其事。但事有人、有物、有社会、有自然。比是以彼物比此物。但人们大多以自然之物比人类之物。兴是兴起与发端。诗人往往先言自然之物，再言人类之物。在赋比兴等写作手法的运用过程中，也可以看到言天与言人的密切关系。

诗歌和其他文学性文本的天人结构还有一个更高的要求，亦即合乎自然性。文学作为艺术，虽为人作，但要宛若天成。它要如实地表现事物与情感。弃人工斧凿、雕琢藻饰，倡质朴，讲本色。文学性文本的自然一方面要如同人的自然一样，如身体的精气神；另一方面要如同天地的自然一样，如行云流水。

　　除了思想性和文学性语言的文本，日常性语言的文本也值得深思。虽然中国一些熟知的、流行的谚语、格言、箴言多种多样，但除了一些民间经验智慧外，大多是儒道禅思想的日常语言化。它们包括了为人处世、接人待物、心性修炼等方面的智慧。它们都具有简单明了的文本形态：一句话，或者是一段话。尽管如此，但其文本结构也是天人之言，借天理说明人理。如有一句著名的格言："海纳百川，有容乃大；壁立千仞，无欲则刚。"其中已说出的话为：借自然界的海和山说明有容乃大和无欲则刚的道理。其中要说出的话为：人要如同海和山一样有容乃大和无欲则刚。在这样的文本中，我们可以看到，天人的相互诠释。一方面，天地拟人化。海和山就其自身而言是没有任何意识和意图的，但人们将其赋予了类人的特性。海是有容的，山是无欲的。另一方面，人天地化。人要如同天地所展示的天理那样去生存，如同海样有容乃大和如同山样无欲则刚。

　　自然性语言表达有着明显的限度，它既显现也遮蔽。一方面，它将不可说变成可说的；另一方面，它让可说的表达阻碍了不可说的沉默。

第八章　后自然时代

中国传统思想将世界理解为天下。所谓世界便是在天空之下，在大地之上，也就是在天地之间。天下看起来是无限的，这是因为它并没有一个确定的边界。但事实上天下对于人而言是有限的，这在于远方的地平线会成为一个边界。当人站立在天下而观察世界的时候，他成为了一个观察者。他视野的尽头就是远方的地平线。万事万物都涌现在地平线内。当然，随着人的行走，其立场发生了改变，而其视野也发生了变化。与此相应，地平线也不断推移。只要人无限前行，地平线就会无限后退，直到人行走的不可能处。这个不可能处就立于天涯海角。因此，中国的世界由天下变成了海内。世界就是四海之内的大地。中国便处于此大地之中。长久以来，中国人虽然不认为自己是世界上唯一的存在者，但认为自己就是世界的中心。此中心不仅是在地理的意义上，而且也是在文化的意义上。中国是中华，是文化之中心。

但 19 世纪以来，伴随国门的被动打开，中国人发现，中国并非世界之中心，而只是地球的东方而已。相对弱势的东方，还有一个强势的西方。在西方军事、政治、经济、技术和思想的综合的侵略下，中国人彻底放弃了中国中心主义的观点，而沦落为一个贫穷落后的国家。在这样一种境遇中，中国古代的历史彻底终结了。同时，中国传统的智慧也面临了前所未有的危机。

一、何种时代

以 19 世纪末作为一个大致的时间界限，之前的中国史是古代史，之后的中国史是近代史。随之而来的是现代史和当代史。但中国近代以来的时代是一个什么样的时代？

为了说明中国近代以来的历史，人们必须理解中国古代的历史。中国古代史当然是漫长的、多变的，如同沧海桑田。但中国历史的变迁主要表现为朝代的变迁。一个朝代就是一姓帝王世代连续统治的时间。在一个朝代里，其基本结构表现为：帝王是统治者，而臣民是被统治者。而一个朝代的开端和终结只是表现为帝王家族的轮替，亦即所谓的改朝换代。在这样的时刻，前朝的统治者成为今朝的被统治者，而前朝的被统治者成为了今朝的统治者。于是，朝代的变化也许并不构成新的朝代对于旧的朝代制度的真正的革命，相反，它可能是新的朝代向旧的朝代制度的回归。这使中国的历史出现了循环和轮回现象。一方面，新的朝代保持了自身与旧的朝代的最基本的差异；另一方面，新的朝代在不同的水平上重复了旧的朝代的制度。这种重复使中国的历史保持了相对的同一和稳固。人们甚至认为中国古代的历史具有一种异乎寻常的超稳态结构。

但中国古代和近代的交替却并非朝代的变迁，而是时代的确立。显然，时代和朝代都属于时间，但它们都不是自然时间，而是历史时间。尽管如此，它们却有根本性的不同。时代是划时代的。这就是说，它是由一伟大的历史性事件构成了历史性时间的中断。由此，一个旧的时代终结了，同时，一个新的时代开端了。新的时代绝对不是向旧的时代的回复，而是向它的告别。因此，在时代的中断处发生了真正的新旧之争。

那么，中国历史在古代和近代的断裂究竟是一个什么样的古代和一个什么样的近代的断裂呢？毫无疑问，中国的古代的历史就是一个被自然性所规定的历史。这个历史可以被描述为农业社会、家族社会等，还可以说

论国学

成是自然经济和小农经济等。在人的生活世界的展开样式中，自然性规定和刻画了人的存在、思想和言说。在这样的意义上，中国古代的历史是自然性的历史。如果我们将其整体把握成一个已经中断了的时代的话，那么它可被称为自然性时代。

但如何确定中国近代以来的历史的本性呢？对于中国近代以来的历史，虽然人们已有大量的讨论，但到目前为止都缺少深思。一个不可否认的事实是，近代以来的中国总是试图告别自身的传统而与之分离。但一个与自身传统相分离的中国能走向何方？这里虽然发生了争议，但选择性地学习西方却成为了中国近代最主要的道路。这就导致近代以来的中国不仅有古今之争，而且还有中西之争。虽然人们刻意指出中国近代和古代的不同，认为古代是封建的时代，而近代是革命的时代，但并没有明显地标明中国和西方自近代以来的历史的差异。这就使中国近代以来的历史本性没有被充分揭示。

为了说明中国近代以来的历史的本性，这里也有必要比较它和西方近代历史的差异。但西方近代的历史又必须放在西方历史的整体中去考察。西方古希腊和中世纪之后的历史一般可分成近代、现代和后现代。其每个时代都有一个与其他时代不同的规定性的主题。古希腊是诸神。他们是人的命运的规定者。人只有听从诸神的指引，才能认识和把握自己的命运。中世纪是上帝。他是世界的创造者和拯救者。人必须皈依上帝，才能走在一条正确的大道上。近代是理性。凭借理性之光，人照亮了自己和世界，获得了启蒙。人由此能依据自身而去存在、思想和言说。在理性的指引下，人们发展了科学和民主。现代是人的存在。存在或者生存、生活和生命成为了思想的基础。其中，特别是个体的生命凸显出来。这在于个体是身体性的存在和死亡性的存在。由此，他是独一无二的和不可重复的。作为唯一无二的存在，个体不能为其他的存在所代替；作为不可重复的存在，个体不能轮回或者重生。鉴于这种特点，个人存在就具有了无可比拟的意义。后现代是无原则或者多原则。它消除了形而上学唯一的中心，没有了绝对的原因和目的。因此，一切都成为了可能。这导致了多元性的产生和流行。

那么，中国近代以来的百年历史是否有一个确定性的时代主题呢？

让我们简要分析一下中国近代以来的历史进程。在传统历史终结之后，中国近代以来的历史主要是向西方学习的历史。但这经历了一个过程，先是其技术，后是其制度、思想等。这似乎是一个从外在的技到内在的道的转变。只是在"五四"新文化运动中，人们才明确地提出了民主与科学的口号。民主与科学虽然是西方的思想，但只是近代的独特的思想。所谓民主，就是人民当家做主，人能够自己规定自己。但一个能自己规定自己的人必须是一个理性的人。唯有理性才能使人获得规定自己的能力。所谓科学并非技术学，而是知识学。它知道人和世界的真理。科学作为启蒙是迷信的对立面，它要求世界去魅化。但这一切之所以可能，也完全是因为人有理性。唯有理性才能使人获得真正的知识。因此，民主与科学都是近代西方理性的独特产物。

在民主与科学的口号同时，"五四"还喊出了另外一个口号：个人主义和人道主义。不过，比起民主和科学的口号，个人主义和人道主义的口号的声音要微弱和短暂。尽管如此，其意义是非同寻常的。这在于它是基于西方现代的基本经验。个人主义和人道主义与西方现代思想发现个人的存在意义是分不开的。个人是不可替代的，也是不可重复的。这凸显了个人存在独一无二的价值和尊严。

但在 20 世纪后期，中国的精神空间又引入了西方后现代思想。多元主义已经在不同程度上影响了中国人的存在、思想和语言。

事实上，中国当代除了古代传统的遗迹之外，还受到了西方不同时代精神的影响。中国到处可以看到西方近代、现代和后现代的模拟的迹象。那么，中国近代、现代和当代的历史是否也具有西方时代同样的意义呢？

论国学

中西是否具有同样的近代性、现代性和后现代性的意义呢？这是值得怀疑的。

西方近代的主题是理性，现代是存在，后现代是多元化。这些主题虽然被中国近代以来的历史所接受并弘扬，但其实并没有真正形成中国近代以来的主题。为何如此？这在于近代中国的任务是救亡压倒启蒙。人们主要是为保国保种而奋斗，而无法将启蒙运动深入持久地推动下去。所谓启蒙就是西方以理性为基础的民主和科学思想。在这样的意义上，我们不能比附西方的时代的划分来描述中国近代的历史，而是要如实地确定其自身独特的时代本性。

如果中国近代以来的历史主题不能简单地等同西方近代以来的历史的话，那么它只能回复到与其古代历史的关联中。作为革命的历史，中国近代以来的历史唯一的历史行为就是去除古代历史的自然性。如果说中国漫长的古代的历史是自然的时代的话，那么近代以来的中国历史可以称作是后自然时代。后自然时代就是在自然性时代之后的时代。中国近代以来的历史中断了与自然性时代的连续性。自然性不再作为近代以来历史的根本规定。但近代以来的历史自身有何规定？它尚未找到自身的规定。作为后自然时代，近代以来的历史主要是以否定自然性来彰显自身的本性。

只有理解了中国近代以来的后自然时代的本性，我们才能把握其百年历史的各种问题，并找到解决它的可能方案。

二、天道衰微

中国后自然时代最根本的特征就是自然死了。所谓自然死了，并非意味着它如同一个人那样死了，而是意味着它不再作为时代的最高的规定性。这也就是说，自然就其作为中国历史的最高规定而言已经终结了其自身的最后使命。自然的死亡既非是自杀，也非是他杀，而是自身的圆寂。

这就是说，自然圆满地完成了自己的天命。

既然自然死了，那么中国思想主体的天道观开始衰败。它具体表现为"天地君亲师"的世界结构在根本上瓦解。

首先是天崩地裂。在自然性时代里，天地是人不可动摇的根基。人就生存在天地之间。但在后自然时代里，天塌了，地陷了。所谓天崩地裂并非指一个事实上的天地的毁灭，它和陨石的降落及地震的发生风马牛不相及。它是指天地虽然存在，但它们不再作为人的规定性。后自然时代的人们固然也生存在天地之间，但天地丧失了神圣性，没有了任何宗教和道德的意义。天地不再如同一个看不见的神灵看守着人们，也不再发出无声的命令，指引人存在的道路。天地只是蜕变成一个纯粹的天文和地理概念。天是天空，地是土地。在这样意义上的天地不是超出人类之上的，是位于人之下的。而人们也无须敬天畏地，相反要去征服和改造它们。

其次是帝王没落。君主是真命天子，是天地之子。他是天地的代表，同时天地也属于天子。普天之下，莫非王土。但随着天地的塌陷，君王的命运也成了厄运。他不复被认为天子，天然地具有管理天下的权力。人们认为每一个人有天赋的公民的权利，而某一个人并不具有天赋的帝王的权力。由此，人们要推翻帝制，实行共和，自己要当家做主。

再次是家庭解体。家庭是有父子构成的结构整体。此结构主要是根据血缘关系而成。但血缘关系并非其他关系，而是人自身的自然关系。在传统家庭结构之中，每个成员的关系不是平等的，而是差异的。在父子、夫妇、兄弟等关系中，每个关系中都包括了两个相关者，其中前者是主体，而后者是客体。前者对于后者具有绝对的支配的权力。这种权力最典型地表现在父母对于子女婚姻的决定上。男女的婚姻大事不是由自己来选择，而是由父母之命、媒妁之言来定夺。由此而来，家庭是不自由的。它束缚了其成员的个人的存在和发展。它甚至会演变为对于人的生命的扼杀，而成为罪恶的渊薮。"五四"以来，人们意识到家庭限制了个人的自由。一

论国学

些子女纷纷反抗父母的约束，而走出家庭。一些大家庭逐渐解体了。

最后是先师已死。先师不是一般的教师，而是关于民众生存的指导教师。在中国古代历史上，先师主要是儒家的大师。但其中孔子具有至高无上的地位。他是大成至圣先师，是儒家乃至中国传统智慧的代表。孔子作为圣人，替天行道，替天立言。他的思想的核心就是仁义道德。这成为了中国人精神家园中最核心的内容。但在后自然时代里，人们发现了仁义道德不仅是虚伪的，而且是吃人的。针对这种情况，人们高呼打倒孔家店。在反孔的思想运动中，两千多年来的大成至圣先师的孔子真正地死了。其实，不仅儒家的大师，而且道家和禅宗的大师也结伴而亡。这在于他们的思想不再作为中国近代以来的精神支柱。百年来，儒道禅三家都具有同样衰败的命运。

伴随着天崩地裂的历史现象，后自然时代的存在、思想和语言都具有其自身的特点。

首先是存在的无根据。天道一向作为中国人及其世界存在的根据，但它自身没有一个根据。天道就是自然，它自身为自身建立根据。它是自明的，不可怀疑，不容追问。但是天道为何能成为人道的基础呢？这却是幽暗的、值得怀疑的和需要追问的。天道和人道的关系的建立是基于这样一种理由，天人之间相关联且相类似，如天地与男女。但天道与人道之间的类似不过是似是而非。基于这样的理由，天道对于人道的决定不是必然的、确定的，而是假定的、推测的。既然如此，那么天道就不能成为人道的根据。在天道作为人道的根据的虚幻性被揭示之后，人道自身便丧失了一个支撑点，它自身就处于深渊之中。于是，人的身体、心性、生存和境界不再从天道或者自然那里获得理解，而是要从他处寻找新的解释。身体的理论不再是依据阴阳五行，而是根据自身的生理结构和功能。这导致西医取代中医。中西医学之争并非只是科学和技术之争，而是两种身体观的矛盾。与身体相同，心性不再建基天理，而是源于历史。在历史的进程中，社会存在决定社会意识。人类生存不再只是考虑天地的规定，而是注重历史自身发展的规律。人生追求的境界不再是天人合一，而是自由、平等、博爱等。

其次是思想的无根据。中国的思想的出发点并不是思想自身，而是思想之外的天道。这就是说，天道给思想确立基础。与此相应，思想沿着天道所开辟的道路行走。根据这样的规定，思想的任务就是描述自然以及在自然之上所建立的历史，而不是思考自身。但天道并不能给思想制定规则。这在于思想超出自然之上。思想是超越的，并因此和自然之间是断裂的。当人们意识到思想自身的独特本性之后，思想就不再以天道为基础，也不再以其他任何一种存在者为基础。一个不以天道为根据的思想从此就如同幽灵一样漂浮在自然之外。后自然时代的思想不再行走在自然性和历史性思维的老路上。人们发现，天人之间和古今之间事实上存在难以简单逾越的缝隙。天是天，人是人；古是古，今是今。自然的道理和历史的道理并不能提供人类现在所做事业的依据。这导致的结果是，不是天，而是人自身为自身说明根据；不是古，而是今自身为自身说明根据。

最后是语言的无根据。作为一种独特的民族语言，汉语和天道之间具有一种深刻的内在关系。天地无言，但天道显示，形成所谓的"道之文"。圣人体察天地的奥妙，并将其说出来，形成圣人之言，并书写为经书。民众不过是倾听并言说圣人亦即天道之言而已，而形成了历史性的民众的话语。这就是所谓的"原道、征圣和宗经"的为文与言说之道。由此构成了典型的中国式的天人之言的文本结构。但在天道不复成为人的存在和思想的根据之后，它与语言的关系也变得十分的脆弱。天地不再显示，圣人也不再言说，历史性的民众相应地陷入了失语的困境。天人之言的文本结构也被打破以致终结了。人们的言说不再由天到人，而是天人相分。言天时只言天，言人时只言人。在天人之言文本结构解体的同时，汉语言文字也发生了变革，由文言文到白话文、从繁体字到简化字。更为极端的是，人

论国学

们试图消除方块字，而改做拼音化。这意在消除汉语言文字的自然图像的复杂性，而为其在现在社会交流中更能简明直接地表达思想。

由于天道衰微敞开了存在、思想和语言等维度的基础的无根性，一切建立在自然基础上的精神世界在现代生活中丧失了生命力。不仅儒道禅的思想，而且历史上的山水诗、山水画、古典音乐和庭院建筑都走向了死胡同。这在于它们所依赖的自然在根本上已经死了，丧失了对于现代的规定性。它们与我们的时代彻底脱节了。其任何改革或改装在根本上也不能挽救其衰败的命运，其延续只是一种历史遗产的保留。

天道衰微惊醒了一个漫长的历史的梦想。只要人继续做梦，他就似乎在天地间拥有一个稳固的基础。但只要人走出了梦境，他就面对天地外一个巨大的虚空。生存于虚无中，这本身是一个悖论，是一个荒谬的事情。因此这召唤现代的知识分子来填充虚无。其中，国粹派们不仅相信儒家可以拯救中国的未来，而且可以指导世界的明天。他们所构建的新儒学的新内圣外王之道就试图为现代人建立精神支柱。与此不同，西化派们则认为中国伦理资源亏空，唯有西方能提供帮助。于是不仅科学与民主，也不仅人道与自由，而且基督教上帝也引入了现代中国人的精神空间。但不管是中国的孔夫子的复活还是西方的基督教上帝的来临，都无法改变后自然时代的天道衰微的事实。它不过是用一种虚无填充另一种虚无。这在于天塌了和上帝死了成为了中西历史上不可克服的命运。

天道衰微是中国现代的虚无主义。在后自然时代里，一个基础毁灭了，而另一个基础尚未建立。但问题是：任何一个另外的基础都必然也是没有根据的。于是虚无主义的真实本性不过是存在自身没有为自身建立根据。

三、泛技术化

天道衰微作为虚无主义在中国的出现，宣告了自然世界的隐退，取而代之的是技术时代的到来。

没有人会否定 19 世纪以来中国正经历一场翻天覆地的变化。人们将它描述为从前现代到现代、从农业社会到工业社会、从自身到西方的转变，如此等等。但中国历史的转变实质是从自然社会到技术社会的转变。不再是自然，而是技术规定了人的存在、思考和语言。

中国所谓的技或者术和西方所说的技术当然有相同之处。它们都是人的活动，而不

南宋·李嵩《明皇斗鸡图》

是物的运动。因此，它们在本性上与自然相对。技术不是自然，自然不是技术。不仅如此，技和技术都是人对于自然的克服，是人改造物的活动。人在没有物的地方制造物，在已有物的地方加工物。这使技术的根本意义表现为制造和生产。技术就是要制造一个在自然中尚未存在且与自然不同的物，亦即人为之物。但这个物并不以自身物目的，而是以人为目的。通过如此，技术成为了人的工具或手段，人借此来服务于自身的目的。由于这样，它们都表明了人对于物的有用性的要求。有用性实际上意味着物具有技术化的特性，也就是能够成为手段和工具的特性。

但中国传统思想中的技具有自身独特的意义。它主要是人用手直接或间接与物打交道的过程。作为手工的活动，技在汉语中就被理解为"手艺"或"手段"。那些掌握了某一特别手艺的手工活动者成为了匠人。手是人身体的一部分，技因此依赖于人的身体且是身体性的活动。但人的身体自身就是有机的自然，是自然的一个部分，技因此也是依赖于自然且是自然

论国学

性的活动。这就使技自身在人与物的关系方面都不可摆脱其天然的限度，即被自然所规定。在这种限定中，人不是作为主体，物不是作为客体，于是人与物的关系不是作为主客体的关系，而是作为主被动关系。人在技的使用过程中，要么让自然生长，要么让自然变形，以此达到人自身的目的。尽管如此，技作为人工要合于自然，即人的活动如同自然的运动，如庄子所谓"道进乎技"。这也导致由技所制作的物虽然是人工物，但也要仿佛自然物，即它要看起来不是人为，而是鬼斧神工，自然天成。由此我们可以看出，一般中国思想所理解的技是被自然所规定的人的活动。但如此理解的技依然不是自然本身，不是道本身，相反它会遮蔽自然，遮蔽道，因此它会遮蔽物本身。

与中国的技不同，西方现代的技术指的不是手工制作，而是机械技术和信息技术。在手工操作到机械技术的转换中，人的身体在技术里已经逐步失去了其决定性的作用。而在信息技术中，人不仅将自己的身体，而且将自己的智力转让给技术。正是在这样的意义上，机械技术替代了人的手脚，信息技术替代了人的大脑。因此现代技术远离了人自身的身体和人的自然，自身演化为一种独立的超自然的力量。技术虽然也作为人的一种工具，但它反过来也使人成为它的手段。这就是说，技术要技术化，它要从人脱落而离人而去。作为如此，现代技术的技术化成为了对于存在的挑战和采掘，由此成为了设定。人当然是设定者，他将万物变成了被设定者，同时人自身也是被设定者，而且人比其他存在者更本原地从属被设定者整体。这个整体就是现代的技术世界。世界不再是自然性的，而自然在此世界中也逐渐消失而死亡。技术世界的最后剩余物只是可被设定者，它要么是人，要么是物。作为被设定者，人和物都成为了碎片。而碎片都是同等的，因此也是可置换的。

在这样的意义上，现代技术的本性已不是传统的技艺，也不只是人的工具和手段。它成为了技术化，成为了技术主义，也由此成为了我们时代的规定。这样一种规定正是技术通过设定世界而实现的。

中国后自然时代从自然性社会到技术性社会的转变，并非是传统的技艺活动的延续，而是西方现代技术的引进、改造和发展。人们崇尚技术，认为技术对于人和世界都有极为神奇和不可估量的作用。例如，一个普遍的信念是，科学技术是第一生产力。这不仅是一种思想的信念，而且也是一种政治的信念。技术大学的建立如雨后春笋。技术还向整个社会广泛传播和渗透。于是，技术在中国的后自然的时代里充当了一个造物主和救世主的非凡角色。

现代技术当然首先设定了存在。现代技术最根本的是改变了中国人的生活方式。任何一个现代中国人，其生活都不再是自然性的，而是技术化的。人虽然也还生活在天地间，但是生活在已被技术化了的天地间。人首先直接生活在技术的世界里，然后间接地生活在自然世界里。人们最一般的衣食住行都依赖现代技术的成果。人与人的交流凭借各种形态的通信技术，一切遥远的距离就变得亲近了。人与自然界打交道不再通过自己的手脚，而是通过现代的信息技术的控制。自然化的、田园式的和牧歌式的生活已经一去不复返了。人的生活进入现代技术有形和无形的网络是一个不可逃避的命运。

一方面，现代技术设定了自然。在技术的世界里，自然不再是不是天地的自行给予，自足自在；相反，技术通过发现自然的规律，使自然完全成为了人的设定物。由此技术仿佛是自然的支配者，可以创造并毁灭一个世界。现在的原子技术、生物技术和信息技术已经充分凸显了技术对于自然设定的特性。在技术的设定下，天和地改变了自身的本性。天成为了天空，是卫星和航空器的场所，是无线电波的路途，也是摩天大楼的空间。地变成了地仓。它除了有现代农业发展其种植和养殖外，还是巨大的能源基地，是煤矿、石油和天然气的储藏和开掘之处，是各种材料的来源之所。但现代技术对于自然的改造已经带来了自然的报复。在当代中国，出

论国学

现了前所未有的生态危机、环境破坏和气候变暖等情形。

另一方面，现代技术也设定了人自身。人一向被看成是父母所生、天地所造。因此人的身体的神圣性不允许它有任何改变。但现代技术可以使我们美化身体，改变身体的器官，乃至重塑性别。基因技术在生育中的使用，将可以人为地变更婴儿的某些遗传基因。克隆技术在人自身的实验将使人成为真正的造物主，按照自己形象造人。身体技术在中国最广泛的运用莫过于计划生育。它使中国成功地减少了人口数量，但也带来了独生子女诸多社会问题。总之，从美体、治疗到生育，现代技术已经可以设计身体的结构和功能。人的身体已经不再直接是父母和天地的自然生育的结果，而是被技术所控制的产物。

再次，现代技术设定了思想。在传统的自然性思想中，思想具有诗情画意和人文情怀。但现代思想抛弃了这一特点，而成为计算的思想。人们不再直观自然和历史，而是进行计算。计算将一切事物变成数字。于是定量分析取代了定性分析。在分析的过程中，占主导的策略是博弈的运算。如果事情这样的话，那么会怎么样；如果事情不是这样的话，那么又会怎么样。于是，计算化会形成程序化。而程序化的目的就是达到人对于事物进程的控制。

最后，现代技术设定了语言。传统的语言作为自然性的语言是被天道所规定的。但现代流行的语言远离了天道，成为了技术化的语言。技术化的语言是语言的工具性的极端形态。语言被技术所控制。一个极为外在的情形是，现代书籍、报纸、广播、电视、电话、网络等充斥了世界。人不仅是一个所谓的语言的动物，而且成为了一个被语言包围的动物。但这些语言不过是使语言彻底工具化，使自身成为了可以随时利用和抛弃的手段。技术化语言的典型形态是广告语言。广告是广而告之，让天下知晓。它是一种极端化的技术语言和工具语言。但它冒充智慧，隐藏情欲，而让其工具性的功效达到极致。

对于现代技术对我们世界的存在、思想和语言的设定，许多人采取乐观主义的态度。他们认为技术开辟了一条希望之途，由此可以克服我们时代的诸多问题。有的甚至相信技术万能，把技术思维贯彻到人类所有的领域。这也许会形成一种危险，即对于技术的崇拜，将技术当成了一个时代新神。但技术乐观主义没有注意到技术的两面性，即有利性和有害性。同时他们也没有考虑到技术的有限性，因为人类的很多领域是在技术之外的。当然，这绝对不能引发所谓的技术悲观主义。在这种论者看来，技术不仅导致了人的生存环境——自然的破坏，而且造成了人类社会自身的很多疾病。显然，任何一个现代人都不可能离开技术而生活在所谓原初的自然里，也不能只是看到技术的弊端而忽视它对于人类的帮助。因此人们对于技术的真正态度是抛弃乐观主义和悲观主义，而确定技术自身的边界。

四、人欲横流

在后自然的时代里，除了虚无主义和技术主义之外，就是享乐主义。它亦即人欲横流。享乐主义是欲望的无边实现。

欲望总是人的欲望，它相关于欲求、愿望和需要等等。如果不用禁欲主义和纵欲主义这种语词来描述人类的历史的话，那么我们可以称它为欲望的发展和解放的历史。欲望始终受限于它的历史条件。在自然性的时代里，人们只有有限的欲望，并且也只有有限的满足。例如，人们长期以来的劳作只是为了解决吃饭问题，满足饥饿的需要。同时，除了一些例外，一般的性的实现只能在婚姻之中。如果人的欲望的满足超出了其历史的规定的话，那么他就会面临宗教、道德和法律等的否定和惩罚。但是在我们所处的现代，人的这些基本本能释放获得了自由。虽然饥饿现象依然存在，但更多的人是在追求吃得好，吃得美。虽然一夫一妻制仍是婚姻的一般形态，但人们有了更开放的性关系。不仅存在婚前性关系，而且存在婚外性关系。不仅异性之间，而且同性之间的爱也逐渐被允许。由于宗教、道德和法律的宽容，两性之间多元的游戏形态正在形成。

欲望的解放无疑是禁欲主义的对立面，而为纵欲主义或者享乐主义提供了一定的基础。但欲望的解放并不能简单地等同于享乐主义。欲望的解放是一个历史的进程，是被历史所规定的。而享乐主义则是欲望的极端化，是没有规定的。在我们这个后自然时代里，享乐主义与虚无主义和技术主义相连。而后两者推动了前者的流行。

虚无主义否定了一切基础和目的，也就切断了欲望和人的存在其他方面的关联。当人生存于"天地君亲师"的世界的时候，他的欲望是被天地和国家所限制的。当欲和理并存和发生冲突的时候，人们主张"存天理，灭人欲"。当人还被称为"理性的动物"的时候，人的肉体和灵魂都被精神所规定。但对于享乐主义来说，欲望没有了规定，它就是赤裸裸的自身。唯有欲望，舍此无他。这种没有规定的欲望也没有边界。一切欲望都是可以满足的，一切物和人都是可欲的。物不是自在物，更没有其神秘性和神圣性，而是被设计，被打开，成为了可欲之物。物作为商品，有其生产、流通和消费等必要环节。与物一样，人也不是自在人，缺少其独立自主性，而成为了可欲之人。人作为商品，也有其生产、流通和消费等必要环节。当人作为服务者时，他是给那被服务者去服务的。在性的商品化实践中，这种关系显得尤为突出。

技术主义通过对于万物的技术化也给欲望的实现提供了无穷的手段和工具。技术对于欲望的意义在于，它克服了欲望的身体亦即自然的限度，而人为地刺激和满足它，并且不断地刺激和满足它。借助于技术，欲望可以说开辟了新天新地。例如，吃变成纯粹的吃，而且变换花样吃。满汉全席和中西大餐等吃的文化正传播各地。性由于避孕技术以及各种古今性药的运用，已使它的活动不断在超越极限。技术在不断地显示出欲望那幽深的领域。一方面，它克服已有的欲望的有限性，而发掘其无限性；另一方面，它在旧的欲望的之外开辟了许多新的欲望。

在天道衰微和泛技术化的帮助下，欲望在后自然时代里大行其道，可谓人欲横流。当然，这不是一个价值判断，而只是一个事实判断。

首先是欲望化的存在。在自然的时代里，人生活在天地间，人的存在依天道而行。由天道所规定的人欲是被约束的、有限的。但后自然时代的人的存在被欲望化。人的存在就是其欲望及其实现。市场经济实际上是效劳于欲望的经济。农业、工业和服务业从不同方面刺激和满足人的欲望。在市场中，人和物都成为商品，是被生产的、被交换的和被消费的。

其次是欲望化的思想。虽然传统的思想有身体性的特点，但其身体是非欲望性的。因此，传统思想并没有将人的身体的欲望真正形成主题。"五四"以来的思想是一种人的解放思想，并具体化为个人解放的思想。其中身体是其重要领域。这在于身体是人的欲望的场所。现代已逐步形成了关于身体欲望的哲学、美学乃至技术学。其中关于性的探索已经为大众所接受。传统思想将性只是狭隘地理解为生殖，但现代的思想更强调了其爱情的部分。在此范围内，性爱的身心快感也得以了凸显。

最后是欲望化的言说。在古代社会里，关于欲望的言谈是一个禁忌。任何关于它的谈论被认为是诲淫诲盗，要受到禁止。但现代的言论自由使欲望的言谈获得了解放。在言说的各种形态中，如日常的言说、文艺的言说、思想的言说，欲望会被显露或隐蔽地谈论。当代的信息语言更使这种谈论成为一个公众的事情。很多冠以爱情名义的言谈其实是关于性的言谈。如一夜情不过是赤裸裸的一夜性而已。

五、后自然时代的危机

我们已经分析了后自然时代的三个根本的特点。第一，天道衰微形成

论国学

了精神的无家可归。人们失去了旧有的精神家园，但又没有找到新的精神家园。当代中国人在精神世界里始终处于彷徨、苦闷和探索之中。第二，泛技术化导致了严重的生态灾难，如环境污染和气候变暖等问题。同时，人也用技术化将自己变成了一个被技术化的存在者。第三，人欲横流推动了市场无限的扩张和蔓延。在各种显性和隐性的市场中，权力、金钱和性在交易。它们三者毫无羞耻地玩着冒险的游戏。这些无非表明，我们时代的存在和思想处于深重的危机之中。但这又主要在于中国传统智慧的危机。

何谓危机？危机是事物发展的临界点。它是一个特别的地方。在这里，一个事物终结了。如果说中国的传统智慧处于危机之中的话，那么这意味着它自身终结了。其实，这一危机早就在近代开始发生。它一直持续到当代，以致经历了一个世纪之久。

不过，自近代以来，思想的人们已经意识到中国传统思想的危机，而纷纷寻找解决办法。这大致可以分为三种道路。

第一条道路是保守派。它以新儒家为代表。为了拯救中国传统思想的危机，它力图返本开新。所谓返本，就是回到宋明儒学的心性传统；所谓开新，就是内圣开出新外王，亦即科学和民主。但新儒家没有意识到儒家之本心性的限度。人的心性固然是天赋的和本有的，但也必须是生成的。只有一种生生不息的心性才是富于生命力的，才能作为人的存在的内在依据。同时，新儒学也没有理解科学和民主的真正基础。它并非人的内在的心性，而是人的理性。唯有理性，人才能去掉蒙昧，弘扬知识，而认识自然；也唯有理性，人才能自己规定自己，而能当家做主。新儒学最根本的问题在于它仍然囿于儒学历史的天道论和心性论，而没有关注人的现实生存，没有建立一个以生活世界为主题的存在论。只有在现实世界存在论的基础上，新儒学的天道论和心性论才能获得新的阐释，并能对当今世界的天人关系作出新的贡献。

　　第二条道路是西化派。它试图利用西方的思想来为中国传统的思想危机寻找新的出路。西化派的主张其实极为庞杂。它们有以西方近代思想为主的，即科学和民主；有以西方现代思想为主的，即个人主义和人道主义。另外，还有的回溯到西方中世纪，即基督教精神；还有的与后现代同行，即多元主义。可以说，西方五个时代的思想都在不同程度上引入了中国。但西化派首先必须充分把握中国自近代以来的现实，分析其问题的症结并探索其解决方案。在此基础上，人们才可能走向西方的思想。其次，西化派还必须对于西方的思想进行区分。西方经历了从古希腊到后现代的五个时代的演变。并非所有时代的思想适宜中国，也并非其中任意一个时代的思想都适宜中国。人们必须寻找一个针对中国后自然时代问题的西方思想。最后，西化派应该考虑中国的后自然时代和西方的任何一个时代都不能简单地比附。因此，西方任何一个时代的思想也无法简单直接移植到中国。当人们引进西方思想的时候，必须探索它是否和如何能同中国现实相结合。

　　第三条道路是马克思主义。人们运用马克思主义的历史唯物论成功地指导了中国的解放和建设。一方面，中国近代以来的思想包括了马克思主义，马克思主义已经成为了中国近代思想中不可或缺的一个部分，而且是非常重要的一部分。另一方面，马克思主义的形态也在发生变化，不仅有欧洲的，而且有中国的。自近代以来，人们建立和发展了中国化的马克思主义。但也必须看到，人们对于马克思主义有很多中国式的误解和歪曲，并使之成为了一种教条主义。因此，马克思主义必须不断创新。这要求如下几个步骤。一是回到马克思的马克思主义。它不是辩证唯物主义和历史唯物主义，而只是历史唯物主义。历史唯物主义是关于人类历史存在的学说。人的劳动生产实践建立了人与自然的现实关系。一方面是自然的人化，另一方面是人的自然化。在此基础上，人获得了自身的自由发展。共产主义的理想就是人的共同存在、共同生存的世界图形。凸显马克思主

论国学

南宋·李嵩《骷髅幻戏图》

义作为历史唯物主义的学说将会开显出它对于人类生存问题解决的重大意义。二是要吸收西方新马克思主义的成果，注重文化批判和语言批判。经典马克思主义重点在于经济批判，但西方新马克思主义在文化批判和语言批判方面颇有建树。如果人们将经济、文化和语言批判结合在一起的话，那么这无疑会丰富和发展马克思主义。三是要推动马克思主义中国化，建立中国化的马克思主义。这就要求马克思主义一方面关注中国的当代现实，另一方面关注中国的历史传统，其中包括儒道禅的思想。

事实上，这三条道路在中国当代仍然在延续。但无论那条道路，它都必须将自身置于后自然时代的危机之中，才能为中国当代的历史开辟出真正的思想道路。否则，它们只能加剧中国当代思想的危机，使危机更加危机化。

危机一词本身不只一种语义，而是包括了两种语义。它既是危险之处，也是机遇之处。后自然时代的危机的危险之处并不只是在于危机本身，而在于人们没有把危机作为危机。这种对于历史的不知道会给我们的时代带来致命的灾难。一旦人们将危机作为危机的话，那么就会产生危机意识。危机意识是一种忧患意识。忧患带来思虑。思虑产生思想。在危机这个特别的地方，当一种新的汉语思想展现自己的生命力和创造力的时候，人们也就能够化危为机了。

第九章　新的中国的智慧

一、中西古今之争

中国当代仍然处于后自然时代。为了走出它的危机，人们必须寻找到一条真实可行的道路。这是一条什么样的道路？毫无疑问，它必须是中国的，而不是西方的；是现代的，而不是古代的。这就决定了简单的西化和复古不是可供选择的道路。但在事实上，中国当代的思想道路又不可能彻底摆脱西方和古代。不如说，这条独特的道路是中西古今之争，也就是中西的对话和古今的对话。通过对话，当代中国思想要走出一条新的道路。

在这种历史性的对话中，我们必须始终要回到中国古代思想自身。这在于无论是在中西对话中，还是在古今对话中，中国古代的思想扮演着极为关键的角色。在中西对话中，一方是中国的思想，另一方是西方的思想。中方的思想作为一个整体就包括了中国从古到今的思想。其中，古代的思想并没有死去，而是活在今天的思想之中。在古今对话中，中国古代的思想作为一方，今天的思想作为另一方。它们不仅前后相续，而且还共同存在。正是在这样的意义上，如果不回到中国古代思想自身的话，那么所谓的中西对话和古今对话就是一场空谈。

中西对话是中国自然性的智慧和西方非自然性思想的对话。中国古代思想是自然性的智慧，包括了儒道禅三家主流。与此不同，西方思想是非

论国学

宋·佚名《普贤菩萨》

自然性的思想，其中包括了以神启为主的思想。但西方的思想并非单一，而是多元，且经历了从古希腊到后现代五个时代的演变。在中西思想的对话中，我们要区分这两种不同思想形态的边界。一方面找出它们之间的相同点，另一方面找出它们之间的差异点。在此差异之处，中西思想标明了自身的边界。中国思想获得了自身的独特的本性，而西方思想也获得了自身的独特的本性。但也正是在此边界处，西方思想走向中国，而中国思想也走向西方。这是中西思想在其边界上的冒险和越境。中学西渐和西学中渐的历史过程就是这种思想的越境。它不仅导致中国的思想改变自身，而且也推动西方的思想改变自身。

古今对话是中国思想自身内部的对话，是自然性的智慧和后自然性时代的思想的争论。关于中国古代自然性的思想，我们要区分哪些思想是活的，哪些思想是死的。中国古老的智慧有丰富而深邃的天道论和心性论，但缺少关于生活世界的存在论。关于中国当代后自然时代的思想，我们要区分哪些思想是有根的，哪些思想是无根的。其中有一部分是当代独创性的思想，而有一部分不过是当代对于他者的复制和模拟。它们也许只是在中国的欧洲思想，或者只是在中国的美国思想。在古今思想的对话中，中国古老的思想会获得一个崭新的形态，而当今的思想也会拥有一个古老的开端。

但无论是中西对话，还是古今对话，它们都必须聚集在我们当下的存在，亦即中国和世界的现实境遇。因此，当代中国的思想是对于当代中国和世界的思考而产生的思想。我们将中国当代描述为虚无主义、技术主义和享乐主义的时代。与此相应，当代中国的思想也是关于它们的思考。但当代中国的思想不仅是对于现实的沉思，而且也是对于现实的指引。

我们可以称这种思想为新的中国的思想或者智慧。它一方面保持了中国古老智慧的本源，另一方面获得了现代的最新言说形态。

二、天人共生

既然新的中国的智慧是古老的中国智慧的更新，那么我们有必要回到中国智慧的基础和核心——天人合一。关于天人合一的重新思考并非简单

论国学

的肯定和否定，而是一种在区分边界意义上的批判。通过批判，我们可以发现，天人合一说思考的界限在哪里。

毫无疑问，没有任何一种民族的智慧如同中国的智慧一样注重天人合一。它是中国人存在、思想和语言的根据，是人生达到的最高境界、理想和目的。天人合一是天地人的合一，不是天地人神的合一，更不是人神合一和人神共在。它让中国人注重现实世界，而不是鬼神世界。这使中国的历史在根本上区别于其他文明的历史，如印度教、犹太教、伊斯兰教和基督教的历史。同时，天人合一是人与自然的共同存在的世界，而不是自然死了的单一的技术世界。这使中国的历史不同于现代西方技术化和工业化的历史。总之，天人合一成为了中国智慧的标志。它形成了中国人精神世界的同一性，并构成了与其他文化的差异性。

但天人合一有它的限度。这在于天人合一忽视了天人的差异。天地人固然共属一起，但它们却属于不同的存在。天地是矿物、植物和动物构成的整体，人却是身体和心灵的统一。人和天地有共同的地方，但也有不同的地方。人的身心和天地万物有着迥异的存在本性和样式。这是天人合一说有意或者无意抹平了的关键点。

同时，在天人合一中，天人不是平等的，而是有着等级序列的。一般而言，天高于人，人低于天。因为这种等级序列的限制，所以不是人规定天，而是天规定人。所谓天人合一不是天合人，而是人合天。因此，在天人合一中，平等和谐只是假象，真实的是天对于人的控制和支配。

另外，人追求和实现天人合一只是心性的觉悟，而不是存在的发生。人们通过对于人自身心性的发明，而可以知晓物性，并由此能参天地，赞化育，实现天人合一。在这一过程中，人只是一个心性的人，而不是一个存在的人；天地不是真实的天地，而是心中的天地；合一不是一个现实的过程，而是一个思想的过程。正是因为如此，天人合一虽然是一个美好的世界，但它一直只是一个古老的梦想。在天人合一中，人和天都没有改

306

变自身。天还是同一的
天，人还是同一的人。
这使中国的历史无法中
断而划时代，而只能围
于自身所划定的那片有
限的天地之中。

　　为了解决天人合一
理论的困境，我们必须
重新思考天人关系。这
要求我们放弃各种关于
天人关系的先见，而是
从已给予的存在的事实
出发。一个所给予的事
实是，人生天地间。天
存在着，人存在者。但
天是天，人是人。天走
着天的道路，人走着人
的道路。这就是说，天
有天道，人有人道。承
认天人的差异是对于已
给予的存在事实的承
认。只有在差异的基础
上，我们才可能探讨所
谓的天人关系。

　　如果天人关系不是
天人合一的关系的话，

南宋·马麟《静听松风图》

论国学

那么它们之间是一种什么样的关系？人们很容易将天人关系想象成主客体关系。一种情形是：天是主体，人是客体。人依天而行，天会奖励和惩罚人正当和不正当的行为。另一种情形是：人是主体，天是客体。人按照自己的意志征服和改造自然。一旦天成为主体的话，那么就会产生自然中心主义；一旦人成为主体的话，那么就会产生人类中心主义。

虽然天人之间不同的主客体关系在人类历史上曾经发生过，但它们并非天人之间真正的关系。事实上，天不是人的主人，人也不是天的主人。人既不是服从自然，也不是征服自然。因此，我们既反对以天为主体的自然中心主义，也反对以人为主体的人类中心主义。

天人之间真正的关系是伙伴，是朋友。作为朋友，天和人自身都是相对独立的存在者。它们虽然是不同的，但却是平等的。在此前提下，天人彼此需要对方。

一方面，天需要人。如果没有人的话，那么天地就只是矿物、植物和动物的天地。它自在自为，自生自灭。正如日出日落、花开花落。正是有了人，天地万物才有其心，其存在的意义才能显示出来。另一方面，人也需要天。人不可能脱离天地而生活，而只能生存于天地之间。天地是人的存在之所，是人是身体和灵魂的安顿之处。

但是，天人之间的相互需要并不是单一的索取，而是相互的给予和奉献。所给予和奉献的并非某一特别的东西，而是自身所有的一切。从天而言，它将自身给予人。天空发出了光明，大地置放了处所。植物和动物提供了各种食粮和衣物。日月的变化，年轮的交替，让人们生了又死，死了又生。从人而言，他将自身给予天。人将自身作为天地之心，万物之灵。他不仅意识到天地之间的奥妙，而且守护着万物自身的存在。人促使矿物固守，植物生长，动物生息。总之，天让人成为人，人让天成为天。

在这种友谊的关系中，人天共在。所谓共在并非只是作为两个僵硬的存在者平列在一起，而是共同生成。天地之大德曰生，人之大德也曰生。

生或者生成可看做天人之道的根本。

所谓生是生育、生产、生化、生成。生成不是一般意义的变化，不是从一种状态到另一种状态的过渡，甚至也不是从旧到新的更换，而是从无到有的活动。生成在根本上就是无中生有的事件。因此，它是连续性的中断，是革命性的飞跃。在生活世界的游戏的生成中，一方面是旧的世界的毁灭，另一方面是新的世界的创造。唯有生成，一个事物才能成为一个事物。不仅如此，生成是对于自身有限性的克服。生生死死，死死生生，无穷无尽。于是，生成成为了无限性的生成。

天人在生成中成为自己。如果将生成理解为天人之道的话，那么道自身的意义也会发生改变。道不是某种实体性的存在者。它既不是神灵的神奇的话语，也不是自然的神秘的力量，而就是一条生成的道路，贯穿在天人之际。作为天地之道，这条道路是所有道路的道路。

但道路不能理解为一条现成摆在这里的对象，而是要理解为被开辟出来的。虽然道路看起来是人开辟的，但实际上是道路自身开辟的。人必须按照道路自身的要求而开辟道路，然后再在上面行走。

天道是道为天开辟的道路。人道是道为人开辟的道路。在天人共在中，天人各自走着自身既定的道路，但又彼此走向对方。于是，天人也参与了道路自身的开辟。在这种开辟过程中，道路会生成道路。老路会变成新路。

由于道的生成，天人也共同生成。旧天会成为新天，旧人会成为新人。不仅如此，天人还会交互生成。天人化，人天化。天人化就是所谓的自然的人化。一方面是天地自然的人化，亦即天地万物具有人性的意义；另一方面是人的自然的人化。不仅人的身体，而且人的感觉成为了文明和文化的产物。人天化就是所谓的人的自然化。人的身心和生存从社会的规范和束缚中回归到自然的本性，也就是人的天性。这包括身体的、欲望的和生活的解放等。

论国学

三、人我和谐

新的中国的智慧的核心是天人共生。但天人共生不仅包括了人与天地的关系，而且包括了人与他人的关系。这在于，人生天地间就是人在人世间。这种在世界中的存在根本上是人与他人的关系。在天地君亲师的等级序列结构中，天地与君亲师的关系构成了天人关系，而君亲师则构成了人与人之间的人伦关系。

中国古代的智慧非常注重人与人之间的关系。比起道家和禅宗，儒家更是将人世的问题形成了独特的主题。人伦关系包括了许多种类，有君臣、父子、夫妇、兄弟和朋友等。但在一切人伦关系中，君臣、父子、夫妻三种关系是最主要的。三纲指的就是君为臣纲，父为子纲，夫为妻纲。显然，这三种关系不是平等的，而是主从的：君为主，臣为从；父为主，子为从；夫为主，妻为从。这要求臣、子、妻必须服从于君、父、夫，同时也要求君、父、夫必须规定臣、子、妻。事实上，三纲皆取于天地的阴阳之道。君、父、夫体现了天的阳的方面，臣、子、妻体现了地的阴的方面；阳永远处于主宰、尊贵的地位，阴永远处于服从、卑贱的地位。五常即仁、义、礼、智、信。它们是用以调整、规范君臣、父子、兄弟、夫妇、朋友等人伦关系的准则。

虽然中国传统的人伦关系包括了所有的社会关系，但其核心是的父子关系。在父子关系中，一方面是父母对于儿子的慈爱，另一方面是子女对于父母的孝顺。其中，子对于父的孝具有决定性的意义。不仅如此，孝在整个人伦关系中也具有优先地位。因此，人们说百善孝为先。孝甚至超出了家庭的范围而扩充到国家。于是，人们主张以孝治天下。

但以孝作为根本的父子关系建立在血缘关系的基础之上，而这种特别的关系实际上就是一种自然关系。正是因为如此，人们为人伦关系从自然关系中寻找根据。父子关系如同天地关系，亦即阴阳关系。不仅父子关系如此，其他的人伦关系也是如此。它们都在天地自然中获得自身的合法性。

这种种人伦关系表明，任何个人都不可能离开社会，作为绝对孤立的个体而存在；同时，任何形态的社会也是人与人关系的集合，并非是独立于人的存在形态。在中国历史上，人就生活在天地和家国的各种关系中。人与社会的关系固然相互得到了肯定性的建设，但也有其否定性的破坏。一方面，社会压抑人；另一方面，人反抗社会。人和社会（家国）的冲突在中国历史上是一个根本性的问题。以孝为中心的人伦关系的限度由此便暴露出来。

不过，现代社会的发展又走到了事物的反面，基本的人伦关系已经遇到了深重的危机。人们注重物质的获取、占有和消费，而不尊重人际关系。于是，人际关系淡化、冷漠。家庭矛盾冲突加剧，以致破裂、解体。父子成仇，夫妻反目，兄弟不和，朋友交恶。人们生活在一个没有亲情、友情的世界里。

在这种情况下，我们应该注意，一方面要为一个无爱的世界寻找爱的思想；另一方面不能简单地将爱回复到古代的亲子之爱和孝顺之情。我们必须将古老的仁爱思想置于一个新的基础而予以阐释。这就是说，各种人伦关系不是自然的等级关系，而是自然的平等关系。人生而平等，并非生而分为主奴。各种人伦之爱不是基于自然的血缘关系，而是源于非自然的社会关系。这表明，不是在天地中思考人的天生地位，而是在人世中考虑人的社会角色。唯有如此，我们才能确定新的人我关系。

首先，谁是我？我固然也是君臣、父子、夫妇、兄弟、朋友的一员，但我还有我自身。我自身是一个去生存、去生活的我。在生活世界中，我是一个被欲望、技术和智慧规定的我。一个被血缘关系规定的我必须置于被生活世界规定的我的基础之上。

其次，谁是人？人当然是君臣、父子、夫妇、兄弟、朋友的一员，但

论国学

唐·王维（传）《伏生授经图》

人还有一个人自身。人自身是一个去生存、去生活的人。在生活世界中，人是一个被欲望、技术和智慧规定的人。一个被血缘关系规定的人必须置于被生活世界规定的人的基础之上。

最后，什么样的人我关系？人我之间当然有君臣、父子、夫妇、兄弟、朋友之间的关系。但是在生活世界中，人我之间的关系还有超出这样一种家国同构的关系。欲望、技术和智慧的游戏所形成的人我关系是多元的、丰富的、变易的。人我之间的关系并非是一种天生的主客关系或者是主奴关系，而是一种平等的、自由的和友爱的关系。但人我的关系并非是由人或我任意确定的，而是由生活世界自身确定的。不仅如此，而且人我的关系自身确定了在关系之中的人和我。因此，爱情不是爱人的爱情，而爱人却是爱情的爱人；友谊不是朋友的友谊，而朋友是友谊的朋友。这意味着，爱情本身就是关系，它联系了爱人；友谊本身就是关系，它联系了朋友。

在人我关系中，每一个人都是他样的。作为个体，人是唯一的，不可取代的。他人不可替代我的生存。由此，人和他人相区分。同时，人也是不可重复的。人生存的每一个环节都是变异的。由此，人和自身相区分。对于个体存在独特性和差异性的承认和尊重是人我关系中的关键点。

在这样的基础上，人对于他人就是无条件地宽恕和宽容。宽恕和宽容并不只是某种心理能力，也非只是某种道德诉求，而是一种生存的命令。它要求人们必须放弃同一性的愿望，而承认并允许他人的存在的差异性。孔子对于宽恕的说明是：己所不欲，勿施于人。这已经成为了人们接受的金规则。但这还只是设定了人我的同一性，而没有考虑到人我的差异性。针对这种情况，这个金规则还应该修正。它应该是：己所欲，亦无勿施于人。这才完全意识到人我之别：我所欲并非人所欲。宽容和宽恕不仅承认他人的差异，而且还原谅他人的过错和罪恶。当他人意识到自身的过错和罪恶且悔改的时候，人的宽容和宽恕是必需的。宽容和宽恕不仅是让他人作为他人差别性地存在，而且也是让我作为我差别性地存在。这就是说，宽容和宽恕既是对待他人的，也是对待自我的。这也就是说，让他人作为他人而存在，让我作为我而存在。这是存在的最高境界，亦即泰然任之。

人对于他人的宽恕只是一个方面，而仁爱则是另一方面。如果说前者是相对消极的话，而后者则是相对积极的。爱作为给予和奉献在人我之间最能直接体现其丰富的特性。人我之间不仅有主爱和被爱，而且有相互关爱。除了一般的亲情之外，还有友情、爱情和博爱之情。虽然中国古代的思想将仁爱作为自己的主题，但它始终建立在亲子之爱的血缘关系的自然性基础上。对于古代仁爱思想的改造必须去掉其自然性的基础。因此，对

论国学

于当代来说，应倡导一种没有自然作为其基础的仁爱思想。当然，这并不意味着要设定上帝的恩惠作为人类之爱的本原。不如说，一种没有自然和上帝作为最后根据的爱才是真正纯洁的爱。

一种没有自然和上帝作为基础的人类之爱如何可能？这在于人我从其自身本性的差异性出发必须走向对方。一个差异性的个体只有在与其他差异性的个体发生关联的时候才能实现自身的差异性。同时也只有在将我变成人，将人变成我时，才能让人我的差异性发展和丰富。于是，人我关系就是相互给予的关系，也就是互爱的关系。一方面，是我对于人的爱，另一方面，是人对于我的爱。只有在互爱的过程中，亦即相互给予的过程中，人才能成为一个真正的人。在这样的意义上，爱或者互爱并非是外在于人的某种美德，而就是人的存在的根本本性。

事实上，人类的历史就是爱和它的对立面——恨所交织的历史。这使君臣、父子、夫妇、兄弟、朋友之间发展了极为复杂多样的关系。不仅如此，阶级、民族、国家之间也充满了爱恨情仇。但仇恨和复仇不仅无法解决人我之间的矛盾，而且还会使人我之间永远陷入仇恨的因果轮回之中。唯有爱才能解决人间的冲突，彻底破除仇恨与复仇的无限的因果轮回。但以自然为基础或者以上帝为基础的爱有其限度。只有人我之爱本身才是普遍的和正义的。在这种爱中，我走向他人，他人走向我。我为人人，人人为我。在爱的抚育下，每一个个体都获得了生命的能力，且能相互更新，由旧人变成新人。这种由爱所形成的人我和谐生存的理想就是共产主义的根本。所谓共产主义就是人我和谐，共同存在，共同生存。因此，共产主义要理解为共生主义。

四、身心自在

任何一个个体都表现为个体的身心存在。天人共生和人我和谐都最终落实到个体的身心自在上。中国古代的智慧也将人的身心问题凸显出来，并形成了性命之学。所谓性是指心性，所谓命是指生命。这也就包括了身心两个方面。儒家将身心的修炼和社会、道德和政治联系在一起，道家注重了身心的自然性，而禅宗则强调了身心的心灵性。

但中国的身体观在根本上是从自然那里获得依据的。人的身体来源于父母，而这又来源于天地自然。人的身体的结构和功能建基于天地自然，并且具有相似性。身体是小天地，天地是大身体。这使身体和天地可以相互诠释。但身体有它超自然的特性，是自然天地无法说明的。虽然人也是一个动物，但是一个特别的动物。它的身体绝对不能和动物的身体具有同一性和相似性。这在于，人的身体是被人的生存建构出来的。因此，中国古代思想还没有充分思考人自身的身体的本性。不仅如此，而且中国思想中的身体没有独立的意义，它始终服从于心灵和社会制度。此外，身体本身是被限制的，特别是作为欲望和色情的身体是被完全禁止的。在中国思想中出现的身体是被规训了的身体。毫不奇怪，儒道禅的身体思想一般都是关于身体规训的思想。

与身体一样，中国思想中人的心灵也是从自然那里获得依据。人的心性论建筑在自然宇宙论的基础上，宇宙论为心性论建立和说明根据。如果没有宇宙论的话，那么心性论根本就没有可能。中国古代思想没有让心性自身为自身建立和说明根据。因此，一种超出了自然法则的心性论仍然是缺失的。对于人的心灵自身，中国思想讨论的都只是一般的心灵，而不是个体的心灵。个体的心灵限定在君臣、父子、夫妇、兄弟、朋友的关系的规范之中。个体心灵的独特性和自由性都没有得到充分的探索。

为了克服中国古代思想的身心观的限度，人的身体和心灵都必须得到解放。事实上，中国近代以来的历史正是人的身心解放的历史。这一历史在当代仍然在持续。但我们发现，在当代社会里，身心问题在解放的口号下又出现了一些前所未有的症状。这要求我们深思。

论国学

一方面，现代人的身体生病了。穷人有他的疾病，如饥饿、寒冷和无家可归带来的痛苦和死亡。富人也有他的疾病，如肥胖、代谢性障碍等。但现在的一些疾病已经具有了时代特色。如艾滋病、萨斯（SARS）等传染病不再是区域性的，而是全球性的。癌症等恶性疾病也会突然侵袭那些不幸的人们。

另一方面，现代人的心灵也生病了。精神性的疾病大多表现为忧郁和焦躁。一个忧郁的人是沉闷的，甚至是无言的。但郁闷会发酵，从而导致心灵的腐烂。与郁闷的内向性不同，焦躁则是外向性的。它要表达，要发泄，要将自己的内心的情绪倾诉出来。因此焦躁、特别是狂躁往往是指向某一对象的。当然，在一个人身上，忧郁和焦躁是可以交替发生的。一个忧郁和焦躁的人在极端情况下会自杀和杀人，走向犯罪的道路。

对于现代人的身心疾病，我们必须正视，同时还要为它找到病因和医方。

当代人的身体的疾病的主要根源是一种不健康的生活方式。一方面，欲望扭曲了人的身体，人变成了一个情欲的动物。另一方面，技术改变的人的身体，人变形为技术设施中的一个特别的构件。一些愚蠢的思想也误导了人的身体的活动。在这种情况下，人的身体毫无疑问会染上疾病。

关于身体的训练关键是让身体成为身体。让身体成为身体是让身体摆脱身体之外的各种负担、压力、伤害，而回归自身的本性。中国古代的各种养生术和西方的各种体育运动就是回归的途径之一。

但身体的本性是生命，而且在根本上是在生活世界中的欲望、技术和智慧的游戏中不断构建和生成的。因此，回到身体的本性既非回到自然，如同动物一样，也非消灭欲望，否定技术。回到身体的本性是要欲望不要成为贪欲，而毁灭人的身体；技术不要成为技术化，而伤害人的身体。这也就是说，回到身体的本性是要身体在欲望、技术和智慧的游戏中显示自身，而让身体不断更新。

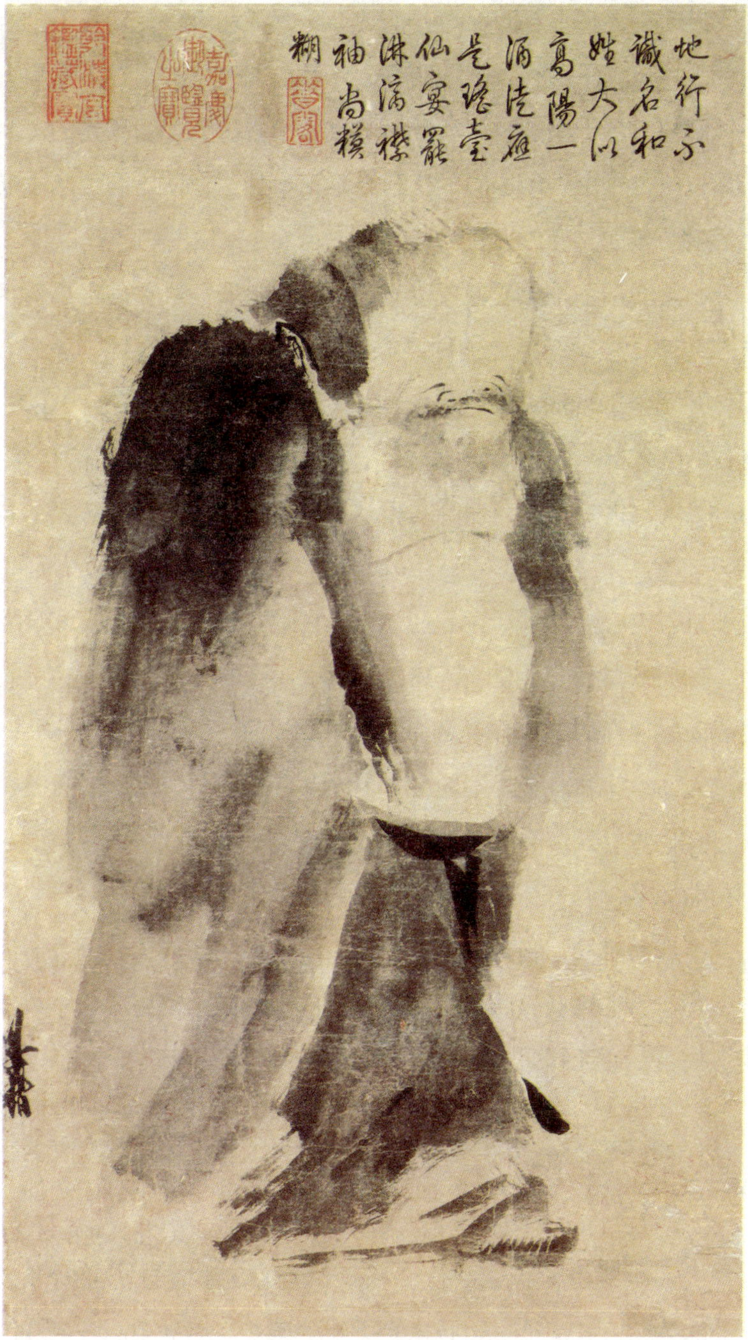
地行不識名和姓大似高陽一酒徒應是瓊臺仙宴罷淋漓襟袖尚模糊

南宋·梁楷《泼墨仙人图》

论国学

当代人的心灵丧失了心灵自身的纯洁、空灵和自由。这在于，心灵被欲望所牵引，充满了各种人欲和物欲，以及由此产生的渴求、占有、斗争和仇恨等。同时，心灵被技术所控制，成为了各种类型的工具的工具。此外，心灵也被古今中外的愚蠢的学说、理论所指引，而走向黑暗之所。于是，心灵就会扭曲、变形、生病。

关于心灵的训练是让心灵成为心灵。让心灵成为心灵就是要对于心灵进行洗礼，使之达到纯洁，而回到心灵自身。儒家讲的"诚"，道家讲的"心斋"，禅宗讲的"明心见性"，还有西方的祈祷等虽然各自不同，但也都是有效的方式。

但心灵的本性是自由，而且在根本上是在生活世界中的欲望、技术和智慧的游戏中不断生成的。回到心灵自身既不是回到以天道为基础的心性，也不是否定心灵与生活世界的关系。一颗真正的心灵能支配欲望，使用技术，倾听智慧。作为如此，心灵不是囿于自身，而是走向生活世界，而通达天地。这样的一个心灵是伟大的、广阔的。

虽然人的身体和心灵是不同的，但是并非走着两条不同的道路，而是交互作用。身体可以影响心灵，心灵也可以影响身体。一个有病的身体会导致有病的心灵，而一个有病的心灵也会导致有病的身体。只有当人身体回到自身本性的时候，当人的心灵回到自身本性的时候，人的身心才能完全远离疾病，而达到健康。一个身心健康的人就能实现身心合一，身心交融。身无痛苦，心无挂碍。由此，人达到身心自在。

五、欲技道游戏的生成

在天人共生的世界里，欲望、技术和大道从事着自身的游戏。或者说，天人共生就展开为欲望、技术和大道的游戏，而欲望、技术和大道三者各自都包括了天与人两方面的要素。欲望可分为人欲和物欲，技术自身就关系到人与自然，而大道无非就是天人之际的道路。游戏并非是一种无意义的活动，而是一种自由的活动。所谓自由并非随心所欲，而是自己规定自己。游戏不源于某一外在基础，也不为了某一外在目的，而是以自身为基础，以自身为目的。欲望、技术和大道的游戏就是它们自身的自由活动。在这种活动中，欲望、技术和大道共同在场。一方面，它们相互制约；另一方面，它们相互给予。通过游戏，欲望、技术和大道得到了生成。

欲望展示的是人的一种欠缺和匮乏。当人们欲望时，他就表明他自身没有那个东西。所欲望之物在欲望者那里不是在场的，而是缺席的。但缺席之物对于欲望则是至关重要，甚至是性命攸关。因此欲望者召唤它在场。召唤是一种命令。它要被欲望之物服从欲望者的意愿，为其所用。于是欲望的实现过程是一种征服、占有和消灭的过程。

所欲望之物包括了许多方面，它可能是物，也可能是人。人和物就其自身而言是自在的，但它一旦成为可欲望之物，便丧失了其自身的自在性，而成为了欲望的对象性存在。它不仅是受动的、屈从的，而且还会在欲望的过程中完全丧失自身的存在。

欲望并不能在欲望者自身中实现，而要借助于他物来完成。他物就是手段或者工具。工具的使用和创造是人区分于动物的标志性特征之一。动物也有欲望，但动物的欲望的实现依赖于其肉体的生物的直接性。与此不同，人的欲望都借助于工具来满足。因此人被称为使用工具的动物。通过工具的运用，人改变或创造了一个对象，而获得了可欲望之物。

但欲望的实现不仅依靠技术的中介，而且还必须服从智慧的规定。智慧是一种特别的知识，是关于人的规定的知识。它知道并指明人是什么和人不是什么。这也就是指出什么是存在和什么是虚无，什么是真理和什么是谎言。智慧的历史形态表现为原始的禁忌、宗教、道德和法律等。它的本性是确立人的边界。一方面，它标明什么样的欲望是可以实现的，什么

论国学

样的欲望是不可实现的。另一方面，它也区分什么样的工具是可以运用的，什么样的工具是不可以运用的。

欲望、技术和智慧（大道）三者构成了欲技道三者的游戏。在游戏中，欲技道各自生成自身。

首先是欲望的生成。虽然人的欲望与生俱来，但它只有在技术的帮助下才能实现。技术不仅满足了人的基本欲望，而且还开辟了人的欲望的无限领域。欲望随着技术的革新而改变了自身实现的形态。同时，大道区分了可以实现和不可以实现的欲望。在此范围内，大道也让欲望升华，而化欲为情。于是，人的欲望在生活世界里的实现获得了美的本性。例如，吃饭不仅是充饥，而且也是美食和礼仪。在各种宴饮中，人们不仅感到了身体的满足，而且也体验到了心灵的愉悦。又如，两性不仅是繁殖，而且也是色欲和爱情。在爱情中，男女身心交融。它不仅是彼此的渴求，而且也是相互的奉献。

其次是技术的生成。技术、工具和器具一般只是充当手段，为了实现人的各种目的。它不仅效劳于欲望，而且服务于大道。但技术会自身独立并且极端化，并会具有两种可能性，既有利于也有害于人和自然。但在大道的规定下，技术将立于其边界之中。它只是人与自然的朋友，而不是敌人；它只是人与自然的保护者，而不是伤害者。正如技术曾经破坏了生态一样，它也将凭借自身的力量而恢复生态。在智慧的引导下，技术也将调整自身和欲望的关系。它会实现某些好的欲望，同时也会扼杀某些坏的欲望。这样的技术就会成为欲望的看护者。不仅如此，技术也将成为智慧的工具。这就是说，它自身放弃了以自身为目的，而是成为了通向智慧的道路。

最后是大道或者智慧的生成。虽然智慧是欲望和技术的指引者，但也被欲望和技术所推动。一种新的欲望和技术必然要求一种新的智慧。因此，智慧并不是有限的和静止的，而是无限的和变化的。新的智慧既不是来源于天，也不是来源于人，而是来源于天人的约定。新的智慧作为天人之间新的游戏规则是天人之约。它是天人共同参与制定的。这种新的游戏规则对于天和人进行新的规定。天和地既不是支配人的天道的载体，也不是被人控制和改造的对象，而是人类的伴侣和朋友。人既不是天地的奴隶，也不是天地的主人，而是天地的伴侣和朋友。他们是天地人游戏中的同戏者。这就是说，他们是共在者，共生者。天人不仅共同制定此游戏规则，而且共同遵守此游戏规则。根据此规则，他们共同去游戏。在此游戏中，天人共生，且生生不息。

作为新的中国的智慧，天人共生将开辟人类历史的新的道路。

参考文献

阮元校刻：《十三经注疏》，北京：中华书局，1980 年。

陈鼓应等：《周易今注今译》，北京：商务印书馆，2005 年。

黄寿祺等：《周易译注》，上海：上海古籍出版社，2001 年。

周振甫：《周易译注》，北京：中华书局，1991 年。

杨伯峻：《论语译注》，北京：中华书局，1980 年。

杨伯峻：《孟子译注》，北京：中华书局，1960 年。

王文锦：《礼记译解》，北京：中华书局，2001 年。

朱熹：《四书章句集注》，北京：中华书局，1983 年。

陈鼓应：《老子注译及评价》，北京：中华书局，1984 年。

任继愈：《老子新译》，上海：上海古籍出版社，1986 年。

朱谦之：《老子校释》，北京：中华书局，1984 年。

陈鼓应：《庄子今注今译》，北京：中华书局，1983 年。

曹础基：《庄子浅注》，北京：中华书局，2000 年。

杨柳桥：《荀子诂译》，济南：齐鲁书社，1985 年。

楼宇烈：《王弼集校释》，北京：中华书局，1980 年。

苏舆：《春秋繁露义证》，北京：中华书局，1992 年。

林世田等：《佛教经典精华》，北京：宗教文化出版社，1999 年。

郭朋：《坛经校释》，北京：中华书局，1983 年。

普济：《五灯会元》，北京：中华书局，1984 年。

周敦颐：《周敦颐集》，北京：中华书局，1990 年。

邵雍：《邵雍集》，北京：中华书局，2010 年。

张载：《张载集》，北京：中华书局，1978 年。

程颢、程颐：《二程集》，北京：中华书局，1981 年。

朱熹：《朱熹集》，成都：四川教育出版社，1996年。

陆九渊：《陆九渊集》，北京：中华书局，1980年。

王守仁：《王阳明全集》，上海：上海古籍出版社，1992年。

黄宗羲等：《宋元学案》，北京：中华书局，1986年。

黄宗羲：《明儒学案》，北京：中华书局，1985年。

王夫之：《船山全书》，长沙：岳麓书社，1988年及以后。

戴震：《孟子字义疏证》，北京：中华书局，1961年。

后　记

　　在《论国学》问世之际，我要感谢乔还田先生（人民出版社副总编辑）和洪琼先生（人民出版社法律和国际编辑部主任），他们一直关心了本书的出版计划；感谢刘纲纪先生（武汉大学资深教授），他为本书题写了书名；感谢肖世孟先生（湖北美术学院），他为本书收集了相关图片；感谢雷春龙先生（武汉）、雷利平女士（武汉）、张永滟女士（武汉）、高思新先生（武汉）和肖汉龙先生（深圳）等，他们也已不同方式支持了本书的出版。

彭富春

2014 年 12 月 12 日于武汉大学